Basics Zivilrecht

Band 6

Arbeitsrecht

Hemmer/Wüst/d'Alquen/Tyroller

Hemmer/Wüst Verlagsgesellschaft

Hemmer/Wüst/d'Alquen/Tyroller, Basics Zivilrecht, Band 6,
Arbeitsrecht

ISBN 978-3-86193-877-4

7. Auflage 2019

gedruckt auf chlorfrei gebleichtem Papier
von Schleunungdruck GmbH, Marktheidenfeld

INHALTSVERZEICHNIS

Wer in vier Jahren sein Studium abschließen will, kann sich einen Irrtum in Bezug auf Stoffauswahl und -aneignung nicht leisten. Hoffen Sie nicht auf leichte Rezepte und den einfachen Rechtsprechungsfall. Hüten Sie sich vor Übervereinfachung beim Lernen. Stellen Sie deswegen frühzeitig die Weichen richtig.

Die „Basics" schaffen Voraussetzungen für das Verstehen der Juristerei, ermöglichen Ihnen Verständnis für klausurtypische Probleme und sind Ihnen in der Klausur eine **Anwendungshilfe**, die Sie mit den üblichen juristischen Denkmustern von Klausurerstellern vertraut machen. Wissen wird konsequent unter Anwendungsgesichtspunkten erworben.

Die **hemmer-Methode** vermittelt Ihnen die **erste richtige Einordnung** und das **Problembewusstsein**, welches Sie brauchen, um an einer Klausur bzw. dem Ersteller nicht vorbeizuschreiben. Häufig ist dem Studierenden nicht klar, warum er schlechte Klausuren schreibt. Wir geben Ihnen **gezielte Tipps**! Vertrauen Sie auf unsere **Expertenkniffe**.

Durch die ständige Diskussion mit unseren Kursteilnehmerinnen und Kursteilnehmern ist uns als erfahrenen Repetitoren klar geworden, welche **Probleme** die Studierenden haben, ihr **Wissen anzuwenden**. Wir haben aber auch von unseren Kursteilnehmerinnen und Kursteilnehmern profitiert und von ihnen erfahren, welche **Argumentationsketten** in der Prüfung zum Erfolg geführt haben.

Die **hemmer-Methode** gibt **jahrelange Erfahrung** weiter, erspart Ihnen viele schmerzliche Irrtümer, setzt richtungsweisende Maßstäbe und begleitet Sie als **Gebrauchsanweisung** in Ihrer Ausbildung:

1. Grundwissen:

Die **Grundwissenskripten** sind für die Studierenden in den ersten Semestern gedacht. In den Theoriebänden Grundwissen werden leicht verständlich und kurz die wichtigsten Rechtsinstitute vorgestellt und das notwendige Grundwissen vermittelt. Die Skripten werden durch den jeweiligen Band unserer **Reihe „Die wichtigsten Fälle"** ergänzt.

2. Basics:

Das Grundwerk für Studium und Examen. Es schafft schnell **Einordnungswissen** und mittels der hemmer-Methode richtiges Problembewusstsein für Klausur und Hausarbeit. Wichtig ist, **wann und wie** Wissen in der Klausur angewendet wird.

3. Skriptenreihe:

Vertiefendes Prüfungswissen: Über 1.000 Klausuren wurden auf ihre „essentials" abgeklopft.

Anwendungsorientiert werden die für die Prüfung nötigen Zusammenhänge umfassend aufgezeigt und wiederkehrende Argumentationsketten eingeübt.

Gleichzeitig wird durch die **hemmer-Methode** auf **anspruchsvollem Niveau** vermittelt, nach welchen Kriterien Prüfungsfälle beurteilt werden. Mit dem Verstehen wächst die Zustimmung zu Ihrem Studium. Spaß und Motivation beim Lernen entstehen erst durch Verständnis.

Lernen Sie, durch Verstehen am juristischen Sprachspiel teilzunehmen. Wir schaffen den „background", mit dem Sie die innere Struktur von Klausur und Hausarbeit erkennen: **„Problem erkannt, Gefahr gebannt"**. Profitieren Sie von unserem **strategischen Wissen**. Wir werden Sie mit unserem know-how auf das Anforderungsprofil einstimmen, das Sie in Klausur und Hausarbeit erwartet.

Die Theoriebände Grundwissen, die Basics, die Skriptenreihe und der Hauptkurs sind als **modernes, offenes und flexibles Lernsystem** aufeinander abgestimmt und ergänzen sich ideal. Die **studentenfreundliche Preisgestaltung** ermöglicht den **Erwerb als Gesamtwerk**.

4. Hauptkurs:

Schulung am examenstypischen Fall mit der Assoziationsmethode. Trainieren Sie unter professioneller Anleitung, was Sie im Examen erwartet und wie Sie bestmöglich mit dem Examensfall umgehen.

Nur wer die Dramaturgie eines Falles verstanden hat, ist in Klausur und Hausarbeit auf der sicheren Seite! Häufig hören wir von unseren Kursteilnehmenden: **„Erst jetzt hat Jura richtig Spaß gemacht"**.

Die Ergebnisse unserer Kursteilnehmerinnen und Kursteilnehmer geben uns Recht. Maßstab ist der Erfolg. Die Examensergebnisse zeigen, dass unsere Kursteilnehmenden überdurchschnittlich abschneiden.

Die Examensergebnisse unserer Kursteilnehmerinnen und Kursteilnehmer können auch Ansporn für Sie sein, intelligent zu lernen: Wer nur auf vier Punkte lernt, landet leicht bei drei.

Lassen Sie sich aber nicht von diesen Supernoten verschrecken, sehen Sie dieses Niveau als Ansporn für Ihre Ausbildung.

Wir hoffen, mit unserem Gesamtangebot bei der Konkretisierung des Rechts mitzuwirken und wünschen Ihnen **viel Spaß beim Durcharbeiten** unserer Skripten.

Wir würden uns freuen, mit Ihnen in unserem Hauptkurs und mit der **hemmer-Methode** gemeinsam Verständnis an der Juristerei zu trainieren. Nur wer erlernt, was ihn im Examen erwartet, lernt richtig!

So leicht ist es, uns kennenzulernen: Probehören ist jederzeit in den jeweiligen Kursorten möglich.

Karl-Edmund Hemmer & Achim Wüst

§ 1 EINLEITUNG

Bedeutung für das Examen

In der juristischen Ausbildung bildet das Arbeitsrecht einen wesentlichen Bestandteil des Prüfungsumfanges aller Justizausbildungsordnungen und ist unmittelbar hinter den klassischen Gebieten des Bürgerlichen Gesetzbuches meistgeprüftes Stoffgebiet des Privatrechts.[1]

1a

Verbindung zum BGB

Da im Arbeitsrecht die Regelungen des Bürgerlichen Gesetzbuches (subsidiäre) Geltung entfalten, lässt sich das Arbeitsrecht gut mit anderen Rechtsgebieten des Privatrechts kombinieren (man denke an Anfechtung, Formerfordernisse, haftungsrechtliche Besonderheiten, Erfüllungs-/ Verrichtungsgehilfen, gestörte Gesamtschuld etc.). Deshalb bleibt der erwünschte Klausurerfolg aus, wenn der Klausurbearbeiter nicht über solide allgemeine BGB Kenntnisse verfügt, und diese auch einzuordnen weiß.

Aufbau dieses Skripts: Typische Klausur

Leider existiert keine zusammenhängende gesetzliche Kodifikation des Arbeitsrechts. Dieses Basics-Skript aber ist derart konzipiert, die zahlreichen und verstreuten Einzelnormen an der für die Klausurlösung angezeigten Stelle und in ihrer Examensrelevanz entsprechenden Umfang darzustellen und zu vermitteln. Die Einzelprobleme des Individual- und des Kollegialarbeitsrechts werden so in die Struktur des Arbeitsgerichtsverfahrensrecht eingearbeitet, dass Sie sich bei der Klausurlösung stets am Aufbau dieses Skripts orientieren können. Das Verständnis der zu bearbeitenden Fragen wird dadurch um ein Vielfaches erleichtert.

Um Ihnen einen ersten Überblick zu ermöglichen, haben wir den einzelnen Kapiteln Einleitungen vorangestellt, die prägnant das weitere Vorgehen erläutern und in den Gesamtkomplex eingliedern. Für Vertiefungen sei auf die entsprechenden Fußnoten und Querverweise zu unserem Hauptskript verwiesen.

hemmer-Methode: Motivieren Sie sich für das Arbeitsrecht! Setzen Sie stets mit Hilfe der hemmer-Methode Ihr abstraktes Wissen in konkreten Bezug. Die Lernerfolge und die Freude am Lernen kommen von selbst.

---

[1] Eine Sammlung aller für dieses Skript maßgeblichen Gesetze findet sich im Beck-Text, Arbeitsgesetze. Besonders zu empfehlen ist auch die Lektüre der dort enthaltenen Einleitung von Professor Dr. Reinhard Richardi, die wichtige Hintergrundinformationen enthält.

§ 2 GRUNDLAGEN DES ARBEITSRECHTS

A) Der Begriff des Arbeitsrechts

Begriff und gesetz-
liche Regelungen

Das Arbeitsrecht regelt die Rechtsbeziehungen zwischen dem Arbeitgeber (AG) und dem Arbeitnehmer (AN). Die gesetzliche Ausgangsregelung findet sich in den §§ 611a - 630 BGB, wird jedoch durch eine Vielzahl europarechtlicher, verfassungsrechtlicher, privatrechtlicher, öffentlich-rechtlicher und kollektivrechtlicher Normen modifiziert und ergänzt.[2] Als Teil des Privatrechts bezeichnet man das Arbeitsrecht auch als „Sonderrecht der abhängig Beschäftigten".   **1b**

B) Systematik und Aufgabenbereich

I. Teilbereiche des Arbeitsrechts

Teilbereiche

Im Arbeitsrecht selbst unterscheidet man wegen unterschiedlicher Regelungsinhalte folgendermaßen: **2**

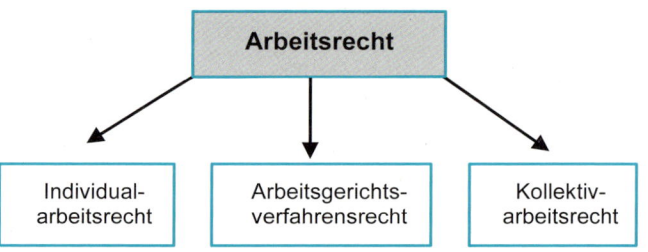

1. Individualarbeitsrecht

Der einzelne Ver-
trag

Das Individualarbeitsrecht regelt die Rechtsbeziehungen des einzelnen AN zu seinem AG, zu seinen Mitarbeitern und zu außenstehenden Dritten. Dabei lassen sich zwei Teilbereiche unterscheiden: **3**

a) Arbeitsvertragsrecht

Arbeitsvertrags-
recht

Das Arbeitsvertragsrecht beschäftigt sich aufgrund individuell verschiedener Vertragsregelungen mit den einzelnen Modifikationen der Rechtsbeziehungen zwischen AG und AN.   **4**

---

[2]   Vgl. hierzu Rn. 17.

Beispiele:

- ➲ *Zustandekommen des Arbeitsvertrages*

- ➲ *Pflichten der Vertragsparteien*

- ➲ *Übergang des Arbeitsverhältnisses auf einen anderen AG*

- ➲ *Beendigung des Arbeitsverhältnisses, z.B. durch Kündigung*

Normen des Arbeitsvertragsrechts

Diesbezüglich relevante Regelungen finden sich im Gesetz z.B. unter den §§ 611a ff. BGB, §§ 59 ff. HGB, §§ 105 ff. GewO, im KSchG, BUrlG, EFZG und im BBiG.

b) Arbeitsschutzrecht (öffentliches Arbeitsrecht)

Arbeitsschutzrecht = Öffentlichrechtliche Pflichten des AG

Innerhalb des Arbeitsschutzrechts werden dem AG strikt zu befolgende öffentlich-rechtliche Pflichten gegenüber dem Staat oder sonstigen öffentlich-rechtlichen Hoheitsträgern auferlegt, die v.a. dem Schutz der Rechtsgüter des AN (Leben, Eigentum, Gesundheit etc.) dienen. Diese Pflichten sind der Disposition der Arbeitsvertragsparteien vollständig entzogen.[3]

5

Beispiele:

- ➲ *Jugendarbeitsschutzgesetz: JArbSchG*

- ➲ *Mutterschutzgesetz: MuSchG*

- ➲ *Arbeitszeitengesetz: ArbZG*

- ➲ *Gesetz zur Rehabilitation und Teilhabe behinderter Menschen: SGB IX*

hemmer-Methode: Der Schwerpunkt der (Pflichtfach-)Klausur liegt eindeutig auf dem Arbeitsvertragsrecht. Sehr häufig muss z.B. die Frage geklärt werden, ob Ansprüche des AN auf Zahlung von Lohn, Urlaubsgeld oder Gratifikationen bestehen. Dies ist natürlich nur dann der Fall, wenn zwischen den Parteien überhaupt ein wirksames Vertragsverhältnis besteht.

2. Kollektives Arbeitsrecht

Kollektives Arbeitsrecht

Den zweiten großen Teilbereich des Arbeitsrechts bildet das kollektive Arbeitsrecht. Darunter versteht man sämtliche Rechtsbeziehungen der arbeitsrechtlichen Koalitionen (Gewerkschaften, Arbeitgeberverbände) und der Belegschaftsvertretungen (Betriebsräte, Sprecherausschüsse, Personalräte) sowohl zu ihren Mitgliedern, als auch untereinander.

6

---

[3]   Zu den Sicherungspflichten des AG i.R.d. Arbeitsschutzrechts vgl. **Hemmer/Wüst, Life&Law 1999, S. 91 ff. Unser Service-Angebot an Sie: kostenlos hemmer-club-Mitglied werden (www.hemmer-club.de) und Entscheidungen der Life&Law lesen und downloaden.**

In diesen Bereich fallen vor allem:

1. Koalitionsrecht

2. Schlichtungsrecht

3. Arbeitskampfrecht

4. Betriebsverfassungsrecht

Zu beachtende Regelungen

Zu beachtende gesetzliche Regelungen sind Art. 9 III GG, TVG, BetrVG, MitbestG, PersVG.

hemmer-Methode: Natürlich zählt das kollektive Arbeitsrecht nicht zum Pflichtstoffbereich. Jedoch ist es durchaus denkbar, dass Sie sich mit einer übergreifenden Problematik bzgl. der oben angeführten gesetzlichen Normierungen auseinandersetzen müssen, sobald diese Auswirkungen auf den Bestand, den Inhalt oder die Beendigung des Individualarbeitsvertrages haben (z.B. Anwendbarkeit und Auswirkungen einer tarifvertraglichen Regelung auf den Individualarbeitsvertrag).[4] Aus diesem Grund ist es angebracht sich zumindest einen groben Überblick über Grundlagen der oben aufgeführten Teilgebiete zu verschaffen.

3. Arbeitsgerichtsverfahrensrecht

Arbeitsgerichtsverfahrensrecht ArbGG und ZPO

Das Arbeitsgerichtsverfahrensrecht gewährleistet die gerichtliche Durchsetzung der materiellen Rechte der Arbeitsvertragsparteien mit Hilfe der speziellen Regelungen des Arbeitsgerichtsgesetzes (ArbGG), den subsidiären Bestimmungen der Zivilprozessordnung (ZPO) und des Gerichtsverfahrensgesetzes (GVG). Während also Individual- und Kollegialarbeitsrecht die materielle Rechtslage, also z.B. das tatsächliche Vorliegen von Ansprüchen klären, bestimmt das Arbeitsgerichtsverfahrensrecht die Möglichkeiten, das bestehende Recht durchzusetzen.

7

Exkurs: Die Arbeitsgerichtsbarkeit

Deutsche Arbeitsgerichtsbarkeit

Zu einer endgültigen Entscheidung arbeitsrechtlicher Streitigkeiten, steht wegen besonderer Interessen der Parteien i.R.d. Zivilgerichtsbarkeit ein eigener Rechtsweg zur Verfügung.

8

Instanzen

Der Instanzenzug gliedert sich in drei Instanzen: Arbeitsgerichte §§ 14 ff. ArbGG, Landesarbeitsgerichte §§ 33 ff. ArbGG und das Bundesarbeitsgericht §§ 40 ff. ArbGG i.V.m. Art. 85 GG. Eingangsinstanz ist gemäß § 8 I ArbGG immer das Arbeitsgericht. Je nach Rechtsschutzbegehren ist entweder das Urteilsverfahren gem. §§ 2, 46 ArbGG oder das Beschlussverfahren nach den §§ 2a, 80 ff. ArbGG einschlägig.

---

[4]   Ausführungen zum Tarifvertrag befinden sich in Hemmer/Wüst, Arbeitsrecht, Rn. 390 ff.

a) Urteilsverfahren, §§ 2, 46 ff. ArbGG

Urteilsverfahren

9

aa) Anwendungsbereich

§ 2 I – IV ArbGG

Gem. § 46 I ArbGG findet das Urteilsverfahren in den in § 2 I – IV ArbGG bezeichneten bürgerlichen Rechtsstreitigkeiten Anwendung. Besonders klausurrelevant sind für individualrechtliche Ansprüche die beiden Vorschriften des § 2 I Nr. 3 ArbGG und für alle Streitigkeiten aus dem Kollektivarbeitsrecht die Konstellationen des § 2 I Nr. 1 und Nr. 2 ArbGG.

bb) Verfahrensablauf

Grundsätze d. ZPO

Das Verfahren bestimmt sich gem. § 46 II S. 1 ArbGG nach der Zivilprozessordnung über das Verfahren vor den Amtsgerichten[5], weist jedoch einige Besonderheiten auf.

Mündlicher Güte-termin

Da die Parteien nach dem gerichtlichen Verfahren oft weiter miteinander zusammenarbeiten müssen, ist das arbeitsgerichtliche Verfahren im besonderen Maß auf die gütliche Beilegung des Streits angelegt.

10

Nach Eingang des Klageantrages wird das zuständige Arbeitsgericht nicht sofort einen Termin zur streitigen Verhandlung anberaumen, sondern zunächst nach § 54 I ArbGG versuchen, in einer gesonderten mündlichen Güteverhandlung die Parteien zu einer einvernehmlichen Einigung zu bewegen. Wird jedoch in der Güteverhandlung das vornehmliche Ziel eines Prozessvergleiches[6] nicht erreicht und sind die Parteien auch danach zu keiner außergerichtlichen Einigung bereit, muss der Rechtsstreit letztendlich durch Gerichtsurteil in einer zeitlich späteren streitigen Verhandlung einer endgültigen Entscheidung zugeführt werden.

Beschleunigung des Verfahrens

Aufgrund der existenziellen Bedeutung des Arbeitsverhältnisses für den Arbeitnehmer spielt der Beschleunigungsgrundsatz im Arbeitsrecht eine große Rolle. Gemäß § 9 I ArbGG ist das Verfahren in allen Rechtszügen zu beschleunigen. Konkrete Ausprägungen dieses Grundsatzes sind z.B. die in §§ 46a III, 59 S. 1 ArbGG abgekürzten Fristen, sowie die in § 61a ArbGG angeordnete Beschleunigung von Kündigungsverfahren.

10a

b) Beschlussverfahren, §§ 2a I, 80 ff. ArbGG

Beschlussverfahren

11

aa) Anwendungsbereich

§ 2a I ArbGG

§ 2a I ArbGG bestimmt, in welchen Angelegenheiten die Arbeitsgerichte im Beschlussverfahren zuständig sind.

---

[5] Hier müssen Sie also v.a. Dispositions- und Beibringungsgrundsatz und im Auge behalten. Vgl. Sie dazu Hemmer/Wüst, Basics ZR IV, ZPO, Rn. 24 ff.

[6] Zum Prozessvergleich: Hemmer/Wüst, Basics ZR IV, ZPO, Rn. 122 ff.

Zu achten ist hierbei besonders auf die Rechtsstreitigkeiten aus dem BetrVG (§ 2a I Nr. 1), aus dem MitbestG (Nr. 3) und auf die Entscheidung über die Tariffähigkeit und die Tarifzuständigkeit einer Vereinigung (Nr. 4).

bb) Verfahren

Verfahren

Das Beschlussverfahren ist in den §§ 80 ff. ArbGG näher ausgestaltet. Gemäß § 80 II ArbGG gelten die Vorschriften des Urteilsverfahrens, §§ 46 ff. ArbGG, subsidiär.

Das Beschlussverfahren wird jedoch nicht durch Klage, sondern durch Antrag eröffnet, §§ 46 II, 81 I ArbGG. Ferner fehlt sowohl ein zwischengeschalteter Gütetermin (§ 54 I ArbGG) als auch eine streitige Verhandlung. Vielmehr wird ein Anhörungstermin gem. § 83 IV S. 3 ArbGG festgesetzt, an dessen Ende ein Gerichtsbeschluss ergeht.

c) Weitere Verfahrensarten

Beschlussverfahren in besonderen Fällen und Schiedsvertrag

Als weitere, aber keineswegs klausurträchtige Verfahren sind das Beschlussverfahren in besonderen Fällen in den §§ 97, 98 ArbGG und der Schiedsvertrag in Arbeitsstreitigkeiten in den §§ 4, 101 - 110 ArbGG geregelt.

12

II. Aufgabenbereich des Arbeitsrechts

1. Individualarbeitsrecht

Arbeitsvertrag, § 611a BGB ⇨ §§ 612 ff. gelten auch

Der Arbeitsvertrag ist in § 611a BGB geregelt. Anwendbar sind aber auch – soweit nicht ein anderes bestimmt ist – die Vorschriften über den Dienstvertrag, §§ 612 ff. BGB. Infolge der generell einschlägigen §§ 611a ff. BGB über den Dienstvertrag kommt auch im Arbeitsrecht der Grundsatz der Privatautonomie zur Geltung.[7]

13

Privatautonomie

Dieser fußt auf der Annahme einer Gleichrangigkeit der verhandelnden Rechtssubjekte.

Es ist jedoch offensichtlich, dass sich in den Personen des AG und des AN nur in den seltensten Fällen zwei gleichstarke Vertragspartner gegenüber stehen. Während der AN, dessen einziges Kapital seine Arbeitskraft ist, in existenziellem Maße von regelmäßigen Einkünften aus dem Arbeitsverhältnis abhängig ist, stellt sich für den AG die Produktion im Rahmen abhängiger Arbeit nur als eine von vielen möglichen Optionen der (Finanz-) Kapitalanlage dar.

---

[7]   Zum Grundsatz der Privatautonomie: BVerfGE 70, 123; 72, 170 und Palandt, Vor § 305 BGB.

*Arbeitnehmer-
schutz*

Um dieses Ungleichgewicht zu mäßigen und dem AN eine gewisse soziale Sicherheit zukommen zu lassen, hat der Gesetzgeber durch zahlreiche Gesetze, welche zumindest zuungunsten des AN nicht abdingbar sind, die Privatautonomie im Arbeitsrecht entscheidend eingeschränkt.

2. Kollektives Arbeitsrecht

*Gesetzliche Ein-
schränkungen*

Zum Schutze des AN finden sich auch im kollegialarbeitsrechtlichen Bereich Regelungen des Gesetzgebers, die für die Parteien nicht zur Disposition stehen.

14

> *Bsp.:* *Gemäß § 4 III TVG kann von den Regelungen eines Tarifvertrages im Arbeitsvertrag nur abgewichen werden, wenn die Abweichung im Tarifvertrag gestattet ist oder die Abweichung für den Arbeitnehmer günstiger als die Regelung des Tarifvertrages ist. Gleiches gilt in Analogie zu § 4 III TVG für Regelungen einer Betriebsvereinbarung. Gemäß § 13 I S. 1 BUrlG kann in Tarifverträgen von den §§ 1 - 3 BUrlG nicht abgewichen werden.*

3. Arbeitsgerichtsverfahrensrecht

*Reduzierung der
Kosten*

I.R.d. Arbeitsgerichtsverfahrens versucht der Gesetzgeber den Arbeitnehmerschutz dadurch zu gewähren, dass die Parteien während der gesamten Verhandlung stark verminderte Kosten erwarten, um den AN nicht durch das Kostenrisiko von der Geltendmachung seiner Ansprüche absehen zu lassen.

15

Dazu soll hauptsächlich der bereits oben genannte Gütetermin dienen, der eine weitere Möglichkeit einer einvernehmlichen und gütlichen Einigung der Parteien verkörpert und bei dessen erfolgreichem Verlauf unnötige Kosten erspart bleiben.

*Wegfall der Ge-
richtskosten*

Doch auch im Falle einer streitigen Verhandlung entstehen für die Parteien in erster Instanz nur geringe Gerichtskosten, § 12 II ArbGG. Darüber hinaus weicht § 12a I ArbGG von der herkömmlichen Kostenregelung des § 91 ZPO ab, sodass die im Prozess in der ersten Instanz unterliegende Partei der obsiegenden Partei keine entstandenen Anwaltskosten ersetzen muss.

hemmer-Methode: Arbeitsrecht bedeutet in der Klausur in erster Linie Arbeitnehmerschutzrecht. Behalten Sie diesen Grundgedanken immer im Auge, falls es im Einzelfall auf die Auslegung einer speziellen Rechtsnorm oder einer Interessenabwägung ankommen sollte. Wie so oft gilt auch hier: Nur derjenige, der die hinter einer Regelung stehenden Wertungen verstanden hat, schreibt die gute Klausur!

III. Rechtsquellen und Gestaltungsfaktoren

1. Übersicht

Rechtsquellen

Die gesetzlichen Regelungen des Individual- und des Kollegialarbeitsrechts bilden in unserer Rechtsordnung kein geschlossenes System.   **16**

Bei der Bearbeitung arbeitsrechtlicher Klausuren stellt sich dem Studenten oft die Frage, welche der unzähligen Rechtsquellen beispielsweise zur Bestimmung des Inhaltes eines konkreten Arbeitsverhältnisses herangezogen werden können.

*Ausgangspunkt:
§§ 611a ff. BGB*

Zu diesem Zweck sind zunächst alle Normenkomplexe – gedanklich - auf ihre Relevanz für den zu lösenden Fall zu untersuchen. Dabei geht man immer erst vom Arbeitsvertrag, als der speziellsten Regelung aus, bevor man arbeitsrechtliche Sondervorschriften nach weiteren, möglicherweise einschlägigen Regelungen zu untersuchen beginnt. Ergeben sich dann im Ergebnis für die Lösung der Klausur mehrere sachlich grundsätzlich anwendbare Normen, gilt für diese, ähnlich der staatsrechtlichen Normenhierarchie folgende Rangordnung:[8]

Übersicht der klausurrelevanten Rechtsquellen

> **Übersicht der klausurrelevanten Rechtsquellen**   **17**
>
> 1. **EU-Recht** (Primäres Gemeinschaftsrecht; Sekundäres Gemeinschaftsrecht und EU-Richtlinien)
> 2. **Verfassungsrecht** (insbes.: Art. 3 I, 5 I, 9 III und 12 GG)
> 3. **Einfaches Gesetzesrecht** (§§ 611a ff. BGB, KSchG, EFZG etc.)
> 4. **Richterrecht**
> 5. **Tarifvertrag** (§ 4 I TVG)
> 6. **Betriebsvereinbarungen** (§§ 77 II, 4 BetrVG)
> 7. **Arbeitsvertrag mit seinen Besonderheiten** (Einheitsregelung, betriebliche Übung, Gesamtzusage, Direktionsrecht des AG)

2. Arbeitsrechtliche Gestaltungsfaktoren

Arbeitsrechtliche Gestaltungsfaktoren

Es stellt eine Besonderheit des Arbeitsrechts dar, dass zu den gesetzlichen und vertraglichen Bestimmungen noch weitere besondere Gestaltungsfaktoren (betriebliche Übung, Gesamtzusage etc.) hinzukommen.   **18**

---

[8]   Hierzu ausführlich Hemmer/Wüst, Arbeitsrecht, Rn. 388 ff.; vgl. auch **Life&Law 07/1999, S. 431 ff.**

Die Gesamtheit der für das Arbeitsrecht relevanten Rechtsquellen nennt man die „arbeitsrechtlichen Gestaltungsfaktoren".

Zuerst: Sachliche Relevanz

Wie eben angedeutet, ist zunächst zu untersuchen, welche Normen für die Klausurlösung sachlich einschlägig sein könnten. Erst wenn dieser Rahmen abgesteckt ist, kann es nämlich überhaupt darauf ankommen, welcher von mehreren Normen der Vorrang gebührt. Dies bestimmt sich dann nach folgenden Grundsätzen:

a) Rang- und Günstigkeitsprinzip

Geben zwei Rechtsquellen unmittelbar Aufschluss über die strittige Rechtslage, d.h. treten zwei arbeitsrechtliche Gestaltungsfaktoren verschiedener Ebenen in Konkurrenz, kann nichts anderes gelten, als in den anderen Rechtsgebieten. **19**

Rangprinzip

Nach dem Grundgedanken des Rangprinzips verdrängt der jeweils ranghöhere den rangniederen Faktor.[9]

Günstigkeitsprinzip

Eine Ausnahme wird nur dann anerkannt, wenn eine rangschwächere Bestimmung für den betroffenen Arbeitnehmer günstiger ist, als die entsprechende ranghöhere Norm (**Günstigkeitsprinzip**).[10]

> **Bsp.:** *Laut seines Arbeitsvertrages soll dem AN ein Stundenlohn in Höhe von 25,- € zustehen, der gültige Tarifvertrag sieht allerdings nur einen Stundenlohn von 22,- € vor.*

> Entscheidet man nach dem Rangprinzip, müsste der Stundenlohn 22,- € betragen. Da jedoch der rangschwächere Arbeitsvertrag zugunsten des AN entscheidet, gilt die Ausnahme des Günstigkeitsprinzips, § 4 III TVG. Der AN kann daher 25,- € pro Stunde verlangen.

b) Spezialitäts- und Ordnungsprinzip

Spezialitäts- und Ordnungsprinzip

Sind verschiedene Gestaltungsfaktoren auf gleicher Rangstufe einschlägig, geht zum einen die speziellere Norm der allgemeineren vor (**Spezialitätsgrundsatz**), zum anderen verdrängt die aktuellere Regelung die ältere (**Ordnungsprinzip**).[11] **20**

---

[9]   Zum Konfliktfall arbeitsrechtlicher Gestaltungsfaktoren vgl. Hemmer/Wüst, Arbeitsrecht, Rn. 421.

[10] Achtung Gegenausnahme: Gerade bei den klassischen Konkurrenzproblemen zwischen Tarifvertrag und Betriebsvereinbarung gilt das Günstigkeitsprinzip nicht! Wegen § 77 III BetrVG dürfen Regelungen des Tarifvertrages nicht Gegenstand der Betriebsvereinbarung sein. Letztere ist ungültig, sodass sich die Frage nach der günstigeren Norm gar nicht mehr stellt.

[11] Hemmer/Wüst, Arbeitsrecht, Rn. 423.

Bsp.: Es ist durchaus möglich, dass mehrere Tarifverträge einschlägig sind. Es muss dann in der Klausur abgewogen werden, welcher Tarifvertrag im Einzelfall der speziellere bzw. der sachverhaltsnähere ist.

hemmer-Methode: Die Kenntnis der arbeitsrechtlichen Gestaltungsfaktoren und ihre Auswirkung auf die Lösung eines konkreten Problems muss unbedingt beherrscht werden. Die Thematik wird aufgrund ihrer enormen Bedeutung für den Klausurausgang an den entsprechenden Prüfungsstandorten im Rahmen dieses Skripts erneut aufgegriffen und komplettiert.

§ 3 DIE ZULÄSSIGKEIT DER KLAGEANTRÄGE

A) Die Prüfung in der Klausur

Bei einer Vielzahl von Übungs- oder Examensklausuren aus dem Arbeitsrecht finden sich nach einer ausgiebigen Schilderung des Sachverhaltes folgende Fragestellungen:

„Wie wird das Arbeitsgericht entscheiden?"

oder

„Hat die Klage des AN Aussicht auf Erfolg?"

Es wird somit vom Klausurbearbeiter die Beurteilung verlangt, ob auf formeller Ebene alle Voraussetzungen der Klage(n) gegeben sind (Zulässigkeit) und ob die vom Kläger geltend gemachten Ansprüche materiell-rechtlich bestehen (Begründetheit).[12] Ferner müssen bei mehreren Klageanträgen des AN die Grundvoraussetzungen einer objektiven Klagehäufung Berücksichtigung finden. In der Klausurpraxis bietet sich folgender Aufbau an:

21

Klausuraufbau

1. Zulässigkeit der Klageanträge
2. Objektive Klagehäufung
3. Begründetheit der Klageanträge

Obersatz

Bevor man mit der Bearbeitung der Zulässigkeitsvoraussetzungen beginnt, sollte jeder Klausur ein dem Aufbau entsprechender Obersatz vorangestellt werden. Dieser könnte ungefähr so lauten:

„Die Klage des AN hat Aussicht auf Erfolg, wenn sie zulässig und begründet ist. Zunächst ist die Zulässigkeit der einzelnen Klageanträge zu überprüfen".

B) Die einzelnen Zulässigkeitsvoraussetzungen

Zulässigkeitsvo-raussetzungen

Bei der assoziativen Zuordnung der einzelnen Sachverhaltsinformationen ist zu überprüfen, ob die folgenden Zulässigkeitsvoraussetzungen erfüllt sind.

22

Übersicht d. allgem. Prozessvorauss.

1. Ordnungsgemäße Klageerhebung
2. Rechtswegzuständigkeit
3. Örtliche Zuständigkeit
4. Klagearten und ihre besonderen Voraussetzungen

---

[12] Zu den möglichen Aufbauvarianten Hemmer/Wüst, Arbeitsrecht, Rn. 9.

I. Ordnungsgemäße Klageerhebung

Ordnungsgemäße
Klageerhebung

Erster Punkt in der Zulässigkeitsprüfung ist die ordnungsgemäße Klageerhebung.[13]

23

1. Klageform

Formanforderungen

Nach den Bestimmungen des § 46 II S. 1 ArbGG i.V.m. §§ 495, 253 V ZPO bedarf eine Klage (beim zuständigen Gericht) der Schriftform. Als bestimmender Schriftsatz ist die Klageschrift eigenhändig zu unterschreiben. Ihren Muss- bzw. Sollinhalt bestimmt § 253 II S. 3 ZPO.[14]

24

Möglich ist aber auch die Erklärung zu Protokoll der Geschäftsstelle, §§ 46 II S. 1 ArbGG, 496 ZPO.

hemmer-Methode: Beachten Sie: § 495 ZPO ist nur dann zu zitieren, wenn es sich um Vorschriften der §§ 253 ff. ZPO handelt, hingegen nicht, wenn es um allgemeine Vorschriften geht (wie z.B. die Zuständigkeitsvorschriften der §§ 12 ff. ZPO).

2. Parteifähigkeit

Parteifähigkeit -
Rechtsfähigkeit

Eine Partei kann nur dann Klage erheben, wenn sie parteifähig, d.h. nach § 50 I ZPO rechtsfähig ist. Bekanntermaßen sind dies natürliche und juristische Personen. Ebenso werden Personenhandelsgesellschaften, OHG, KG erfasst. Eine Erweiterung speziell für das Arbeitsrecht bringt § 10 ArbGG, sodass auch Gewerkschaften und Vereinigungen von Arbeitgebern, sowie die Zusammenschlüsse solcher Verbände Partei eines Prozesses sein können.[15]

25

3. Prozessfähigkeit

Prozessfähigkeit -
Geschäftsfähigkeit

Des Weiteren müssen die Parteien prozessfähig sein. Mangels spezieller Regelung im ArbGG sind über die Verweisungsnorm des § 46 II S. 1 ArbGG die §§ 51 ff. ZPO anzuwenden. Demnach kommt bei prozessunfähigen Personen eine Prozessführung ausschließlich durch ihren gesetzlichen Vertreter in Betracht (Eltern beim Minderjährigen, Organe bei der juristischen Person, Gesellschafter bei der GmbH).

26

---

[13]   Vgl. hierzu Hemmer/Wüst, Arbeitsrecht, Rn. 12.

[14]   Dazu ausführlicher Hemmer/Wüst, Basics ZR IV, ZPO, Rn. 16 ff. und Hemmer/Wüst, ZPO I, Rn. 231 ff.

[15]   Erläuterungen bzgl. Partei- und Prozessfähigkeit unter Hemmer/Wüst, Basics ZR IV, ZPO, Rn. 10.

4. Postulationsfähigkeit

Postulationsfähig-keit - Prozesshand-lungsfähigkeit

Postulationsfähig ist eine Partei, die vor Gericht aufzutreten und selbst wirksam Prozesshandlungen vorzunehmen vermag (sog. Prozesshandlungsfähigkeit).[16] Für den Zivilprozess gelten die Regelungen der §§ 78 ff. ZPO, während für ein Verfahren vor dem Arbeitsgericht der spezielle § 11 I ArbGG anzuwenden ist. Das bedeutet für die Parteien im Arbeitsrechtsprozess, dass sie einerseits den Rechtsstreit in erster Instanz selbst führen oder sich vertreten lassen können und andererseits, dass in den nächsthöheren Instanzen der Landes- und Bundesarbeitsgerichtsbarkeit eine Prozessvertretung vorgeschrieben ist, dort also Anwaltszwang besteht.

27

hemmer-Methode: Diese Punkte sind fast immer vollkommen unproblematisch. Dennoch sollten Sie schon einmal etwas von den parteibezogenen Prozessvoraussetzungen gehört haben. Falls Sie hier Probleme haben sollten, erarbeiten Sie sich den Komplex anhand unseres Skriptes ZPO I, Rn. 231 ff. Für die Klausur gilt: Erwähnen Sie Partei- und Prozessfähigkeit nur, wenn der Sachverhalt eindeutige Anhaltspunkte liefert (Handeln eines Minderjährigen, Auftreten einer GmbH, OHG oder eines nichtrechtsfähigen Vereines).

Hat man sich obige Prüfungspunkte kurz gedanklich in Erinnerung gerufen und liegen sie ohne Zweifel vor, genügt in der Klausur eine Feststellung, die wie folgt aufzubauen ist:

Formulierung

„Der AN hat gemäß § 46 II S. 1 ArbGG, §§ 495, 253 V ZPO schriftlich beim Arbeitsgericht Klage eingereicht. Eine anwaltliche Vertretung ist nach den Bestimmungen des § 11 I S. 1 ArbGG nicht erforderlich".

II. Rechtswegzuständigkeit

Rechtsweg-zuständigkeit

Nächster Prüfungspunkt innerhalb der Zulässigkeit ist die Rechtswegzuständigkeit.[17]

28

hemmer-Methode: Wegen der Verweisung auf § 17a II S. 1 GVG in § 48 I ArbGG kann man die Rechtswegzuständigkeit und die Zuständigkeit des Arbeitsgerichts auch vor der Zulässigkeit der Klage prüfen (wie im Verwaltungsprozess).

1. Entscheidungserhebliche Normen

Gesetzliche Ausgangsregelungen sind die §§ 2, 2a ArbGG i.V.m. § 46 I ArbGG.

29

---

16   Hemmer/Wüst, Basics ZR IV, ZPO, Rn. 14.
17   Hemmer/Wüst, Arbeitsrecht, Rn. 13.

a) §§ 2, 2a ArbGG

§ 2 ArbGG

Wurde als erster Schritt der Sachverhalt der Klausur ausgiebig analysiert, versucht man den geschilderten Rechtsstreit in die katalogartig aufgebauten Regelungen der §§ 2, 2a ArbGG einzuordnen. § 2 ArbGG enthält eine abschließende Aufzählung aller Rechtsstreitigkeiten, für die die Gerichte für Arbeitssachen im Urteilsverfahren zuständig sind. Für § 2a ArbGG gilt dasselbe in Bezug auf das Beschlussverfahren.

b) § 48 I ArbGG

§§ 17 - 17b GVG

In dem Fall, dass der Kläger den falschen Rechtsweg einschlägt und somit das Arbeitsgericht unzuständig ist, gelten über die Verweisungsnorm des § 48 I ArbGG die §§ 17 - 17b GVG.[18] Eine Unzulässigkeit des Rechtsweges führt nach geltendem Recht folglich nicht mehr zu einer Abweisung der Klage als unzulässig. Vielmehr prüft das Gericht die Rechtswegzuständigkeit von Amts wegen und kann bei Fehlen nach Anhörung beider Parteien den Rechtsstreit an das zuständige Gericht des zulässigen Rechtsweges verweisen, § 17a II S. 1 GVG.

2. Prüfung der Rechtswegzuständigkeit in der Klausur

a) § 2 I Nr. 3a und 3b ArbGG

§ 2 I Nr. 3a und 3b ArbGG

Eine außerordentliche Bedeutung ist dem Regelungsgehalt der § 2 I Nr. 3a und Nr. 3b ArbGG zuzuschreiben, da sie den Großteil der relevanten Rechtswegzuständigkeitsfälle abdecken. Bei der Subsumtion ist vorrangig der Begriff des Arbeitnehmers zu untersuchen.

b) Arbeitnehmerbegriff i.S.d. § 5 I ArbGG

30

aa) Definition

Arbeitnehmerbegriff

Arbeitnehmer ist nach § 611a I S. 1 BGB, wer aufgrund eines privatrechtlichen Arbeitsvertrages in persönlicher Abhängigkeit tätig wird und damit seine Dienstleistung im Rahmen einer von Dritten bestimmten Arbeitsorganisation erbringt.[19]

---

[18] Hemmer/Wüst, Arbeitsrecht, Rn. 15 f.
[19] Vgl. hierzu die Darstellungen in Hemmer/Wüst, Arbeitsrecht, Rn. 17 ff.

Der Arbeitnehmerbegriff definiert sich also über:

- Entgeltliches Tätigwerden

- Aufgrund eines privatrechtlichen Vertrags

- In persönlicher Abhängigkeit

- I.R.e. fremdbestimmten Organisation

hemmer-Methode: Beachten Sie bei der Definition des Arbeitnehmerbegriffs, dass Sie sich nicht ausschließlich an diese aufgeführten Merkmale halten dürfen. Der Arbeitnehmerbegriff stellt einen Typusbegriff dar, der keiner strikten Definition unterworfen werden darf, sondern immer aus der Gesamtheit der Umstände zu ermitteln ist.

Von § 5 I ArbGG erfasste Personen

Diesen Begriff setzt das ArbGG in § 5 voraus, erweitert ihn aber für den eigenen Anwendungsbereich auf vergleichbare Personengruppen. Beispiele der von dieser Umschreibung erfassten Arbeitnehmergruppen finden sich explizit im Gesetz:

- **§ 5 I S. 1 ArbGG**: Arbeiter und Angestellte, zur Berufsausbildung Beschäftigte

- **§ 5 I S. 2 ArbGG**: Heimarbeiter, arbeitnehmerähnliche Personen (Personen, die aufgrund ihrer wirtschaftlichen Abhängigkeit ebenso sozial schutzwürdig sind wie AN)

- **§ 5 III ArbGG**: Handelsvertreter

- **§ 5 II ArbGG**: Beamte sind als solche für das ArbGG keine AN

bb) Weisungsgebundenheit, § 611a I S. 3 BGB

Freier Mitarbeiter

Der AN-Begriff kann in Hinsicht auf die in der heutigen Wirtschaft immer häufiger auftretenden „freien Mitarbeiter" Schwierigkeiten bereiten.

§ 611a I S. 3 BGB

Nach § 611a I S. 3 BGB ist weisungsgebunden, wer nicht im Wesentlichen seine Tätigkeit und Arbeitszeit frei gestalten kann. Dabei hängt gem. § 611a I S. 4 BGB der Grad der persönlichen Abhängigkeit auch von der Eigenart der jeweiligen Tätigkeit ab. 31

Bsp.: *So wird der Chefarzt in einer Klinik kaum fachlichen Weisungen unterliegen!*

Nach § 611a I S. 5 BGB ist in Verbindung mit diesen Feststellungen sämtlichen Sachverhaltsindizien, wie z.B. Lohnfortzahlung im Krankheitsfall, wiederholte Dienstleistung nur für einen AG oder Urlaubsgewährung, die für eine Arbeitnehmereigenschaft sprechen, Beachtung zu schenken.[20]

---

[20] Lesen Sie zur Vertiefung die Ausführungen zur Abgrenzungsproblematik Arbeitnehmer/Selbstständiger in **Life&Law 05/2001, S. 325 ff.**

> **hemmer-Methode: Kann eine Klage von vornherein nur unter der Prämisse Erfolg haben, dass der Kläger tatsächlich Arbeitnehmer ist, so handelt es sich bei der „Arbeitnehmereigenschaft" um eine „doppelrelevante Tatsache". In diesen sog. „sic-non-Fällen" genügt für die Bejahung der Zulässigkeit des Rechtsweges zu den Arbeitsgerichten bereits die bloße Behauptung der Arbeitnehmereigenschaft. Die Prüfung des tatsächlichen Vorliegens dieser Eigenschaft ist dann erst Frage der Begründetheit.**

c) Rechtsstreitigkeiten aus dem Arbeitsverhältnis, § 2 I Nr. 3a ArbGG

Leistungsanträge

Ist im Ergebnis die Arbeitnehmereigenschaft des Klägers festgestellt worden, fährt man mit der Prüfung der einschlägigen Zuständigkeitsvorschrift fort.   *32*

Geht es im Fall um individuelle Ansprüche direkt aus dem Arbeitsverhältnis (Lohnzahlungsansprüche, Urlaubsansprüche, Zahlung des versprochenen Weihnachtsgeldes), die der AN durch einen Leistungsantrag durchzusetzen vermag, ergibt sich die Rechtswegzuständigkeit des Arbeitsgerichts direkt aus § 2 I Nr. 3a ArbGG. In der Klausur genügt folgende Ausführung:

Formulierung

> *„Die Rechtswegzuständigkeit für die Leistungsanträge des AN ergibt sich aus § 2 I Nr. 3a ArbGG. Einschlägig ist das Urteilsverfahren, § 2 V ArbGG."*

d) Rechtsstreitigkeiten über das Bestehen oder das Nichtbestehen eines Arbeitsverhältnisses, § 2 I Nr. 3b ArbGG

Feststellungsanträge

Begehrt der AN die Feststellung durch das Gericht, dass sein Arbeitsverhältnis nicht aufgelöst ist (Feststellungsantrag), folgt die Rechtswegzuständigkeit unmittelbar aus § 2 I Nr. 3b ArbGG.   *33*

Formulierung

> *„Für den Feststellungsantrag ist nach § 2 I Nr. 3b, 8 I ArbGG der Rechtsweg zum Arbeitsgericht eröffnet. Streitgegenstand ist die Frage, ob das Arbeitsverhältnis durch die Kündigung vom ... aufgelöst wurde. Einschlägig ist das Urteilsverfahren, § 2 V ArbGG.*

III. Örtliche Zuständigkeit der Arbeitsgerichte

1. Allgemeine Anwendung zivilprozessualer Normen

*Örtliche Zuständig-
keit*

Die örtliche Zuständigkeit des Arbeitsgerichts im Urteilsverfahren bestimmt sich über die Verweisungsnorm des § 46 II S. 1 ArbGG nach den allgemeinen Regeln der ZPO.[21]

Gewöhnlich ist die Festlegung des Gerichtstandes in der Klausur nicht schwierig, da der AN meist am Ort seiner Arbeitsstelle, der in den meisten Fällen mit dem Wohnsitz des AG identisch ist, Klage erheben wird. Die örtliche Zuständigkeit ergibt sich dann aus §§ 12, 13 ZPO. Handelt es sich beim AG um eine juristische Person, folgt die örtliche Zuständigkeit aus den §§ 12, 17 ZPO.

2. Besondere Gerichtsstände

Im Arbeitsrecht kommt aber auch besonderen Gerichtsständen Bedeutung zu.

a) Gerichtsstand der gewerblichen Niederlassung, § 21 ZPO

*Gewerbliche
Niederlassung*

Nicht selten ergeben sich Fallkonstellationen, in denen der AN in einer Zweigstelle eines Hauptunternehmens angestellt ist. Folgerichtig ergibt sich unter Berücksichtigung der zwei verschiedenen Standorte des Haupt- und des Nebenbetriebes die Frage, bei welchem Gericht der Kläger die Durchsetzung seiner Ansprüche verfolgen kann. Dabei ist zu differenzieren:

Wurde das Arbeitsverhältnis direkt in der Zweigstelle begründet, bestimmt § 21 ZPO, dass sämtliche Klagen des AN, die den Geschäftsbetrieb dieser Niederlassung betreffen, auch beim ortsansässigen Gericht eingereicht werden müssen. Wurde jedoch im Hauptbetrieb verhandelt, ist eher § 29 ZPO zu prüfen.

b) Gerichtsstandes des Erfüllungsortes, § 29 ZPO i.V.m. § 269 BGB

*Schwerpunkt der
Vertragserfüllung*

Im Grundsatz ist der Erfüllungsort für jede vertragliche Verpflichtung gesondert festzustellen. Es gibt keinen einheitlichen Gerichtsstand des Vertrages. Im Arbeitsrecht hatte sich diesbezüglich allerdings eine andere Rechtsprechung des BAG entwickelt.

---

[21]   Zu der örtlichen Zuständigkeitsproblematik Hemmer/Wüst, Arbeitsrecht, Rn. 27 f. und Hemmer/Wüst, Basics ZPO, Rn. 18 ff.

Es war stets auf den Schwerpunkt der Vertragserfüllung abzustellen. Da dies der Ort der Arbeitsleistung des AN ist, richtete sich der Gerichtsstand nach dem Ort der Arbeitsstätte des AG.[22]

Diese Sichtweise ist von Vorteil, wenn der AN in der Nähe der Betriebsstätte wohnt bzw. der AG nicht. Problem: Nicht alle Instanzgerichte sind dieser Rechtsprechung gefolgt. Daher ist der Gesetzgeber aktiv geworden, sodass diese Rechtsprechung überholt zu sein scheint. Denn der Gesetzgeber hat 2008 mit § 48 la ArbGG eine neue Vorschrift geschaffen.[23]

c) § 48 la ArbGG

Gewöhnlicher Arbeitsort

Die Klage kann nach § 48 la S. 1 ArbGG am Gericht des gewöhnlichen Arbeitsortes erhoben werden. Der Betriebssitz ist irrelevant. Bei verschiedenen Arbeitsorten ist eine Schwerpunktprüfung vorzunehmen.

Greift S. 1 nicht ein, ist gem. § 48 la S. 2 ArbGG maßgeblich, von wo aus der AN seine Tätigkeit ausübt.[24]

hemmer-Methode: Beanspruchen Sie nicht unnötig die Nerven des Korrektors mit langen Ausführungen zur örtlichen Zuständigkeit. Ist der Fall offensichtlich nicht auf diese Problematik ausgelegt, kombinieren Sie die Feststellungen zu diesem Punkt mit denen zur Rechtswegzuständigkeit und formulieren kurz:
„Nach §§ 2 I Nr. 3b, 8 I ArbGG ist der Rechtsweg zu dem örtlich zuständigen Arbeitsgericht eröffnet". In problematischeren Fällen kann die Ausführung auch wie folgt gestaltet werden: „Der bei …, wohnhaft in…, in … beschäftigte AN, hat seine Klage ordnungsgemäß bei dem nach … zuständigen Gericht eingereicht".

IV. Sachliche Zuständigkeit

Neu seit 2015: Sachliche Zuständigkeit

Gem. § 8 I ArbGG sind in der 1. Instanz die Arbeitsgerichte sachlich zuständig, da für den vorliegenden Streitgegenstand nichts anderes bestimmt ist.   35a

hemmer-Methode: Bis zum 15.08.2015 gab es den Prüfungspunkt der sachlichen Zuständigkeit im arbeitsgerichtlichen Verfahren nicht, da in der ersten Instanz immer die Arbeitsgerichte zuständig waren.

---

[22] BAG, NZA 2005, 297 ff. = **juris**byhemmer (Wenn dieses Logo hinter einer Fundstelle abgedruckt wird, finden Sie die Entscheidung online unter „juris by hemmer": www.hemmer.de).

[23] Gesetz zur Änderung des Arbeitsgerichtsgesetzes, in Kraft getreten am 01.04.2008.

[24] Vgl. Sie zu den Neuerungen Tyroller, **Life&Law 2008, 410 ff.**; Hemmer/Wüst, Arbeitsrecht, Rn. 28a ff.

> Am 16.08.2015 ist das Tarifautonomiestärkungsgesetz in Kraft getreten. Seitdem gibt es im *Beschluss*verfahren in der ersten Instanz die Zuständigkeit des Landesarbeitsgerichts für die Überprüfung der Wirksamkeit der Allgemeinverbindlichkeitserklärung eines Tarifvertrages, §§ 2a I Nr. 5, 98 II ArbGG, sodass § 8 I ArbGG sprachlich angepasst wurde („soweit nicht ein anderes bestimmt ist").
> Aus diesem Grund sollten Sie inzwischen in der Klausur den Prüfungspunkt der sachlichen Zuständigkeit erwähnen und in § 8 I ArbGG verorten.

V. Die verschiedenen Klagearten und ihre jeweiligen besonderen Zulässigkeitsvoraussetzungen

36

1. Übersicht

Klagearten

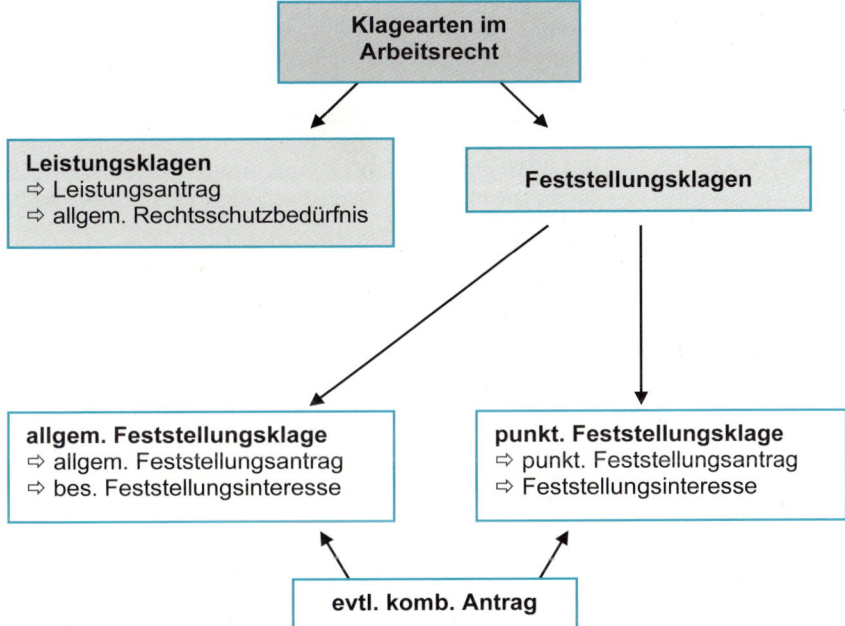

Auch im Arbeitsrecht wird zwischen Feststellungs- und Leistungsklagen unterschieden. Der dritten Kategorie der Gestaltungsklagen kommt hingegen nur untergeordnete Bedeutung zu.[25]

---

[25] Zu den Klagearten und deren Voraussetzungen Hemmer/Wüst, Arbeitsrecht, Rn 29 und 56, sowie Hemmer/Wüst, Basics ZPO, Rn. 1 ff.

2. Die Feststellungsklagearten

a) Differenzierung

Punktueller Kündi-
gungsschutzantrag

Beinahe alle Arbeitsrechtsklausuren mit prozessualer Einkleidung **37** haben die Beendigung des Arbeitsverhältnisses durch Kündigung zum Gegenstand. Es steht dann der Bestand des Arbeitsverhältnisses in Zweifel und folgerichtig kann der AN das Arbeitsgericht anrufen, um das Bestehen oder Nichtbestehen des Arbeitsverhältnisses oder die Wirksamkeit der Kündigung überprüfen zu lassen.

Hierfür steht ihm eine besondere Feststellungsklage (§ 4 S. 1 KSchG) zur Verfügung, von der er grundsätzlich Gebrauch machen muss, um nicht der Präklusion des § 7 KSchG zu unterliegen.

Der Nachteil an dem Antrag gem. § 4 S. 1 KSchG für den AN be- **38** steht darin, dass mit diesem Antrag nur die Unwirksamkeit der Kündigung überprüft wird, nicht aber das Fortbestehen des Arbeitsverhältnisses bis zur letzten mündlichen Verhandlung.[26]

hemmer-Methode: Nach inzwischen geänderter Rechtsprechung des BAG ist der Prüfungsgegenstand einer punktuellen Kündigungsschutzklage erweitert worden (sog. „erweiterter punktueller Streitgegenstand"). Streitgegenstand ist inzwischen dreierlei:[27]
1. Zur Zeit des Zugangs der Kündigung muss ein wirksames Arbeitsverhältnis bestanden haben.
2. Das Arbeitsverhältnis darf nicht anderweitig als durch die angegriffene Kündigung <u>vor Ablauf der ordentlichen Kündigungsfrist</u> beendet worden sein.
3. Das Arbeitsverhältnis wurde auch nicht durch die angegriffene Kündigung beendet.
Lesen Sie dazu Tyroller, „Der „erweiterte punktuelle Streitgegenstand" bei der Kündigungsschutzklage nach neuerer Rechtsprechung des BAG", Life&Law 06/2019, 419 ff.

Allgemeine Fest-
stellungsklage

Für den AN wäre es eigentlich besser, wenn er eine allgemeine **39** Feststellungsklage erheben könnte, § 46 II ArbGG, §§ 495, 256 ZPO. Mit dieser wären auch alle Beendigungstatbestände nach Ablauf der ordentlichen Kündigungsfrist der angegriffenen Kündigung bis zur letzten mündlichen Verhandlung abgedeckt.

---

[26]   Demgegenüber stellt das Gericht auch beim punktuellen Antrag gem. § 4 S. 1 KSchG das Bestehen des Arbeitsverhältnisses bis zum Ausspruch der Kündigung fest. Denn eine Kündigung kann von vornherein nur wirksam sein, wenn es im entsprechenden Zeitpunkt überhaupt noch ein Arbeitsverhältnis gab. Mit einer späteren Klage kann dann insbesondere der AG nicht mehr geltend machen, das Arbeitsverhältnis sei bereits zuvor beendet worden. Denn mit dem der Kündigungsschutzklage stattgebenden Urteil ist (eben auch) rechtskräftig festgestellt, dass das Arbeitsverhältnis bei Ausspruch der Kündigung bestanden hat, BAG, NJW 2008, 3235. Das bedeutet: Will der AG dies verhindern, muss er gegen das stattgebende Urteil auch dann in Berufung gehen, wenn die Kündigung als solche aus seiner Sicht unwirksam ist!

[27]   BAG, NZA 2014, 1131 ff.;BAG, NZA 2015, 635 ff.; BAG, NZA 2015, 1109 ff = **juris**byhemmer.

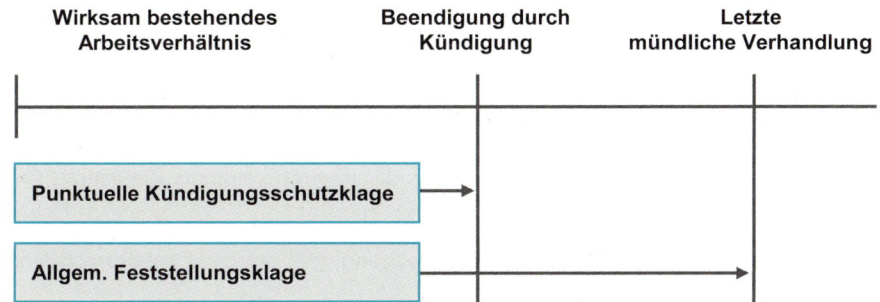

Leider hat der AN aber nicht die freie Wahl. Denn die Präklusion **40** gem. § 7 KSchG kann der AN nur durch einen Antrag gem. § 4 S. 1 KSchG verhindern. Er ist daher gezwungen, diesen sog. punktuellen Kündigungsschutzantrag zu stellen.

hemmer-Methode: Machen Sie sich klar, dass diese Präklusion ausweislich des Wortlauts des § 7 KSchG nicht nur die Sozialwidrigkeit gem. § 1 II KSchG betrifft, sondern alle Unwirksamkeitsgründe (z.B. § 102 I S. 3 BetrVG, § 17 MuSchG, usw.), außer der Formnichtigkeit. Wird die Kündigung entgegen § 623 BGB nicht schriftlich (Fax reicht nicht) ausgesprochen, wird gem. § 4 S. 1 KSchG die Drei-Wochen-Frist gar nicht in Gang gesetzt. Weiterhin ist wichtig, dass für die Anwendbarkeit der §§ 4 - 7 KSchG irrelevant ist, wie viele AN in dem betroffenen Betrieb beschäftigt sind, vgl. § 23 I S. 2 und S. 3 KSchG („… mit Ausnahme der §§ 4 - 7 …").

Dadurch läuft der AN aber Gefahr, dass zwischenzeitlich andere **41** Beendigungszeitpunkte eintreten, die gerichtlich nicht überprüft würden.

kombinierter Antrag Dieses für den in rechtlichen Angelegenheiten unkundigen AN **43** unbillige Ergebnis ist eine direkte Folge aus dem punktuellen Streitgegenstandsbegriff, und in der Folge auf heftige Kritik gestoßen. Um auch in diesem Bereich des Arbeitsrechts großräumig Arbeitnehmerschutz zu gewähren, hat die Rechtsprechung die Möglichkeit eines kombinierten Antrages ins Leben gerufen[20]. Der AN kann sich dadurch die Vorteile der einzelnen Klagearten zunutze machen: Indem die Kündigungsschutzklage die Heilung der Sozialwidrigkeit verhindert, und die allgemeine Feststellungsklage sämtliche Beendigungstatbestände bis zur letzten mündlichen Verhandlung mitumfasst. Der Kläger muss lediglich folgenden Klageantrag stellen:

„Es wird festgestellt, dass das Arbeitsverhältnis der Parteien durch die Kündigung vom ... nicht aufgelöst ist, sondern weiterhin fortbesteht.".

---

[28] Zum kombinierten Antrag lesen Sie bitte Hemmer/Wüst, Arbeitsrecht, Rn. 40 ff.

Allerdings muss darauf hingewiesen werden, dass die Institution **45** des kombinierten Antrages wegen der Abweichung vom Wortlaut des § 4 S. 1 KSchG und wegen der Bedenklichkeit der Überschneidungen der Streitgegenstände beider Klagen i.S.d. § 261 ZPO äußerst umstritten ist. Aus diesem Grund hat der Richter nach Meinung des BAG i.S.d. § 139 ZPO die Feststellung zu treffen, ob der Kläger wirklich einen kombinierten Antrag stellen wollte, oder ob der Wortlaut ohne Bedenken seiner Wirkung, d.h. lediglich als bedeutungsloses Anhängsel gewählt wurde. In seiner neuesten Rechtsprechung geht der BAG sogar noch einen Schritt weiter und verlangt für den Fall, dass dem Kläger weitere dem KSchG unterfallende Kündigungen bekannt sind, die Erhebung eines entsprechenden punktuellen Feststellungsantrags.[29] Durch den allgemeinen Feststellungsantrag wird dem AN eine verlängerte Anrufungsfrist entsprechend § 6 KSchG gewährt.

hemmer-Methode: Hat der AN nur eine punktuelle Kündigungsschutzklage erhoben und kündigt der AG erneut, so kann der AN nach neuerer Rechtsprechung des BAG zum erweiterten punktuellen Streitgegenstand (vgl. h.M. bei Rn. 38) analog § 6 S. 1 KSchG auch noch nach Ablauf der dreiwöchigen Präklusionsfrist die zweite Kündigung gerichtlich angreifen.
Dies gilt aber nach Ansicht des BAG nur dann, wenn der Beendigungstermin der zweiten Kündigung nicht nach dem Beendigungstermin der ersten angegriffenen Kündigung liegt.[30] Liegt der Beendigungstermin einer zweiten – nicht innerhalb der Dreiwochenfrist des § 4 S. 1 KSchG angegriffenen – Kündigung nach Ablauf der Kündigungsfrist der ersten rechtzeitig angegriffenen Kündigung, so hilft § 6 S. 1 KSchG nur dann, wenn der AN mit seiner punktuellen Kündigung eine allgemeine Feststellungsklage nach § 256 I ZPO verbunden hatte, also einen sog. „Schleppnetzantrag" gestellt hat.

b) Feststellungsinteresse

Zusätzlich immer Feststellungsinteresse erforderlich

Wie bereits angedeutet, erfordern alle Feststellungsklagearten **46** neben einem hinreichend bestimmtem Klageantrag ein entsprechendes Feststellungsinteresse.

aa) Punktuelle Kündigungsschutzklage

Bei der punktuellen Kündigungsschutzklage liegt schon deshalb ein Feststellungsinteresse vor, da nur die Erhebung jener Klageart die Heilung der Unwirksamkeit nach §§ 4 S. 1, 7 KSchG vermeiden kann. In der Klausur ist zu schreiben:

---

[29]   Hemmer/Wüst, Arbeitsrecht, Rn. 47.
[30]   BAG, NZA 2015, 635 ff.

Darlegung des Feststellungsinteresse entbehrlich wg. §§ 4 S. 1, 7 KSchG

„Im Falle der Kündigungsschutzklage ist die Darlegung eines besonderen, an sich nach § 46 II S. 1 ArbGG, §§ 495, 256 I ZPO erforderlichen Feststellungsinteresses entbehrlich. Das Feststellungsinteresse des AN ergibt sich bereits daraus, dass die Klageerhebung notwendig ist, um die Heilung der Unwirksamkeit der Kündigung durch Präklusion, § 7 KSchG, zu vermeiden".

bb) Kombinierter Antrag

Prüfung d. Feststellungsinteresses bzgl. beider Anträge

Hier ist auch für den allgemeinen Teil des Antrags ein besonderes Feststellungsinteresse erforderlich. Das ist immer dann zu bejahen, wenn der AN weitere Beendigungstatbestände bzw. deren Möglichkeit plausibel darlegt.[31]

3. Leistungsanträge

47

Leistungsanträge

a) Voraussetzungen

Im Zuge der Zulässigkeitsprüfung ergeben sich bei den Leistungsanträgen des Klägers keine besonderen strittigen Punkte. Vorsicht ist in solchen Fällen geboten, welche die Zahlung eines Geldbetrages betreffen (im Arbeitsrecht vor allem Bruttolohnzahlungen). Diesbezüglich müssen in den entsprechenden Klageanträgen, um dem Bestimmtheitsgrundsatz gerecht zu werden, stets eine genau bestimmte Geldsumme angegeben werden, vgl. § 253 ZPO.

b) Rechtsschutzinteresse

Allg. Rechtsschutzinteresse genügt

Im Gegensatz zu den Feststellungsanträgen ist bei den Leistungsanträgen das allgemeine Rechtsschutzinteresse regelmäßig nicht gesondert zu prüfen.

---

[31]   Hemmer/Wüst, Arbeitsrecht, Rn. 54 ff.

§ 4 VERBINDUNG DER KLAGEANTRÄGE DES AN

Vorliegen mehrerer Klageanträge des AN

In den meisten Fällen wird der Kläger das Ziel verfolgen, sowohl die Unwirksamkeit der Kündigung, als auch weitere Leistungsansprüche (z.B. Lohnzahlung) gerichtlich feststellen zu lassen, bzw. durchzusetzen. In solchen Fällen muss geprüft werden, ob und inwieweit die einzelnen Anträge des AN zusammen vor demselben Gericht verfolgt werden dürfen.[32] Dieser Prüfungspunkt ist nicht innerhalb der Zulässigkeitsprüfung, sondern selbstständig unter Punkt B. zu behandeln (s.o.). Bei Nichtvorliegen seiner Voraussetzungen sind die Klagen des AN nicht als unzulässig zu bewerten, sondern die Klagen sind gem. § 46 II S. 1 ArbGG i.V.m. § 145 ZPO lediglich zu trennen, was zu einer getrennten Verhandlung der beiden Streitgegenstände führt.

48

A) Übersicht

Bei der Klagehäufung sind verschiedene Konstellationen denkbar:

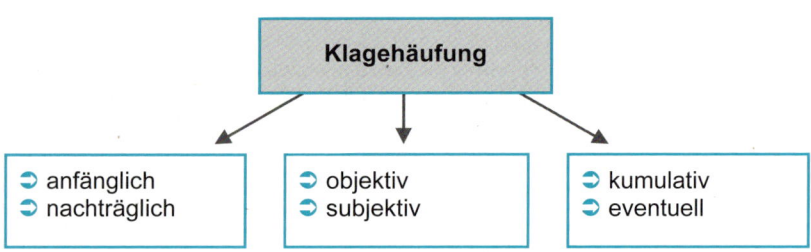

Arten der Klage-häufung

Macht der Kläger im Prozess mehrere Ansprüche geltend, spricht man von objektiver, stehen auf Kläger- und Beklagtenseite mehrere Parteien, von subjektiver Klagehäufung. Dabei ist entscheidend, ob alle Ansprüche bereits in der Klageschrift aufgeführt sind (anfängliche Klagehäufung) oder weitere prozessuale Ansprüche erst nach Klageerhebung eingebracht werden (nachträgliche K.).[33] Des Weiteren ist zu klären, ob der Kläger über alle Klageanträge eine gemeinsame Entscheidung begehrt (kumulative K.), oder ob er die Entscheidung über einen z.B. nur hilfsweise gestellten Antrag von einer bestimmten Entscheidung des Gerichts über den Hauptantrag abhängig macht (eventuelle K.). In der Praxis der Arbeitsgerichte sind drei dieser potenziellen Kombinationen von besonderer Bedeutung.

---

[32]   Hemmer/Wüst, Arbeitsrecht, Rn. 59.

[33]   Zu den Varianten der Klagehäufung, Hemmer/Wüst, Basics ZR IV, ZPO, Rn. 243.

B) Anfängliche, kumulative Klagehäufung

Anfängliche, kumu-
lative Klagehäufung

Der am leichtesten zu handhabende Fall ist der, dass vom Kläger von Beginn an alle Ansprüche gleichzeitig geltend gemacht werden. Es muss dann gem. § 46 II S. 1 ArbGG i.V.m. §§ 495, 260 ZPO geklärt werden, ob

- Kläger und Beklagter identisch sind,

- das Prozessgericht sachlich und örtlich zuständig ist,

- dieselbe Prozessart vorliegt,

In der Klausur bringt man dies wie folgt zu Papier:

> *„Die allgemeinen Voraussetzungen der objektiven Klagehäu-*
> *fung nach § 46 II S. 1 ArbGG, §§ 495, 260 ZPO liegen vor. Es*
> *handelt sich im vorliegenden Fall um die gleiche Verfahrens-*
> *art, § 2 V ArbGG, die gleiche Zuständigkeit und es besteht*
> *kein Verbindungsverbot “.*

C) Nachträgliche, kumulative Klagehäufung

Nachträgliche, ku-
mulative Klagehäu-
fung

Erhebt der AN zunächst Kündigungsschutzklage und geht erst im Prozess auf die Durchsetzung seiner Leistungsbegehren über, sind ebenso in erster Linie die Grundvoraussetzungen des § 260 ZPO zu prüfen. Die Klageerhebung richtet sich nach § 261 II ZPO. Eine Klageerweiterung kann danach auch in der mündlichen Verhandlung erklärt werden. Zusätzlich müssen jedoch auch **in der Zulässigkeit der nachträglich erhobenen Klage** die für eine Klageänderung geltenden Grundsätze des § 263 ZPO (i.V.m. § 495 ZPO, § 46 II S. 1 ArbGG) geprüft werden, da die nachträgliche Klagehäufung einen Fall der Klageänderung darstellt.

hemmer-Methode: Halten Sie § 263 ZPO und § 260 ZPO in der Klausur streng auseinander! Während § 263 ZPO im Verlauf der Zulässigkeitsprüfung Aufschluss darüber gibt, ob auch die Änderung der Klage zulässig ist, beantwortet § 260 ZPO die Frage, ob der Kläger mehrere Klageanträge miteinander verbinden kann. Dies darf jedoch auf keinen Fall innerhalb der Zulässigkeits- oder Begründetheitsprüfung dargestellt werden, sondern sollte, wie es der Aufbau dieses Skripts zeigt, zwischen diesen beiden Prüfungspunkten aufgeführt werden.

49

50

D) Eventuelle Klagehäufung

I. Voraussetzungen

51

Eventuelle Klage-
häufung

Etwas komplizierter ist die Behandlung einer eventuellen Klagehäufung. Diese zeichnet sich durch die prozessuale Bedingung
aus, dass der Kläger eine gerichtliche Entscheidung über seinen
Hilfsantrag nur anstrebt, wenn bereits ein bestimmtes Urteil über
den Hauptantrag ergangen ist.[34] Ein solcher Antrag ist zulässig,
da es sich um eine innerprozessuale Bedingung handelt.

> **Bsp.:** *AN Rockie Heiligkreuz erhebt wegen der, seiner Mei-*
> *nung nach sozialwidrigen Kündigung durch Uli H. Kündigungs-*
> *schutzklage beim zuständigen Gericht. Nur im Falle seines*
> *Unterliegens beantragt er hilfsweise die Verurteilung des Uli.*
> *H. zur Zahlung seiner versprochenen „Punkteprämie".*

II. Klausurproblematik

Klausurrelevante
Abweichungen

Aufbau der eventu-
ellen Klagehäufung

Grundlegend müssen auch bei der eventuellen Klagehäufung
sämtliche Voraussetzungen der § 46 II S. 1 ArbGG, §§ 495, 260
ZPO vorliegen. Darüber hinaus ist notwendig, dass Haupt- und
Hilfsantrag in einem rechtlichen und wirtschaftlichen Zusammenhang stehen. Bei der Bearbeitung jener Fälle sollte allerdings von
dem oben unter § 2 dargestellten Aufbau abgewichen und die
Klausur folgender Strukturierung unterworfen werden:

52

- ➲ Zulässigkeit des Hauptantrages

- ➲ Begründetheit des Hauptantrages

- ➲ In einem Zwischenschritt ist festzuhalten, ob die innerprozessuale Bedingung eingetreten und eine Klagehäufung zulässig ist

- ➲ Zulässigkeit des Hilfsantrages

- ➲ Begründetheit des Hilfsantrages

Selbstverständlich darf im Falle der eventuellen Klagehäufung
über die Zulässigkeit und die Begründetheit des Hilfsantrages nur
entschieden werden, wenn die innerprozessuale Bedingung eingetreten ist, d.h. der Kläger mit seinem Hauptantrag unterliegt
und jetzt die gerichtliche Entscheidung über seinen Hilfsantrag
begehrt.[35]

---

[34]   Hemmer/Wüst, Arbeitsrecht, Rn. 63 ff. und **Life&Law 2000, S. 873**.

[35]   Hemmer/Wüst, Arbeitsrecht, Rn. 65 f.; Lesen Sie sich zu den Voraussetzungen der Eventualaufrechnung und der
Eventualwiderklage die Ausführungen in Hemmer/Wüst, Basics ZR IV, ZPO, Rn. 196 und 210 durch. Ausführlich auch
Life&Law 2000, S. 873.

§ 5 EINFÜHRUNG / ÜBERSICHT

Trennung der Kla-
geanträge in der
Klausurprüfung

I.R.d. Prüfung der Begründetheit sollen zunächst sämtliche tatsächlichen Klageziele des Antragsstellers ermittelt, diese daraufhin in Rechtsform „gegossen" und schließlich entsprechend der
Ausführungen in diesem Skript unter Einhaltung deren strikter
Trennung in einzelnen Prüfungspunkten geprüft werden.[36]

53

Aufgrund der enormen Stofffülle ist es eminent wichtig, sich ein
Konzept anzueignen, die einzelnen Komplexe schnellstmöglich
an der passenden Stelle zu verorten, damit nicht überflüssige Zeit
mit Überlegungen zum Aufbau verschwendet wird.

A) Erster Arbeitsschritt: Ermittlung der Klageziele des AN

Feststellung des
tatsächlichen Be-
gehrs

Nach umfassender assoziativer Würdigung des Sachverhaltes
haben Sie an erster Stelle nun zu ermitteln, was der Kläger in tatsächlicher Hinsicht möchte. Dazu gibt der Klausurersteller in aller
Regel zahlreiche Hinweise. Angewendet auf den Ausgangsfall
ergeben sich im Fall der Andrea Möller folgende Klageanträge:

54

- ➲ Feststellung, dass die Kündigung unwirksam ist
- ➲ Arbeitsentgelt auch für die Tage der Krankheit
- ➲ (Geld-) Ersatz für den nicht angetretenen Urlaub
- ➲ Lohnzahlung für die Zeit, in der ihr Rudi den Zugang zum Be-
  trieb verwehrte

B) Zweiter Arbeitsschritt - Festlegung des Prüfungs-umfanges und Bildung von Obersätzen

Jeder Klageantrag
eigener Streitge-
genstand des Ver-
fahrens

Die verschiedenen Anträge des AN bestimmen den Prüfungsum-
fang der gesamten Begründetheitsprüfung. Dabei ist strikt darauf
zu achten, dass die einzelnen Ziele des Klägers getrennt zu untersuchen sind und zusammen mit dem Lebenssachverhalt einen
eigenen Streitgegenstand des Verfahrens bilden.

55

Meist Rückgriff auf
Ergebnis der Zu-
lässigkeit möglich

Dementsprechend muss der Klausurbearbeiter gesondert zu jedem Klageantrag einen entsprechenden Obersatz bilden. Zumeist können Sie hier auf die Argumentation aus der Zulässigkeit
zurückgreifen.

---

[36] Vergleichen Sie diesen Gedankengang mit der Anspruchssuche im Zivilrecht. Lautet hier die Fallfrage beispielsweise
„Wie ist die Rechtslage?", müssen Sie ganz ähnlich die in Betracht kommenden natürlichen Ziele des Anspruchsstel-
lers ermitteln, und in einem zweiten Arbeitsschritt, die passende Rechtsnormen suchen. Erst dann können Sie unter
deren Tatbestandsvoraussetzungen subsumieren.

Welche Art von Feststellungsklage (ggf. i.R.d. kombinierten Antrages auch punktuelle und allgemeine Feststellungsklage gemeinsam) einschlägig ist, und ob daneben noch Leistungsanträge
des AN oder des AG zu prüfen sind, werden Sie häufig schon
dort festgestellt haben.

**hemmer-Methode: Unterschätzen Sie nicht die Bedeutung
dieses Prüfungspunktes! Gegenstand der sich nun anschlie-
ßenden Prüfung darf nämlich immer nur sein, was der Kläger
überhaupt beantragt hat, § 308 ZPO.**
**Hat dieser bloß einen punktuellen Kündigungsschutzantrag
nach § 4 S. 1 KSchG gestellt, so dürfen Sie sich lediglich zur
Wirksamkeit der konkret angegriffenen Kündigung äußern.**
**Beantragt der AN hingegen allgemein festzustellen, dass das
Arbeitsverhältnis noch besteht, so müssen Sie umfassend
alle in Betracht kommenden Beendigungstatbestände auf ihr
Eingreifen untersuchen. An diesem Prüfungspunkt darf
Ihnen kein Grundlagenfehler unterlaufen, hier werden die
Weichen für die weitere Klausurlösung gestellt.**

*Leistungsantrag AN
/ Gegenantrag AG*

Zudem kommen noch Leistungsanträge des AN, als auch Ge-
genanträge des AG in Betracht.

C) Dritter Arbeitsschritt: Rechtliche Würdigung anhand gesetzlicher Grundlagen

*Rechtliche Bewer-
tung*

Nachdem Sie nun einen Obersatz vorformuliert haben, der Richtung und Umfang Ihrer künftigen Ausführungen vorzeichnet, ist es
an der Zeit entsprechend des Abschnitts § 6 dieses Skripts in
medias res zu gehen, und die einzelnen Anträge des Klägers auf
ihre Begründetheit hin zu untersuchen. Vorrangig ist hier der Bestand bzw. Nichtbestand des Arbeitsverhältnisses zu prüfen, da
diese Frage entscheidende Weichen für die anderen Anträge
stellt und diese in der Regel bedingen.

56

Für die Lösung des Ausgangsfalles bedeutet das Folgendes: An
erster Stelle sind die Wirksamkeit der Kündigung und anschließend die Leistungsanträge der Andrea Möller (s.o.) zu untersuchen. Innerhalb des letzten Punktes erwartet der Klausurersteller
eine Auseinandersetzung hinsichtlich der Entgeltfortzahlungsan-
sprüche gem. § 3 I EFZG, der Urlaubsabgeltung nach § 7 IV
BUrlG, und eventueller Lohnzahlungsansprüche gem. §§ 611a II,
615 BGB.

§ 6 BEGRÜNDETHEIT DER FESTSTELLUNGSANTRÄGE

„Die Klage des AN ist dann in vollem Umfang begründet, wenn alle zur Entscheidung gestellten Anträge im Einzelnen begründet sind. Daher ist zunächst zu prüfen, inwieweit der vom Kläger erhobene Feststellungsantrag begründet ist."

A) Beendigungstatbestände

Differenzierung der Beendigungstatbestände

Viele Studenten stürzen sich i.R.d. Prüfung der Feststellungsanträge des AN direkt auf die Bearbeitung sämtlicher Kündigungsvoraussetzungen und bedenken nicht, dass ein Arbeitsverhältnis auch auf andere Weise unwirksam sein bzw. beendet werden kann.

57

Punktuelle Kündigungsschutzklage = nur konkrete Kündigung

Zweifellos ist das Vorgehen im Falle einer punktuellen Kündigungsschutzklage gem. § 4 S. 1 KSchG richtig, da sich hier die Untersuchungen auf die Wirksamkeit einer ganz bestimmten Kündigung zu beschränken hat.

Allgemeine Feststellungsklage = alle möglichen Beendigungstatbestände

Nicht geboten ist dies aber beim Vorliegen einer allgemeinen Feststellungsklage, in deren Begutachtung vom Klausurbearbeiter umfassende Stellungnahmen zu dem Bestand bzw. zur Beendigung des in Frage stehenden Arbeitsverhältnisses gefordert werden. Demnach ist die Beachtung des konkreten Streitgegenstandes wieder einmal von überragender Bedeutung.

hemmer-Methode: Um noch einmal auf die Zulässigkeit der Klage zu sprechen zu kommen: Der Antrag gem. § 4 S. 1 KSchG ist selbstverständlich nur dann zu stellen, wenn es um die Wirksamkeit einer Kündigung geht. Bei anderen Unwirksamkeitsgründen hinsichtlich des Arbeitsverhältnisses wäre die allgemeine Feststellungsklage nach allgemeinen Grundsätzen zulässig.

I. Übersicht

Beendigung von Schuldverhältnissen im BGB

Im Allgemeinen Schuldrecht des BGB sind es v.a. Erfüllung und deren Surrogate, die die Beendigung eines wirksam entstandenen Schuldverhältnisses nach sich ziehen. Daneben haben dort Anfechtung und Rücktritt, z.T. auch Erlassverträge erhöhte Bedeutung (Stichwort: rechtsvernichtende Einwendungen!).

58

hemmer-Methode: Auch hier gilt wieder: vernetztes Denken! Grundsätzlich können alle Tatbestände des Bürgerlichen Rechts, die ein Schuldverhältnis erlöschen lassen, auch im Arbeitsrecht Beendigungswirkung entfalten.

Besonderheiten im Arbeitsrecht

Das Arbeitsverhältnis hingegen ist ein besonderes, auf Dauer angelegtes Schuldverhältnis. Ein einmaliger Leistungsaustausch kann also grundsätzlich nicht zur Beendigung der gegenseitigen Verpflichtungen führen. Es bedarf vielmehr besonderer Beendigungstatbestände.[37] In der Klausurbearbeitung sind neben der Kündigung stets folgende Beendigungstatbestände zumindest gedanklich zu berücksichtigen:

Weitere Beendigungstatbestände neben der Kündigung

- ⮕ Nichtigkeit und Anfechtbarkeit des Arbeitsvertrages

- ⮕ Befristung und auflösende Bedingung

- ⮕ einverständliche Aufhebung (Aufhebungsvertrag)

- ⮕ selten: Tod des AN, Wegfall der Geschäftsgrundlage, gerichtliche Auflösung nach § 12 KSchG

II. Prüfungsfolge in der Klausur

Prüfungsreihenfolge in der Klausur

Diese verschiedenen Beendigungstatbestände stehen grundsätzlich unabhängig nebeneinander. Kommen im konkreten Fall verschiedene Beendigungstatbestände in Betracht, dann ergibt die Logik eine zwingende Aufbauregel.

Zeitpunkt der hypothetischen Wirksamkeit maßgebend

Die Beendigungstatbestände sind immer in der Abfolge zu prüfen, in der Sie bei – unterstellter Wirksamkeit – das Arbeitsverhältnis beenden würden. Zuerst ist also immer der Tatbestand zu prüfen, der zur frühestmöglichen Beendigung des Arbeitsverhältnisses führen würde. Sollte sich dabei herausstellen, dass dieser das Arbeitsverhältnis nicht beendet hat, so sind weitere Beendigungstatbestände in der gleichen Reihenfolge zu untersuchen. Noch einmal: Entscheidend ist immer der Zeitpunkt der hypothetischen Wirksamkeit; grundsätzlich unbeachtlich ist hingegen der Zeitpunkt, zu dem die Tatbestandsvoraussetzungen des Beendigungsgrundes vorliegen

Der klausurrelevanteste und auch in der Praxis häufigste Beendigungstatbestand ist aber die Kündigung. Entsprechend ihrer weiträumigen Bedeutung im Arbeitsrecht soll diese nun im Folgenden zunächst ausführlich behandelt werden, bevor an den jeweils klausurtypischen Stellen auf die übrigen Beendigungstatbestände eingegangen wird.

B) Kündigung

Unterteilung in ordentliche und außerordentliche Kündigung

Grundsätzlich können Kündigungen in der Form einer außerordentlichen oder einer ordentlichen Kündigung ausgesprochen werden. Sie beenden das Arbeitsverhältnis entweder sofort oder nach Ablauf einer bestimmten Kündigungsfrist.

59

60

---

[37]   Zu den Beendigungstatbeständen Hemmer/Wüst, Arbeitsrecht, Rn. 71 ff.

Beide Kündigungsformen erfordern als Gestaltungsrechte eine einseitige, empfangsbedürftige Willenserklärung.[38]

I. Präklusion

In der Klausur wird es Ihre Aufgabe sein, eine Kündigung auf ihre Wirksamkeit hin zu überprüfen. Die wichtigsten Unwirksamkeitsgründe werden im Folgenden dargestellt. Falls in der Klausur aber nicht nur abstrakt nach der Wirksamkeit der Kündigung gefragt ist, sondern nach den Erfolgsaussichten einer Kündigungsschutzklage, müssen Sie zudem an eine arbeitsrechtliche Besonderheit denken: die §§ 4, 7 KSchG.

Drei- Wochen-Frist, §§ 4, 7 KSchG

Damit nicht über einen längeren Zeitraum hinweg Unklarheiten bestehen, ob der AN die ausgesprochene Kündigung akzeptiert oder der AG mit Gegenmaßnahmen zu rechnen hat, ist der AN zu einer fristgerechten Klageerhebung angehalten, § 4 S. 1 KSchG. Versäumt der AN die Erhebung der Klage mit dem Antrag gem. § 4 S. 1 KSchG innerhalb der Frist, gilt die Kündigung als von Anfang an wirksam, § 7 KSchG.

60a

Wichtige Merkposten zur Präklusion:

- Die Anwendbarkeit der §§ 4, 7 KSchG hängt nicht von einer bestimmten Betriebsgröße ab, ist also auch in sog. Kleinbetrieben gegeben, vgl. § 23 I S. 2 und 3 KSchG.

- Die Frist gilt auch für die außerordentliche Kündigung, vgl. §§ 23 I S. 2 und 3, 13 I S. 2 KSchG.

- Die Präklusionswirkung erfasst nicht nur die Unwirksamkeit infolge Sozialwidrigkeit gem. § 1 II KSchG, sondern grds. auch alle anderen Unwirksamkeitsgründe, vgl. Wortlaut § 4 S. 1 KSchG („…oder aus anderen Gründen rechtsunwirksam ist…").

- Einzige Ausnahme ist die Unwirksamkeit gem. § 125 BGB wegen Verstoß gegen § 623 BGB, weil die Frist erst und nur durch den Zugang einer schriftlichen Kündigung in Gang gesetzt wird.

- Nach Ansicht des BAG ist die Prüfung des Zugangs einer Willenserklärung völlig sinnlos, wenn gar keine wirksame Abgabe einer solchen erfolgt war. Aus diesem Grunde sei davon auszugehen, dass auch eine etwaige Geschäftsunfähigkeit des Kündigenden (§§ 104, 105 BGB) oder dessen fehlende Vertretungsmacht (§ 180 BGB) keine „anderen Gründe" i.S.d. § 4 KSchG sind, so dass ihre Verletzung die Frist von § 4 KSchG nicht anlaufen lässt.[39]

---

[38] Hemmer/Wüst, Arbeitsrecht, Rn. 74

[39] Vgl. BAG, **Life&Law 11/2009, 793 f.,** = NZA 2009, 1146 ff. = **juris**byhemmer; BAG, NZA 2013, 524 f. = **juris**byhemmer.

1. Berechnung der Frist

Allgemeine Regeln des BGB

Über § 46 II S. 1 ArbGG, § 222 I ZPO sind bei der Berechnung der Frist die allgemeinen Regeln der §§ 186 ff. BGB maßgebend.   **60b**

hemmer-Methode: § 46 II S. 1 ArbGG verweist, soweit das ArbGG keine speziellen Regelungen enthält, auf das Verfahren vor den Amtsgerichten. Dieses ist den §§ 495 ff. ZPO geregelt. Dort wird dann wiederum auf das Verfahren vor den Landgerichten verwiesen, §§ 253 ff. ZPO, soweit die §§ 495 ff. ZPO selbst keine speziellen Regelungen enthalten. Wollen Sie in der Klausur nun auf eine Vorschrift aus den §§ 253 ff. ZPO hinaus, müssen Sie also z.B. zitieren: § 46 II S. 1 ArbGG, §§ 495, 263 ZPO. Sofern es jedoch um die Anwendung einer der Vorschriften der §§ 1 bis 252 ZPO geht, gelten diese unmittelbar auch für das Verfahren vor den Amtsgerichten, eine Zitierung des § 495 ZPO ist daher nicht vorzunehmen, sondern z.B. § 46 II S. 1 ArbGG, § 222 ZPO.

Fristbeginn, § 187 I BGB

Der Fristbeginn richtet sich gem. § 130 I BGB nach dem Zugang der Kündigungserklärung, wobei dieser Tag nicht in die Frist mit eingerechnet wird, § 187 I BGB.

Fristende, § 188 II BGB

Das Ende der Klageerhebungsfrist tritt nach § 188 II BGB mit Ablauf des Tages der dritten Woche ein, welcher seiner Bestimmung nach dem Tag des Zuganges entspricht. Nach den § 46 II S. 1 ArbGG, § 253 I ZPO muss eine Zustellung der Klage an den Klagegegner innerhalb der Klagefrist erfolgen, es genügt aber prinzipiell auch der rechtzeitige Zugang bei Gericht, wenn eine baldige Zustellung angekündigt wird, § 46 II S. 1 ArbGG, §§ 495, 167 ZPO. Fällt das Fristende auf einen Samstag, einen Sonn- oder Feiertag, endet die Frist mit Ablauf des folgenden Werktages, § 193 BGB.

2. Charakterisierung der Klageerhebungsfrist

Fristversäumung führt zur Klageabweisung als unbegründet = materielle Ausschlussfrist

Die Frist ist, wie sich eindeutig aus dem Wortlaut des § 4 KSchG   **60c** ergibt, eine vom Gericht von Amts wegen zu berücksichtigende sog. materielle Ausschlussfrist. Versäumt der AN folglich eine fristgerechte Klageerhebung, dann führt dies keineswegs zu einer Abweisung seiner Klage als unzulässig, sondern sie wird durch ein entsprechendes Sachurteil vom Gericht als unbegründet abgewiesen. Wichtigste Konsequenz ist im Vergleich zu der Abweisung der Klage als unzulässig, der Eintritt der materiellen Rechtskraft.

hemmer-Methode: Vergegenwärtigen Sie sich diese Ausführungen zum Wesen der Klageerhebungsfrist noch einmal genau. Sie sind die Erklärung dafür, warum die Präklusionsvorschriften der §§ 4, 7 KSchG in der Begründetheitsprüfung erscheinen müssen. Eine Verortung dieser Problematik in die Prüfung der Zulässigkeitsvoraussetzungen wäre ein fataler Fehler, der mit Sicherheit erhebliche Punktabzüge mit sich bringt.

3. Ausnahmen der materiellen Ausschlusswirkung

Ausnahmen

Natürlich kann ein materieller Ausschluss in besonderen unverschuldeten Situationen zu unbilligen Härten für den AN führen, sodass auch hier bestimmte Ausnahmen gemacht werden müssen: **60d**

a) Zulassung verspäteter Klagen, § 5 KSchG

Verhinderung trotz Anwendung aller dem AN zuzumutenden Sorgfalt

Es tritt trotz der Versäumung der Drei-Wochen-Frist nicht die Rechtswirkung des § 7 KSchG ein, wenn der AN nach § 5 I,III KSchG innerhalb von zwei Wochen ab Behebung des Hindernisses, das der Klageerhebung im Wege stand, längstens aber sechs Monate seit Ablauf der Klage geltend machen kann, dass es dem AN trotz Anwendung aller ihm nach Lage der Umstände zuzumutenden Umstände unmöglich war, die Klage fristgerecht zu erheben (z.B. schwere Erkrankung des AN, verspäteter Zugang wegen urlaubsbedingter Abwesenheit etc.). **60e**

hemmer-Methode: Ein beliebtes Klausurproblem stellt die Auseinandersetzung mit dem Streitpunkt dar, ob sich der Gekündigte auf ein (entlastendes) Verschulden einer dritten Person berufen kann, das letztendlich zur Versäumung der Frist der §§ 4, 7 KSchG geführt hat (z.B. Ratschläge eines juristischen Laien, vermeidbare Rechtsirrtümer etc.).
Unter Verweisung auf den Wortlaut des § 5 I KSchG wurde dies von h.M. grundsätzlich abgelehnt, da es durchaus zu der „nach den Umständen zuzumutenden Sorgfalt" gehört, sich entsprechende Rechtsratschläge bei einer fachkundigen Person einzuholen. Ein Verschulden ist damit gegeben. Daraus könnte man den Schluss ziehen, dass der AN sich das Verschulden einer fachkundigen Person, also eines Rechtsanwalts, nicht zurechnen lassen muss. Dies hat das BAG aber anders entschieden.[40] Gem. § 46 II ArbGG, § 85 II ZPO werde ein Anwaltsverschulden zugerechnet. Auch die besondere Schutzwürdigkeit des Arbeitnehmers rechtfertige keine andere Entscheidung. Es sei Aufgabe des Gesetzgebers, den Anwendungsbereich einer Zurechnungsvorschrift einzugrenzen, wenn nach dessen Dafürhalten eine Zurechnung im Einzelfall nicht stattfinden soll.

b) § 6 KSchG

Verlängerte Anrufungsfrist bis zum Schluss der mündlichen Verhandlung erster Instanz

Eine zweite Ausnahme bietet § 6 KSchG: Hat der AN als Laie aufgrund der Komplexität des KSchG verkannt, dass er anstelle seines angestrebten allgemeinen Feststellungsantrags in Folge der Anwendbarkeit des KSchG eine punktuelle Kündigungsschutzklage erheben muss, so ist zur Gewährung eines effektiven Arbeitnehmerschutzes nach ständiger Rspr. bis zum Schluss der mündlichen Verhandlung erster Instanz eine entsprechende Umstellung der Klage möglich. Nach § 6 S. 2 KSchG soll ihn das Gericht sogar darauf hinweisen.[41] **60f**

---

[40]   Vgl. **BAG, Life&Law 2009, 526 ff.**

[41]   Zu den Ausnahmen der §§ 5, 6 KSchG siehe Hemmer/Wüst, Arbeitsrecht, Rn. 175 f.

II. Übersicht

1. Ordentliche Kündigung

Prüfungsschema

➲ Wirksame Kündigungserklärung (Probleme des BGB AT, insbesondere § 174 BGB)   **61**

➲ Kündigungsfrist beachtet: § 622 BGB (falls nein, Kündigung nicht unwirksam!)

➲ Keine Sozialwidrigkeit, § 1 II KSchG (sofern KSchG anwendbar)

➲ Ordnungsgemäße Anhörung des Betriebsrates, § 102 BetrVG

➲ Kündigungsschutz in besonderen Situationen (keine Unwirksamkeit gem. § 17 MuSchG, § 613a IV S. 1 BGB usw.).

2. Außerordentliche Kündigung

Prüfungsschema

➲ Wirksame Kündigungserklärung   **62**

➲ Kündigungserklärungsfrist § 626 II BGB

➲ Vorliegen eines wichtigen Grundes, § 626 I BGB

➲ Ordnungsgemäße Betriebsratsanhörung, § 102 BetrVG

➲ Kündigungsschutz in besonderen Situationen (keine Unwirksamkeit gem. § 17 MuSchG, § 613a IV S. 1 BGB usw.).

hemmer-Methode: Es handelt sich hier nur um ein Grobschema, das Ihnen einen ersten Überblick vermitteln soll über die Voraussetzungen einer wirksamen Kündigung.[42] Aus Sicht des Arbeitnehmers gilt es aber Folgendes zu beachten: Liegt ein Unwirksamkeitsgrund vor, muss er gem. §§ 4 S. 1, 7 KSchG rechtzeitig Klage erheben, um sich auf die Unwirksamkeit noch berufen zu können. Das gilt wegen § 13 I S. 2 KSchG auch für die außerordentliche Kündigung!

Wie aus den Übersichten ersichtlich wird, unterscheiden sich die beiden Kündigungsformen zum Teil erheblich, haben aber durchaus ihre Gemeinsamkeiten. Diese Gemeinsamkeiten werden in der Darstellung dieses Skripts nun „vor die Klammer gezogen" und in einem allgemeinen Teil dargestellt, ehe auf die jeweiligen Besonderheiten von außerordentlicher und ordentlicher Kündigung eingegangen wird.

---

[42] Ein ausführliches Schema finden Sie in Hemmer/Wüst, Arbeitsrecht, Rn. 74a.

hemmer-Methode: Trennen Sie Wesentliches von Unwesentlichem! Machen Sie sich erneut klar, dass es sich hierbei um kein Prüfungsschema handelt, das Sie sklavisch von Anfang bis Ende abhandeln dürfen. Die Übersichten sollen Ihnen nur einen Überblick geben, der Sie in die Lage versetzt, die folgende Vielzahl von Einzelfallproblemen in einen Gesamtzusammenhang einordnen zu können.

Entscheidend für ein erfolgreiches Examen ist nicht eine Unmenge von Faktenwissen, sondern dass Sie durch strukturiertes Denken in der Lage sind, auch unbekannte Problemkonstellationen einer vertretbaren Lösung zuzuführen.

Den hierfür erforderlichen Überblick vermitteln wir Ihnen mit unseren Skripten. Hier verfolgt gerade die „Basics-Reihe" das Ziel, Sie mit bisher unbekannten Rechtsgebieten vertraut zu machen und Ihnen einen qualifizierten Einstieg zu ermöglichen. Um Ihr Können dann zu perfektionieren, haben wir die „große Skriptenreihe" und den Hauptkurs entwickelt.

III. Allgemeinrelevante Prüfungspunkte der Kündigungsarten

1. Kündigungserklärung

Die Prüfung der Wirksamkeit jeder Kündigung beginnt mit der Kündigungserklärung. Als einseitiges, empfangsbedürftiges Rechtsgeschäft finden auf sie die allgemeinen Regeln des BGB Anwendung.[43]

63

a) Allgemeine Nichtigkeitsgründe und Unabdingbarkeit

Einseitiges, empfangsbedürftiges Rechtsgeschäft

Die Kündigung ist eine Willenserklärung. Folglich können sich i.R.d. Prüfung ihrer Wirksamkeit alle Probleme stellen, die Willenserklärungen als solchen anhaften können. Besonderheiten können sich z.T. daraus ergeben, dass die Kündigung ein einseitiges Rechtsgeschäft ist, d.h. eine Mitwirkung des Geschäftsgegners ist grundsätzlich nicht erforderlich.

64

Allgemeine Voraussetzungen einer Willenserklärung

Wie jede andere Willenserklärung auch, kann sie wegen Geschäftsunfähigkeit bzw. beschränkter Geschäftsfähigkeit, mangelnder Ernsthaftigkeit, Sittenwidrigkeit, usw. nichtig sein, sie kann angefochten werden, und sie ist nach den §§ 133, 157 BGB auszulegen. Auch § 130 I BGB gilt, sodass eine Kündigungserklärung grundsätzlich erst mit ihrem Zugang Wirksamkeit entfaltet.[44]

---

[43]   Hemmer/Wüst, Arbeitsrecht, Rn. 75

[44]   Vgl. hierzu die Übersicht in Hemmer/Wüst, BGB AT II, Rn. 7 ff.

hemmer-Methode: Unterscheiden Sie den Zugang der Kündigungserklärung als maßgeblichen Zeitpunkt für das Wirksamwerden der Kündigung (§ 130 I S. 1 BGB) und die Beendigung des Arbeitsverhältnisses, d.h. die Wirkung der Kündigung. Die Kündigung wird wirksam mit Zugang und wirkt zum Ablauf der Kündigungsfrist.

Bedingungsfeindlichkeit

Die Erklärung darf grundsätzlich nicht von einer Bedingung abhängig gemacht werden - als Gestaltungsrecht ist die Kündigung bedingungsfeindlich. Nach Zugang kann sie nicht mehr einseitig zurückgenommen werden. Nur wenn dem Empfänger vor oder gleichzeitig mit dem Zugang der Kündigungserklärung ein Widerruf zugeht, wird die Kündigungserklärung nach § 130 I S. 2 BGB nicht wirksam.

65

hemmer-Methode: Erkennen Sie die systemübergreifende Bedeutung des BGB AT? In diesem grundlegenden Bereich sollten Sie „topfit" sein! Wiederholen Sie deshalb an dieser Stelle die Ausführungen in Hemmer/Wüst, BGB AT I zu Auslegung, Zugang und Unwirksamkeitsgründen von Willenserklärungen. Achten Sie dabei v.a. auf die Besonderheiten, die für einseitige Rechtsgeschäfte gelten.

b) Anforderungen an den Inhalt der Kündigungserklärung

Grundsätzlich muss das Kündigungsschreiben den Begriff „Kündigung" nicht explizit enthalten. Es reicht nach h.M. aus, wenn der Wille des Kündigenden zur Beendigung des Arbeitsverhältnisses zweifelsfrei zum Ausdruck kommt. Abzustellen ist hier auf den Standpunkt des Kündigungsempfängers. Genauso wenig ist die Angabe des Grundes für die Kündigung erforderlich (Ausnahmen: § 22 III BBiG, § 17 II S. 2 MuSchG). Bei der außerordentlichen Kündigung muss der Kündigungsgrund nicht im Kündigungsschreiben angegeben werden. Gemäß § 626 II S. 3 BGB ist dem Kündigungsempfänger der Kündigungsgrund aber auf Verlangen mitzuteilen.

66

c) Form

aa) Schriftform des § 623 BGB

Erforderlichkeit der Schriftform

Gem. § 623 BGB bedarf jede (außerordentliche und ordentliche) Kündigung der Schriftform.[45] Die Missachtung der Schriftform führt zur Nichtigkeit der Kündigung, § 125 BGB.

67

---

[45] § 623 BGB gilt außerdem für die Beendigung von Arbeitsverhältnissen durch Auflösungsvertrag. Für die Befristung von Arbeitsverhältnissen enthält § 14 IV TzBfG eine spezielle Regelung.

hemmer-Methode: An dieser Stelle sei noch einmal auf einen wichtigen Aspekt hingewiesen: Die Präklusionsfrist des § 4 S. 1 KSchG gilt nicht für die Unwirksamkeit der Kündigung infolge Verstoßes gegen § 623 BGB. Grund: Der Lauf der Frist wird erst durch den Zugang einer schriftlichen Kündigung in Gang gesetzt. Die Frist beginnt also bei einer beispielsweise mündlichen Kündigung (oder einer Kündigung per Fax) gar nicht zu laufen. Die Unwirksamkeit aus diesem Grund kann also auch noch später geltend gemacht werden!

Zweck dieser Regelung ist es, der Praxis ein Ende zu bereiten, dass häufig – noch im Kündigungsschutzverfahren – behauptet wird, es sei schon vorher mündlich gekündigt worden. Hier geht es also darum, Beweisschwierigkeiten, also Rechtsunsicherheit zu vermeiden.

Daneben hat die Schriftform auch Warnfunktion und bewirkt einen Übereilungsschutz:[46] Wer gehalten ist, seine Erklärung schriftlich abzufassen, hat Gelegenheit darüber nachzudenken, ob er die angestrebte Rechtsfolge wirklich will.

hemmer-Methode: Dennoch: Arbeiten Sie genau, vermischen Sie nicht verschiedene Prüfungspunkte. Auch hier im Kleinen gilt: Probleme schaffen, nicht wegschaffen! Stellen Sie in einem (kurzen) ersten Schritt fest, ob die ausgelegte Erklärung eine Kündigung darstellt, und prüfen Sie dann, ob die Schriftform gewahrt wurde.

bb) Klausurproblematik der Eigenhändigkeit

Eigenhändigkeitser-
fordernis bei der
Unterschrift

Die Kündigungserklärung muss also den Anforderungen des § 126 BGB entsprechen, d.h. als Urkunde verfasst werden. Sie kann grundsätzlich mit technischen Mitteln erstellt werden, z.B. als Vordruck, Fotokopie etc.

Anderes gilt für die Unterschrift, die immer abschließend am Ende des Textes eigenhändig erfolgen muss.[47]

Elektronische Da-
tenübermittlung

Im Zuge der fortschreitenden Technisierung aller Lebensbelange stellt sich in Klausuren immer wieder die Frage, ob technische Übermittlungen per E-Mail oder Telefax der Schriftform des § 623 BGB i.V.m. § 126 BGB genügen können. Nach h.M. ist dies aber strikt abzulehnen, da nach dem Gesetz in § 126 BGB eine strenge Lösung getroffen wurde und in diesen Fällen eine eigenhändige Unterschrift nicht vorliegt, vgl. auch den Umkehrschluss zu § 127 II BGB.

---

[46] Vgl. zur Funktion von Formerfordernissen Hemmer/Wüst, BGB AT II, Rn. 41 ff. Eine Beschreibung der Rechtsfolgen bei Nichtbeachtung einer vorgeschriebenen Form ist in Hemmer/Wüst, BGB AT II, Rn. 57 ff. aufgeführt.

[47] Als Ergänzung hierzu ist anzumerken, dass eine Kündigung mit Ausnahme des § 22 III BBiG grundsätzlich keiner Begründung bedarf.

Gemäß § 623 HS 2 BGB kann die Schriftform nicht durch die elektronische Form der §§ 126 III, 126a BGB ersetzt werden.

d) Stellvertretung

Während der AN seine Kündigung meist selbst aussprechen wird, erklärt auf Arbeitgeberseite häufig ein Vertreter die Kündigung.

Gesetzliche Vertretung

Ist der Arbeitgeber eine juristische Person, so entscheiden die gesetzlichen Vertretungsregeln.

Vollmacht

Kündigt ein Bevollmächtigter, so sind zwei Vorschriften besonders zu beachten:

aa) § 174 BGB

Kündigung ohne Vorlage einer Vollmachtsurkunde

Zum einen kann der Gekündigte die Kündigung nach § 174 S. 1 BGB unverzüglich zurückweisen, wenn der Bevollmächtigte keine Vollmachtsurkunde vorlegt. Die Kündigung ist dann unwirksam. Die Zurückweisung ist allerdings ausgeschlossen, wenn der Gekündigte Kenntnis von der Vollmacht hat, § 174 S. 2 BGB.[48]

Dem stellt die Rspr. die Fälle des Kennenmüssens gleich. Kündigt also z.B. der Leiter der Personalabteilung dem AN, bedarf es der Vorlage einer Vollmachtsurkunde nicht. Auch gesetzliche Publizitätswirkungen können § 174 S. 1 einschränken

Bsp.: AG Dagobert (D1) hat dem Gustav Prokura erteilt. Diese wurde in das Handelsregister eingetragen. Gustav sollte auch für Personalangelegenheiten zuständig sein, vor jeder Kündigung jedoch Rücksprache mit Dagobert halten. Dennoch kündigt Gustav dem Donald (D2) eigenmächtig durch eingeschriebenen Brief, da er in ihm einen Rivalen in seinen Bemühungen um die Gunst der schönen Sekretärin Daisy sieht. Donald weist die Kündigungserklärung sofort zurück. Er meint, die Kündigung müsse schon deshalb unwirksam sein, da Gustav ihm keine Vollmachtsurkunde vorgelegt habe.

Ist die Kündigung wirksam?

Mit dem Schreiben erklärte G dem D2 formgerecht, § 623 BGB, die Kündigung. Seine Vollmacht zu seinem Handeln ergibt sich direkt aus § 49 HGB.

Fraglich ist, wie sich die Abrede zwischen D1 und G, dass G vor Kündigungen erst Rücksprache mit D1 suchen muss, auswirkt. Es könnte sich um eine Einschränkung der Vertretungsmacht handeln, sodass die Kündigung durch G als einseitiges Rechtsgeschäft gemäß § 180 S. 1 BGB grundsätzlich unwirksam wäre.

68

69

---

48   Weiterführende Darstellung unter Hemmer/Wüst, Arbeitsrecht, Rn. 79 ff.

Eine Einschränkung der Vertretungsmacht kommt jedoch nicht in Betracht, da gemäß § 50 I HGB eine solche Dritten gegenüber grundsätzlich nicht möglich ist. Das Innenverhältnis zwischen D1 und G ist Dritten gegenüber unbeachtlich.

Die Kündigung könnte jedoch unwirksam sein, wenn D2 sie wirksam nach § 174 S. 1 BGB zurückgewiesen hat. Dieses Zurückweisungsrecht steht ihm jedoch nicht zu, wenn er Kenntnis von der Vollmacht des G hat, § 174 S. 2 BGB. Davon ist laut SV nicht auszugehen.

Allerdings ist berücksichtigen, dass § 174 BGB den Empfänger einer einseitigen Willenserklärung davor schützen möchte, dass Rechtsunklarheit hinsichtlich der Wirksamkeit der Erklärung besteht. Diese Rechtsunsicherheit bestünde dann, wenn der Empfänger nicht einschätzen kann, ob derjenige, der sich als Vertreter ausweist, tatsächlich Vertretungsmacht hat.

Eine Kündigung erfolgt jedoch typischerweise durch Prokuristen. Insoweit wirkt der Ausspruch der Kündigung durch G nicht überraschend für D2. Er kann also die durch den Prokuristen G ausgesprochene Kündigung nicht zurückweisen.

Ausschließlich rechts-geschäftl. Vertreter

Beachten Sie noch, dass § 174 S. 1 BGB nur für die rechtsgeschäftlich erteilte Vertretungsmacht gilt.

 hemmer-Methode: Vergegenwärtigen Sie sich noch einmal das Beispiel von oben. Die Prokura ist als eine rechtsgeschäftlich erteilte Vollmacht mit gesetzlich vorgeschriebenem Umfang, §§ 49 ff. HGB, ein Beispiel für § 174 S. 1 BGB, das dem Examenskandidaten unbedingt bekannt sein muss.

bb) § 180 BGB

Nichtigkeit bei fehlender Vertretungsmacht

Außerdem findet § 177 I BGB keine Anwendung. Es gilt die für einseitige Rechtsgeschäfte speziellere Regelung in § 180 S. 1 BGB. Eine ohne Vertretungsmacht ausgesprochene Kündigung ist also regelmäßig nichtig. 70

Unterscheidung §§ 174 - 180 BGB

Achten Sie genau auf den Unterschied der beiden Vorschriften: Im Fall des § 174 BGB hat der Erklärende eine zur Kündigung berechtigende Vollmacht, er kann sie nur nicht durch eine Urkunde nachweisen. § 180 BGB erfasst hingegen den falsus prokurator – den Vertreter ohne Vertretungsmacht.

 hemmer-Methode: Erkennen und verstehen Sie die hinter beiden Regelungen stehenden Wertungen: Es handelt sich jeweils um Sondervorschriften für einseitige Rechtsgeschäfte. Hier soll der Geschäftsgegner, der auf Inhalt bzw. Vollzug des Rechtsgeschäfts keinen Einfluss hat, so schnell wie möglich Klarheit über die Wirksamkeit einer durch einen Vertreter erklärten Kündigung erhalten.

Auf dem gleichen Schutzgedanken beruht die generelle Bedingungsfeindlichkeit der Gestaltungsrechte. Genau wie
dort, können die dem Schutz des Erklärungsempfängers
dienenden Normen dann eingeschränkt werden, wenn dieser
des Schutzes gar nicht bedarf.

e) Zugangsprobleme

*Zeitpunkt der
Wirksamkeit*

Die Beendigungswirkung tritt bei Erklärung unter Abwesenden 71
gemäß § 130 I BGB grundsätzlich mit Zugang beim Empfänger
ein. Regelmäßig wird die Kündigung jedoch unter Wahrung einer
Kündigungsfrist ausgesprochen, und dann erst mit Ablauf dieser
wirksam.

*Anwendung allge-
meiner Regeln*

Zur Bestimmung des Zugangszeitpunktes, sind die allgemeinen
Regeln anzuwenden:[49] Die Kündigung ist also zugegangen, wenn
sie derart in den Machtbereich des Empfängers gelangt ist, dass
dieser die Möglichkeit hatte, unter gewöhnlichen Umständen von
ihr Kenntnis zu nehmen. Wann dies der Fall ist, bestimmt sich
nach der Verkehrsauffassung. Ob und wann tatsächlich eine
Kenntnisnahme durch den Empfänger erfolgt ist hingegen unbeachtlich.

aa) Zugang während der Urlaubsabwesenheit des AN

Ein absoluter Klausur-Klassiker ist die Frage, wann eine Kündi- 72
gung wirksam wird, wenn sie dem AN in dessen Urlaubsabwesenheit zugestellt wird. Problematisch ist dies wegen der Frist
des § 4 S. 1 KSchG.

Verstreicht diese Frist, gilt die Kündigung als wirksam, § 7
KSchG. Der AN kommt also möglicherweise aus dem Urlaub zu-
rück und kann sich wegen Fristablaufs nicht mehr gegen die
Kündigung wehren.

Da es für den Zugang auf den gewöhnlichen Geschehensablauf
ankommt, liegt nach heute gefestigter Rechtsprechung des BAG
ein wirksamer Zugang auch dann vor, wenn der AG dem AN
während dessen Urlaubsabwesenheit mittels an dessen Heimat-
anschrift gerichtetem Brief kündigt. Dies gilt selbst dann, wenn
der AG weiß, dass sich der AN nicht zu Hause befindet. Andernfalls wäre es dem AG praktisch unmöglich, die seinerseits zu be-
achtenden Fristen (v.a. § 626 II BGB) einzuhalten.

Allerdings kann der AN dann trotz Ablaufs der Dreiwochenfrist
nach § 4 S. 1 KSchG (ggf. i.V.m. § 13 I S. 2 KSchG) das Arbeitsgericht um Kündigungsschutz ersuchen, § 5 KSchG.

---

[49] Die Darstellung der allgemeingültigen Zugangsproblematik muss Ihnen bekannt sein. Wiederholen Sie deshalb Hem-
mer/Wüst, BGB AT I, Rn. 96 ff. und fortführend Hemmer/Wüst, Arbeitsrecht, Rn. 88 ff.

hemmer-Methode: Letztlich geht es hier um eine sachgerech-te Verteilung des Übermittlungsrisikos. Versuchen Sie des-halb, eine dem Einzelfall gerecht werdende Lösung zu entwi-ckeln und verlieren Sie dabei vor allem nicht den weiteren Lösungsweg Ihrer Klausur aus dem Auge.

bb) Zugangsvereitelung

Schon von diversen Einführungsveranstaltungen in das bürgerli-che Recht für Anfangssemester dürfte Ihnen die Problematik der Zugangsvereitelung bekannt sein. Gerade im Arbeitsrecht taucht diese nicht selten in Klausurform auf.

73

In Fällen der Zugangsvereitelung gelten auch i.R.d. Arbeitsrechts die allgemeinen Grundsätze.[50] Man differenziert zwischen arglis-tiger Zugangsvereitelung, und der Zugangsverhinderung, die auf einer Obliegenheitsverletzung des Erklärungsadressaten beruht.

Fahrlässige Zugangsvereitelung

Soweit das Zugangshindernis zwar der Sphäre des AN zuzu-rechnen ist, dieser dabei aber lediglich ihm obliegende Verpflich-tungen verletzte, mithin nicht vorsätzlich handelte, so kann er sich dann, wenn der Zugang später doch erfolgreich erfolgt nicht auf eine eventuelle Verspätung berufen. Hier hat es also der Kündi-gende in der Hand, ob er sich um einen erneuten Zugang be-müht, der dann aber zurückwirkt.

Arglistige Zugangs-vereitelung

Verhindert der AN arglistig den Zugang, so muss er sich nach der Rspr. so behandeln lassen, als wäre ihm die Kündigung wirksam zugegangen. Der Zugang wird also fingiert. Demgegenüber ver-tritt die h.M. in der Literatur eine Auffassung, die im Ergebnis den Grundsätzen der fahrlässigen Zugangsvereitelung gleicht. Diese Auffassung ist vorzugswürdig: Sie gibt dem Erklärenden ein Wahlrecht, ob er seine Erklärung gelten lassen will.

2. Betriebsratsanhörung nach § 102 BetrVG

Anhörung des Betriebsrates un-entbehrlich

Ein weiterer für alle Kündigungsarten gültiger Kündigungsschutz ergibt sich aus der Regelung des § 102 I S. 3 BetrVG i.V.m. § 134 BGB.

74

Demnach ist die Wirksamkeit einer Kündigung von einer ord-nungsgemäßen Anhörung des Betriebsrates, sofern ein solcher innerhalb des Unternehmens besteht, abhängig.[51]

hemmer-Methode: Für Sie bedeutet das, dass Sie zum Prob-lemkreis „Anhörung des Betriebsrates" überhaupt nur dann Stellung nehmen dürfen, wenn sich im Sachverhalt entspre-chende Angaben finden. Fehlen solche völlig, dürfen Sie auch mit keinem Wort auf § 102 I S. 1 BetrVG eingehen!

75

---

[50]   Hemmer/Wüst, BGB AT I, Rn. 100 ff.

[51]   Zu der ordnungsgemäßen Anhörung des Betriebsrates Hemmer/Wüst, Arbeitsrecht, Rn. 239 ff.

a) Bestehender Betriebsrat

Tatsächliches Bestehen eines Betriebsrates

Das Aufstellen eines Betriebsrates erfolgt in der Verantwortung der AN. Die Wahl richtet sich nach den §§ 7 ff. BetrVG. Konkret bedeutet dies, dass der Arbeitgeber den bereits bestehenden Betriebsrat in seine Entscheidungen mit einbinden und anhören muss, jedoch nicht zur Hinwirkung auf eine Wahl des Betriebsrates aus eigener Initiative verpflichtet werden kann.

76

b) Ordnungsgemäße Anhörung

Formelle Anhörungspflicht, aber kein echtes Mitbestimmungs-recht

Anders als es die Überschrift suggeriert, konstituiert § 102 BetrVG lediglich eine formelle Anhörungspflicht und kein echtes Mitbestimmungsrecht. Für eine wirksame Kündigung ist es mithin nicht erforderlich, dass der Betriebsrat seine Zustimmung erklärt, die ordnungsgemäße Einleitung des Verfahrens nach § 102 I genügt.[52]

77

aa) Formale Anforderungen

Zuständig für die Entgegennahme der Mitteilung des Arbeitgebers ist der Vorsitzende des Betriebsrats, § 26 II S. 2 BetrVG.

Ordnungsgemäße Einleitung des Verfahrens während der Arbeitszeit

Zur Wahrung der ordnungsgemäßen Einleitung des Verfahrens muss diesem die Anzeige grundsätzlich auch während der Arbeitszeit zugehen. Dies ergibt sich schon aus § 30 S. 1 BetrVG. Soweit der AG dem Betriebsratsvorsitzenden außerhalb der Arbeitszeit die Fakten mitteilt, ist dies aber solange unschädlich, als der Betriebsratsvorsitzende keine Einwendungen erhebt, und selbst tätig wird.

Zeitpunkt der Anhörung

Die Mitteilung an den Betriebsrat muss immer vor dem Ausspruch[53] der Kündigung erfolgen.

I.R.d. § 102 I S. 2 hat der AG dem Betriebsrat Angaben zu machen über die Person des zu Kündigenden, die Art der Kündigung[54], Kündigungsfrist und –termin, sowie der Gründe der Kündigung, einschließlich der für den AN sprechenden Umstände. Bei betriebsbedingten Kündigungen, die dem KSchG unterfallen, sind auch die Kriterien der Sozialauswahl nach § 1 III KSchG mitzuteilen.

---

[52] Damit ist allerdings nicht gesagt, dass ein eventueller Widerspruch des BR vollkommen unbeachtlich wäre. In diesem Zusammenhang geht es aber lediglich um die Wirksamkeit einer bestimmten Kündigung; zu den möglichen Folgeproblemen, siehe unten Rn. 356.

[53] Abweichend von allgemeinen Grundsätzen, nach denen die Wirksamkeitserfordernisse einer Willenserklärung grundsätzlich im Zeitpunkt des Zugangs vorliegen müssen, ist hier auf die Abgabe der Kündigungserklärung abzustellen. Auch dies erklärt sich aus dem Zweck des Anhörungsverfahrens. Nur wenn der AG vor dem Ausspruch der Kündigung den Betriebsrat hört, kann er auch dessen Bedenken hinreichend berücksichtigen.

[54] Zu den sich ggf. aus § 140 BGB ergebenden Problemen siehe unten Rn. 116.

Keine Auswirkung auf den Lauf der vom AG einzuhaltenden Fristen

Die Fristen, die dem Betriebsrat nach § 102 II BetrVG zustehen, haben keinen Einfluss auf den Lauf von vom AG einzuhaltender Ausschlussfristen. Diese werden also weder gehemmt noch unterbrochen. Spricht der AG also eine fristlose Kündigung aus, so muss er im Hinblick auf § 626 II BGB (lesen!), das Anhörungsverfahren so rechtzeitig einleiten, dass er nach dessen Abschluss noch innerhalb der Zwei-Wochen-Frist kündigen kann.

bb) Inhaltliche Anforderungen

Grundsatz d. subj. Determinierung

Bei der Bestimmung der inhaltlichen Anforderungen gilt der Grundsatz der subjektiven Determinierung.[55]

Demzufolge hat der AG dem Betriebsrat eben genau die Gründe (und nur die!) mitzuteilen, die seiner persönlichen Sicht entsprechend die Kündigung rechtfertigen, und die für seinen Kündigungsentschluss maßgeblich sind.

Teilt der Arbeitgeber objektiv erhebliche Tatsachen dem Betriebsrat deswegen nicht mit, weil er darauf die Kündigung nicht stützen will oder weil er sie bei seinem Kündigungsentschluss für unerheblich oder entbehrlich hält, dann ist die Anhörung also trotzdem ordnungsgemäß; d.h. sie genügt § 102 I BetrVG.

Folgeprobleme

Eine objektiv unvollständige Unterrichtung des Betriebsrats über die für die Kündigung wesentlichen Umstände kann aber Folgeprobleme aufwerfen.

Materielle Präklusion anderer Kündigungsgründe

Mittelbare Folge ist dann die Unwirksamkeit der Kündigung, wenn der verwertbare Sachverhalt die Kündigung nicht trägt, d.h. wenn es der sachlichen Rechtfertigung der Kündigung nach § 1 KSchG oder § 626 BGB bedarf und der dazu mitgeteilte Kündigungssachverhalt nicht genügt.[56]

Dann kann der AG seine Kündigung nicht durch das Nachschieben von Kündigungsgründen „retten", weil es insoweit dann an einer Anhörung fehlt.

Unterscheide: Verstoß gegen § 102 I BetrVG und Verstoß gegen § 1 II KSchG bzw. § 626 BGB

Letztlich führt der Grundsatz der subjektiven Determinierung also dazu, dass der AG bezüglich der nicht mitgeteilten, aber im Zeitpunkt der Kündigungserklärung bereits objektiv vorliegenden Kündigungsgründe materiell präkludiert wird. Reichen also die dem Betriebsrat mitgeteilten Gründe nicht für eine Rechtfertigung der Kündigung (z.B. nach § 1 II, III KSchG oder § 626 BGB) aus, so kann der AG im Kündigungsschutzprozess weitere, eventuell erhebliche Gründe nicht mehr nachschieben.[57]

---

[55]   Hemmer/Wüst, Arbeitsrecht, Rn. 249.

[56]   BAG 8.9.1988, AP Nr. 49 zu § 102 BetrVG 1972.

[57]   Hierzu ausführlich unten Rn. 81.

hemmer-Methode: Beachten Sie dass eine nach § 102 I BetrVG mangelhafte Betriebsratsanhörung völlig andere Rechtsfolgen nach sich zieht, als eine (nur) inhaltlich ungenügende Mitteilung. Während im ersten Fall, die Kündigung unheilbar nichtig ist (§ 102 I BetrVG), führt eine mangelhafte Unterrichtung nach dem Grundsatz der subjektiven Determinierung nur zur materiellen Präklusion der nicht mitgeteilten Kündigungsgründe. Dies kann zwar letztlich auch die Unwirksamkeit der Kündigung nach sich ziehen, bestimmt sich aber auf einer anderen Stufe, § 1 II KSchG bzw. § 626 BGB.

c) Rechtsfolgen

Bezüglich der Rechtsfolgen einer nicht ordnungsgemäßen Anhörung ist zu unterscheiden:

78

Fehlende (vorherige) Anhörung

Wurde der Betriebsrat vor der Kündigungserklärung gar nicht gehört, ist die Kündigung unwirksam, § 102 I S. 3 BetrVG i.V.m. § 134 BGB. Eine Heilung durch eine Nachholung des Anhörungsverfahrens ist nicht möglich.

Mängel: Abgrenzung nach Verantwortungsbereichen

Bei mangelhaftem Anhörungsverfahren ist nach Verantwortungsbereichen abzugrenzen. Mängel, die dem Verantwortungsbereich des Betriebsrats zuzuordnen sind, haben grundsätzlich keinen Einfluss auf die Wirksamkeit der Kündigung. Lediglich dann, wenn der AG seiner Informationspflicht nicht nachgekommen ist, ist die Kündigung nichtig.

hemmer-Methode: Erinnern Sie sich noch an den Grundsatz „Arbeitsrecht ist Arbeitnehmerschutzrecht?" Dieser hilft auch beim Verständnis der Rechtsfolgen weiter. Der Betriebsrat hat die Aufgabe, auf die Willensbildung des AG einzuwirken und ihn eventuell von der Kündigung abzubringen. Hatte der Betriebsrat diese Möglichkeit, lässt sich der AG aber dennoch nicht umstimmen, kann eine Kündigung nicht verhindert werden. Wird aber der Betriebsrat von der Willensbildung gänzlich ausgeschlossen und somit das Arbeitnehmerinteresse erheblich beschränkt, ist eine ausgesprochene Kündigung unwirksam.

79

d) Klausurtypische Probleme

Der Punkt der ordnungsgemäßen Anhörung des Betriebsrates wird immer wieder in vergleichbaren Fallkonstellationen abgeprüft, die in den folgenden Abschnitten klausurorientiert behandelt werden.

aa) Entbehrlichkeit der Betriebsratsanhörung

Entbehrlichkeit der Anhörung bei besonders engem Zusammenhang der Wiederholungskündigung

Wie bereits aus den obigen Ausführungen erkennbar wird, besteht zwischen der Betriebsratsanhörung und der entsprechenden Kündigung ein untrennbarer Zusammenhang, d.h. vor jeder einzelnen Kündigung muss der Betriebsrat gesondert gehört werden.

80

Handelt es sich aber um eine wiederholende Kündigung, die mit der ursprünglichen Kündigung in einem besonders engen zeitlichen Zusammenhang steht, ist nach der Rechtsprechung des BAG eine Ausnahme zu machen.[58]

> **Bsp.:** *Der AG will seinem AN, dem wegen schlagartigen Auftragsmangels gekündigt werden soll, nach der Anhörung und der darauffolgender Zustimmung des Betriebsrates eine ordentliche Kündigung schicken, welche jedoch wegen Unachtsamkeit der Putzfrau von dessen Schreibtisch verschwindet. Als der AG von dem Nichtzugang des Kündigungsschreibens Kenntnis erlangt, schickt er sofort eine zweite inhaltsgleiche Kündigungserklärung an den AN. Ist diese Kündigung wirksam, obwohl sich der AN darauf beruft, dass auch für die erneute Kündigung der Betriebsrat hätte gehört werden müssen?*

Richtig ist, dass der Betriebsrat grundsätzlich zu jeder einzelnen Kündigung gehört werden muss. Hier ist das Verhalten des AN gem. des § 242 BGB aber eher als rechtsmissbräuchlich zu qualifizieren, da bei einer Kündigung, die in unmittelbarer zeitlicher Abfolge ausgesprochen und zudem auf die identischen Gründe wie die vorherige Kündigung gestützt wird, kein sachlicher Grund für den Schutz des AN besteht. Anders zu urteilen ist aber bereits dann, wenn die Kündigung zugegangen und in Folge anderer Tatsachen unwirksam gewesen wäre.

bb) Nachschieben von Kündigungsgründen

In Verbindung mit der ordnungsgemäßen Anhörung des Betriebsrates ist das Nachschieben von Kündigungsgründen im Verlauf eines Kündigungsschutzprozesses[59] ein zweites, häufig geprüftes Examensproblem des Arbeitsrechts.

81

In diesem Zusammenhang ist die Frage umstritten, ob diese später eingebrachten Gründe auch Gegenstand der vorherigen Betriebsratsanhörung hätten sein müssen.

---

58   Hemmer/Wüst, Arbeitsrecht, Rn. 253.
59   Hemmer/Wüst, Arbeitsrecht, Rn. 254.

Nach den Normen der § 46 II S. 1 ArbGG i.V.m. §§ 495, 296a ZPO ist ein Nachschieben von Gründen auch im Kündigungsschutzprozess bis zum Abschluss der mündlichen Verhandlung zulässig.

Nachschieben möglich

Dies kann aber auch nur für solche Kündigungsgründe gelten, die im Zeitpunkt der Kündigung bereits objektiv bestanden haben. Derartige Gründe, die erst nach dem Zugang der Kündigung entstanden sind, müssen im Rahmen einer neuen Kündigung geltend gemacht werden.

Allerdings entsprechende Anhörung des BR Voraussetzung

Von dem Grundsatz, dass alle bereits objektiv vorliegenden Kündigungsgründe nachgeschoben werden können, ist dann abzuweichen, wenn zwar im Unternehmen ein Betriebsrat besteht, § 102 BetrVG, dieser allerdings bisher nicht zu den nachgeschobenen Kündigungsgründen angehört wurde. Demnach ist in Hinsicht auf das Anhörungsverfahren wie folgt zu differenzieren:

Bei vorheriger Kenntnis des AG Nachschieben (-)

Besonders streng ist die Regelung des § 102 I S. 1 BetrVG zu handhaben, wenn die nachzuschiebenden Gründe dem AG bereits bei der Kündigungserklärung bekannt waren, er aber dennoch den Betriebsrat dazu nicht angehört hat. In diesem Fall können die Gründe auf keinen Fall nachgeschoben werden.

Bei später entstehenden Gründen Anhörung nach BAG nachholbar

Aus dieser Aussage folgt direkt die Konsequenz, dass zugleich die Kündigungsgründe, von denen der AG zum Zeitpunkt der Kündigung nichts wusste, anhand des Grundsatzes der Prozessökonomie nachgeschoben werden können, wenn der Betriebsrat inzwischen gehört worden ist. Darüber hinaus erlaubt das BAG auch das Nachholen der Betriebsratsanhörung, ehe der AG den Kündigungsgrund vor dem Arbeitsgericht nachschiebt.

cc) Betriebsratsanhörung bei Umdeutung einer Kündigung

Bei der sog. Umdeutung einer außerordentlichen in eine ordentliche Kündigung nach § 140 BGB bringt § 102 BetrVG eine entscheidende Beschränkung mit sich, deren Kenntnis für das Examen unerlässlich ist.[60]

82

hemmer- Methode: Machen Sie sich keine Sorgen wegen der Umdeutung nach § 140 BGB. Die genauen Voraussetzungen werden zu einem späteren Zeitpunkt noch genauer erörtert. Im Allgemeinen geht es lediglich darum, ob eine vom AG ausgesprochene außerordentliche Kündigung bei deren Unwirksamkeit (Fehlen eines wichtigen Grundes, Abwägungen in der Interessenabwägung, Fristablauf etc.) zumindest in eine ordentliche Kündigung „umgebogen" werden kann.

---

[60]   Zu der Umdeutung einer außerordentlichen in eine ordentliche Kündigung arbeiten Sie bitte zuerst die Rn. 118 ff. dieses Skriptes durch. Zur Vertiefung bieten sich die Ausführungen in Hemmer/Wüst, Arbeitsrecht, Rn. 255 ff. an.

> **Überfliegen Sie trotzdem kurz die entsprechenden Rand-nummern der späteren Erläuterungen (Rn. 118 ff.), denn auch hier gilt: Aktives Lernen bedeutet nicht nur, ein Skript von vorne bis hinten durchzuarbeiten, sondern an den maß-geblichen Stellen auch die von uns vorgegebenen Verknüp-fungen zu verfolgen, bevor Sie wieder an diese Stelle zu-rückkehren. Nur so entwickeln Sie juristisches Verständnis.**

(1) Hilfsweise Anhörung des Betriebsrates

Mitentscheidung über die Alternative einer ordentlichen Kündigung

Wurde vor dem Betriebsrat von Beginn an klargestellt, dass bei Fehlgehen der außerordentlichen Kündigung auf jeden Fall eine ordentliche Kündigung angestrebt werde, und ist der Betriebsrat hierzu „hilfsweise" angehört worden, dann scheitert eine Umdeu-tung gem. § 140 BGB in eine ordentliche Kündigung nicht an § 102 BetrVG. Dieses Ergebnis ist damit zu begründen, dass der Betriebsrat in diesem Fall auch zur Beurteilung einer ordentlichen Kündigung angehalten und in keiner Weise an der Ausübung sei-ner Mitwirkungsrechte gehindert wird.

(2) Zustimmung des Betriebsrates zur außerordentli-chen Kündigung

Ausdrückliche Billigung der Kündigung durch den BR

Eine weitere Ausnahme gilt, wenn der Betriebsrat der außeror-dentlichen Kündigung ausdrücklich zugestimmt hat. Aus dieser Zustimmung kann eindeutig geschlossen werden, dass sich der Betriebsrat erst recht auch mit der ordentlichen Kündigung ein-verstanden zeigen wird, **soweit** sich diese auf denselben SV stützt.

3. Besonderer Kündigungsschutz des AN

Besondere Schutz-bedürftigkeit ein-zelner Personen-gruppen

Wie schon der Name verrät, stellt das KSchG neben dem § 102 BetrVG einen allgemeinen Kündigungsschutz dar, der grundsätz-lich jedem AN bereits dann zusteht, wenn nur der Anwendungs-bereich der Gesetze eröffnet ist.[61]

83

Es sind daneben aber auch Fälle denkbar, in denen aufgrund be-sonderer arbeitsrechtlicher oder individuell bedingter Gegeben-heiten die betroffenen AN besondere Schutzwürdigkeit erwecken (z.B. Behinderte, Schwangere oder Auszubildende).

---

[61]   Vgl. Rn. 133 ff.

In diesen Situationen gewährt der Gesetzgeber den AN einen besonderen Kündigungsschutz dergestalt, dass entweder die Kündigungsvoraussetzungen erschwert werden oder aber die Kündigung überhaupt nicht möglich, eine gleichwohl ausgesprochene Kündigung also unwirksam ist.

hemmer-Methode: Man kann es nicht oft genug erwähnen: Denken Sie aber auch bei diesen Kündigungsverboten daran, dass der AN innerhalb von drei Wochen nach Zugang der schriftlichen Kündigung Klage gem. § 4 S. 1 KSchG erheben muss, um vor Gericht noch die Feststellung der Unwirksamkeit erreichen zu können, vgl. § 7 KSchG.

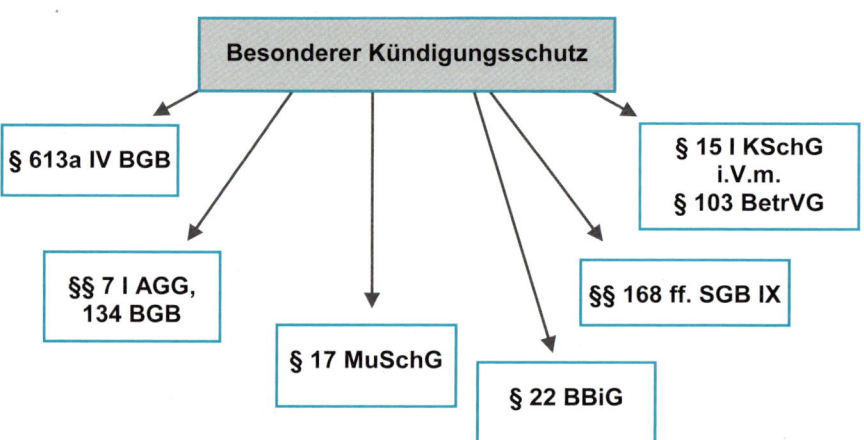

Von den angesprochenen Vorschriften sollen hier der Klausurrelevanz entsprechend § 613a IV BGB sowie § 17 MuSchG näher beleuchtet werden.

---

a) Kündigungsschutz aus § 613a IV BGB

Betriebsinhaberwechsel als Kündigungsgrund

Unter diese Kategorie ist zunächst der besondere Kündigungsschutz aus Anlass eines Betriebsüberganges einzuordnen. Mit dessen Normierung in § 613a IV BGB verfolgt der Gesetzgeber unter anderem das Ziel, den AN vor Kündigungen zu schützen, deren alleiniger Grund der Übergang des Betriebes auf einen Neuerwerber ist.[62]

84

---

62   Hemmer/Wüst, Arbeitsrecht, Rn. 257 ff. sowie **Life&Law 04/2000, 244 ff.** und **10/1999, 647 ff.**

aa) Übersicht zu den gesetzlichen Regelungen

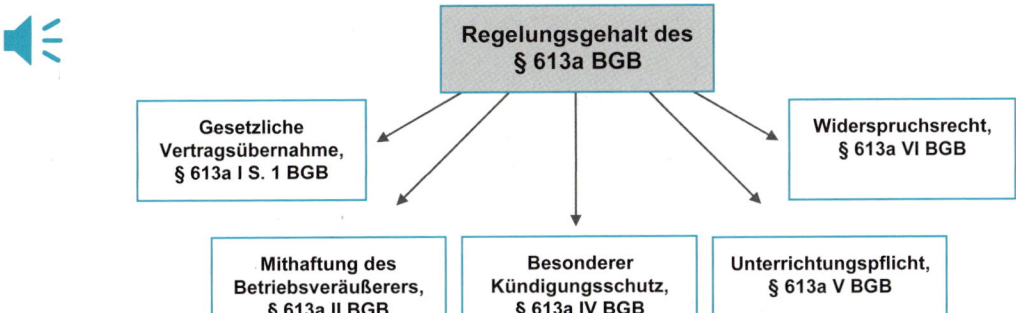

Tatsächlicher Betriebsübergang gefordert

§ 613a BGB kann nur dann seine Schutzwirkung entfalten, wenn ein tatsächlicher Betriebsübergang vorliegt. Die Feststellung, ob dies in der Tat der Fall ist, kann in der Klausur mit erheblichen Problemstellungen verbunden sein, die anhand einer exakten Subsumtion nur bewältigt werden können, wenn die Grundbegriffe des § 613a BGB bekannt sind.

85

bb) Vertragsübernahme gem. § 613a I BGB

Differenzierung Betrieb / Betriebsteil

Ausschlaggebend ist hierfür die Ausgangsregelung des § 613a I S. 1 BGB. Demgemäß tritt der Neuerwerber dann in die Rechte und Pflichten der im Zeitpunkt des Überganges bestehenden Arbeitsverhältnisses ein, wenn ein Betrieb oder ein Betriebsteil durch Rechtsgeschäft auf einen anderen Inhaber übergeht.

86

(1) Betrieb oder Teil eines Betriebes

In diesem Zusammenhang versteht man unter einem Betrieb eine organisatorische Zusammenfassung aller sachlichen und persönlichen Mittel zur Erreichung eines arbeitstechnischen Zweckes. Dagegen ist lediglich von einem Betriebsteil auszugehen, wenn es sich um einen abgrenzbaren Teil dieser Arbeitsorganisation handelt.

87

(2) Betriebsübergang[63]

Lange Zeit war der Begriff des Betriebsüberganges heftig umstritten. Unter Berücksichtigung der ständigen Rechtsprechung durch das BAG haben sich hauptsächlich drei Voraussetzungskriterien herauskristallisiert:[64]

88

---

[63]   Vgl. zu den Problemen zur Abgrenzung zur Betriebsstilllegung Hemmer/Wüst, Arbeitsrecht, Rn. 260 ff.

[64]   Zu den Entwicklungen in der Rechtsprechung ausführlich: Hemmer/Wüst, Arbeitsrecht, Rn. 258.

Übergang durch Rechtsgeschäft

(a) In erster Linie muss der Betrieb aufgrund eines nicht zwingend wirksamen Rechtsgeschäftes übergegangen sein, wie z.B. durch Kauf, Verpachtung, Schenkung etc.

Unter diesem Punkt muss die Gesamtrechtsnachfolge (Universalsukzession, z.B. anlässlich des Todes des Firmeninhabers, Vermögensübertragung nach §§ 359 ff. AktG etc.) abgegrenzt werden, auf die § 613a BGB grundsätzlich nicht anwendbar ist, da der Rechtsinhaber nicht durch Rechtsgeschäft, sondern kraft Gesetzes in alle Rechte und Pflichten der einzelnen Arbeitsverhältnisse eintritt.

Übergang einer wirtschaftlichen Einheit

(b) Des Weiteren muss eine wirtschaftliche Einheit in ihrer ursprünglichen Identität auf den Neuerwerber übergehen, sodass der Arbeitsbetrieb nach der Übernahme gemäß des Schwerpunkts der betrieblichen Tätigkeit unverändert und sinnvoll fortgeführt werden kann.[65]

In Verbindung damit ist es keineswegs notwendig, dass das gesamte Betriebsvermögen übergeht. Es wird aber vom BAG zumindest vorausgesetzt, dass ein nicht geringer Bruchteil bzw. ein wesentlicher Bestand des sachlichen Substrates oder des indirekten Potenziales direkt übernommen wird. Was dabei als wesentlicher Bestandteil anzusehen ist, kann mit dem vom Betrieb verfolgten Unternehmensgegenstand ermittelt werden. Infolgedessen soll beispielsweise bei Produktionsbetrieben die Weiterbenutzung von den wichtigsten fachspezifischen Maschinen oder Einrichtungen erfolgen, bei Betrieben hingegen, in denen die Dienstleistungen im Vordergrund stehen, die Übernahme des Kundenstammes, der Kundenlisten oder etwa des „Know how".

(c) Als letzter Punkt ist es für die Wahrung der Identität der wirtschaftlichen Einheit nach den obigen Ausführungen eine logische Konsequenz, dass der Neuerwerber dieselbe oder eine gleichartige Geschäftstätigkeit unter eigenem Namen tatsächlich fortführt oder wieder aufnimmt. Maßgeblich ist also der Übergang der wirtschaftlichen Leitungsmacht.

(3) Maßgeblicher Zeitpunkt

Nach dem BAG ist ein Betriebsübergang in zeitlicher Hinsicht dann vollendet, wenn der Erwerber tatsächlich die Leitungsmacht übernimmt, d.h. objektiv die Möglichkeit hat, die bisherigen arbeitsorganisatorischen eigenständigen Leistungszwecke in Einverständnis mit dem bisherigen Inhaber weiterzuverfolgen.

89

---

[65]   Ursprünglich hatte der EuGH es ausreichen lassen, wenn die Identität der wirtschaftlichen Einheit gewahrt wurde (reine Funktionsnachfolge), EuGH, NZA 1994, 545 (Christel Schmidt; damit wurden letztlich alle Fälle des outsourcing erfasst); mittlerweile hat sich der EuGH aber der Linie des BAG angenähert, vgl. EuGH, NZA 1997, 433.; dazu sogleich, wobei in neueren Entscheidungen wiederum Tendenzen in Richtung „Christel Schmidt" erkennbar sind.

(4) Rechtsfolgen

Übergang d. Betrie-
bes kraft Gesetzes

Gemäß § 613a I S. 1 BGB gehen sämtliche Arbeitsverhältnisse kraft Gesetzes mit allen Rechten und Pflichten als Ganzes auf den neuen Inhaber über (gesetzliche Vertragsübernahme).

90

Zu berücksichtigen ist allerdings, dass sich der Übergang insoweit zum Nachteil des AN auswirken kann, als dass beim neuen AG (u.U. aufgrund des Widerspruchs einzelner AN) nicht genügend AN im Sinne des gem. § 23 KSchG maßgeblichen Schwellenwerts beschäftigt werden. Dann kann der AG ohne Erfordernis eines Grundes kündigen. Das BAG hat in einer derartigen Situation den Übergang des Kündigungsschutzes über § 613a I BGB abgelehnt.[66] Es gehen nur „Rechte und Pflichten" mit über. Der Kündigungsschutz ist aber kein Recht, welches der AN aus seinem Individualarbeitsverhältnis herleiten kann. Es steht ihm auch im Verhältnis zum alten AG nur zu, solange die Schwellenzahl überschritten ist. Mit einem Unterschreiten (und damit mit einem Verlust des Kündigungsschutzes) muss ein AN immer rechnen. Er ist ausreichend darüber geschützt, dass gem. § 613a V BGB entsprechende Informationen über die „rechtlichen Folgen" erteilt werden müssen. Dazu gehört nach überzeugender Ansicht auch die Information darüber, wie groß die Belegschaft beim neuen AG ist, damit der AN ggf. abhängig davon dem Übergang des Arbeitsverhältnisses widersprechen kann.

cc) Gesamtschuldverhältnis gem. § 613a II BGB

Gesamtschuldver-
hältnis

Aufgrund dieser Rechtsfolge erlöschen mit dem Betriebsübergang sämtliche Rechte und Pflichten des bisherigen Inhabers. Eine Ausnahme besteht nur für derartige Verbindlichkeiten, die vor dem Zeitpunkt des Überganges entstanden sind und vor Ablauf von einem Jahr nach diesem Zeitpunkt fällig werden. Nach § 613a II BGB haftet in diesen Fällen der Veräußerer neben dem Erwerber immer gesamtschuldnerisch.

91

dd) Widerspruchsrecht des AN

Widerspruchsrecht
gemäß
§ 613a VI BGB

Gemäß § 613a V BGB ist der AN vor dem geplanten Übergang in Textform über den Betriebsübergang zu unterrichten. Nach § 613a VI BGB kann der AN innerhalb eines Monats nach Zugang der Unterrichtung dem Übergang des Arbeitsverhältnisses widersprechen. Der Widerspruch hat dann zur Folge, dass der Übergang des Arbeitsverhältnisses als nicht erfolgt zu betrachten ist. Das Widerspruchsrecht des AN gemäß § 613a VI BGB ist Ausfluss des allgemeinen Persönlichkeitsrechts des AN nach Art. 1 I, 2 I GG und seinem Recht auf freie Berufswahl i.S.d. Art. 12 GG. Außerdem darf dem AN nicht gegen seinen Willen ein neuer und evtl. leistungsschwächerer oder unseriöserer Schuldner aufgedrängt werden.

92

---

[66]   **BAG, Life&Law 2007, 598 ff.**

Erklärung des
Widerspruchs

Der Widerspruch erfolgt durch einseitige empfangsbedürftige Willenserklärung. Der Grund des Widerspruchs muss in der Widerspruchserklärung nicht genannt werden. Da es sich beim Widerspruch um eine Willenserklärung handelt, können sich im Rahmen ihrer Wirksamkeit alle Probleme stellen, die Willenserklärungen anhaften können.

Form

Gemäß § 613a VI S. 1 BGB ist der Widerspruch schriftlich zu erheben. Der Widerspruch muss folglich gemäß § 126 BGB vom AN eigenhändig unterschrieben sein. Genügt der Widerspruch nicht dieser Form, so ist er gemäß § 125 S. 1 BGB nichtig.

Adressat

Gem. § 613a VI S. 2 BGB kann der Widerspruch an den Veräußerer oder an den Erwerber des Betriebes gerichtet werden. Der Empfänger hat dann den anderen Betroffenen von dem Widerspruch informieren.

Widerspruchsfrist

Gemäß § 613a VI S. 1 BGB hat der Widerspruch innerhalb eines Monats nach Zugang einer ordnungsgemäßen Unterrichtung über den Betriebsübergang (§ 613a V BGB) zu erfolgen.

Wurde der AN über den Betriebsübergang nicht belehrt oder genügte die Belehrung nicht dem Inhalt des § 613a V BGB,[67] so beginnt die Widerspruchsfrist nicht zu laufen.

Das Widerspruchsrecht kann dann nur über die Grundsätze der Verwirkung, § 242 BGB, zeitlich beschränkt werden. Die Widerspruchsfrist beträgt immer einen Monat. Dies gilt auch dann, wenn die Widerspruchsfrist aufgrund frühzeitiger Belehrung schon vor dem Betriebsübergang abgelaufen ist.

Fortbestand d.
ursprüngl. Arbeits-
verhältnisses bei
wirks. Widerspruch

Hat der AN wirksam widersprochen, besteht das Arbeitsverhältnis mit dem bisherigen Inhaber **„ex tunc" (rückwirkend)** fort. Kommt in der Folgezeit der AG mit der Annahme der Arbeitsleistung des AN in Annahmeverzug, so erwächst letzterem daraus ein Anspruch auf Lohnzahlung aus § 615 S. 1 BGB.[68]

Aber: Möglichkeit
einer betriebsbe-
dingten Kündigung

Nachdem aber sehr viele Betriebsübergänge mit der Tatsache verbunden sind, dass der ehemalige AG entweder seine berufliche Tätigkeit ganz oder nur zum Teil aufgibt, und ihm dadurch meist mangels Beschäftigungsmöglichkeit eine Weiterbeschäftigung seiner AN nicht zumutbar erscheint, muss jeder AN, der den Weg des Widerspruchs einschlägt, zu jeder Zeit mit einer betriebsbedingten Kündigung nach § 1 II KSchG rechnen.[69]

Behält der Übergeber einen Betriebsteil zurück und widersprechen einzelne Arbeitnehmer dem Übergang, wird es zu betriebsbedingten Kündigungen kommen, bei denen es dem AG obliegt, eine ordnungsgemäße Sozialauswahl vorzunehmen.

---

[67]   Vgl. zur Konkretisierung der Anforderungen **BAG, Life&Law 2008, 23 ff.**
[68]   Zum Leistungsanspruch des AN aus § 615 BGB siehe die Ausführungen unter der Rn. 260.
[69]   Zum Widerspruchsrecht des AN auch **Life&Law 10/1999, 649 ff.**

Keine Berücksichtigung bei Sozialauswahl

Fraglich ist, ob zu Lasten der widersprechenden AN dabei zu berücksichtigen ist, dass sie „ohne Not" dem Übergang widersprochen, also ihren Arbeitsplatz beim Übernehmer freiwillig aufgegeben haben. Nach früherer Ansicht des BAG war dies nur dann zu Lasten des widersprechenden AN zu berücksichtigen, wenn der AN ohne sachlichen Grund widersprochen hat.[70]

Mittlerweile hat sich das BAG von dieser Sichtweise getrennt.[71] Denn die Kriterien für eine Sozialauswahl ergeben sich aus einer abschließenden (!) Aufzählung in § 1 III S. 1 KSchG. Für andere Kriterien ist kein Raum. [72] Daher wird dem widersprechenden AN nur dann gekündigt werden können, wenn er bei den Kriterien des § 1 III S. 1 KSchG die schlechtesten Karten hat.

Widerruf möglich?

Erfährt der AN in einer solchen Situation von den für ihn nachteiligen Folgen eines Widerspruchs (betriebsbedingte Kündigung), könnte er geneigt sein, seinen Widerspruch zu widerrufen, um so doch mit auf den neuen AG überzugehen.

Nach überzeugender Rechtsprechung des BAG steht dem AN ein solches Widerrufsrecht aber nicht zu. Der Widerspruch ist ein Gestaltungsrecht, durch welches der AN die Rechtslage endgültig gestaltet. Daher kann der Widerspruch weder unter eine Bedingung gestellt, noch unter Vorbehalt erklärt werden.[73]

ee) Kündigungsverbot des § 613a IV BGB

Neuerwerber aus betrieblichen Gründen ebenso kündigungsberechtigt wie der bisherige AG

In einer vergleichbaren Situation wie der ehemaligen Inhaber befindet sich selbstverständlich auch der Neuerwerber. Gerade in den Fällen einer Übernahme eines Betriebes kann es durchaus sein, dass die AN des Veräußerers nicht den Erwartungen des neuen AG entsprechen und er seinen Betrieb bevorzugt mit seinen eigens ausgewählten AN fortführen möchte. Grundsätzlich muss auch ihm ein Kündigungsrecht gewährt werden.

93

Rechtsfolge: Unwirksamkeit der Kündigung

Diesbezüglich erklärt der Gesetzgeber in § 613a IV BGB (i.V.m. § 134 BGB) alle Kündigungen für unwirksam, die ausschließlich auf den Grund des Betriebsüberganges gestützt werden. Damit aber der Neuerwerber in seinen Betriebsgestaltungsrechten nicht allzu sehr eingeschränkt wird, normiert § 613a IV S. 2 BGB zugleich, dass das Kündigungsrecht aus anderen Gründen unberührt bleiben muss. Demnach kommt auch hier eine betriebsbedingte Kündigung in Frage.

---

[70] Im Einzelnen erfolgte hier eine fein abgestimmte Abwägung, vgl. BAG, NZA 2005, 1302; vgl. ausführlich Hemmer/Wüst, Arbeitsrecht, Rn. 268.

[71] **BAG, Life&Law 2008, 158.**

[72] So schon zuvor Gaul, NZA 2005, 730 ff.

[73] **BAG, Life&Law 2004, 174 ff.**

Im Zusammenhang mit der Anwendung des § 613a BGB ist ferner zu beachten, dass § 613a IV BGB nicht nur bei der Kündigungsproblematik anzuwenden ist, sondern alle Fälle erfasst, in denen der AG aufgrund Betriebsüberganges eine Umgehung dieser Vorschrift beabsichtigt, wie z.B. bei der Erzwingung einer Kündigung vom AN selbst oder der Einwilligung zu einem Aufhebungsvertrag.[74]

b) Mutterschutzgesetz

Besondere Schutz-bedürftigkeit schwangerer AN

Es bestehen keine Zweifel, dass gerade schwangere Arbeitnehmer aufgrund ihrer individuell erschwerten Stellung bei der Ausführung ihrer Arbeitsverpflichtungen eines besonderen Schutzes durch das Gesetz bedürfen. Damit sie nicht kontinuierlich dem Risiko einer Gefährdung ihrer Lebensgrundlage ausgesetzt sind, wird folgerichtig durch den § 17 I MuSchG das Kündigungsrecht des AG entscheidend beschränkt.

94

aa) § 17 I S. 1 MuSchG

Kündigungsverbot

Daher bestimmt der Gesetzgeber, dass eine Kündigung gegenüber einer Frau während der Schwangerschaft und bis zum Ablauf von vier Monaten nach der Schwangerschaft oder Entbindung unter Berücksichtigung von bestimmten Voraussetzungen unzulässig ist.[75]

95

(1) Kenntnis des Arbeitgebers

Kenntnis des Arbeitgebers

Nach dem Gesetzeswortlaut des § 17 I S. 1, Nr. 1 MuSchG muss die Schwangerschaft dem AG im Zeitpunkt der Kündigung, d.h. hier ist der Zeitpunkt des Zuganges der Kündigung gem. § 130 BGB maßgebend, bekannt gewesen sein.

Da allerdings in sehr vielen Fällen die betroffenen AN ihre Schwangerschaft verschweigen, weil sie dadurch berufliche Nachteile oder eine Verschlechterung der Arbeitsbedingungen befürchten, wird ihnen zusätzlich eine Zwei-Wochen-Frist eingeräumt, die ab dem Zeitpunkt des Kündigungszuganges zu laufen beginnt und nach den Grundsätzen der §§ 187 ff. BGB zu berechnen ist. Innerhalb dieser Frist kann die AN durch eine grundsätzlich formlos mögliche Mitteilung an den AG dessen Kündigung unwirksam machen.

---

[74] Dann ist an eine Anfechtung des entsprechenden Aufhebungsvertrages wegen widerrechtlicher Drohung zu denken, vgl. Rn. 200.
[75] Hemmer/Wüst, Arbeitsrecht, Rn. 273.

(2) Versäumung der Anzeigefrist

Hat die AN die Fristversäumung nicht zu vertreten und die Anzeige unverzüglich nachgeholt, ist das Überschreiten der Frist gem. § 17 I S. 2 MuSchG unschädlich.[76]

Verschulden gegen sich selbst

Hinsichtlich des Vertretenmüssens ist i.R.d. § 17 I S. 2 MuSchG nicht von den Maßstäben des § 276 II BGB auszugehen, sondern es ist vielmehr nach einem Verschulden gegen sich selbst zu fragen. Das ist dann zu bejahen, wenn im Einzelfall ein besonders grober Verstoß gegen das von einer vernünftigen und einsichtigen Person im eigenen Interesse zu erwartende Verhalten vorliegt. Demnach versäumt die schwangere AN dann die Frist schuldhaft, wenn sie entweder positive Kenntnis oder zumindest ausreichende Anhaltspunkte für eine Schwangerschaft hat und sie dennoch bewusst verschweigt.

Eine Schwangerschaftsvermutung genügt nach h.M. nicht.

Unverzüglichkeit

Auf den Prüfungspunkt der „Unverzüglichkeit" ist § 121 BGB anwendbar, d.h. die Mitteilung muss „ohne schuldhaftes Zögern" nachgeholt werden.

bb) Anwendungsumfang des § 17 I S. 1 MuSchG

Ausnahme der Rechtsfolge durch § 17 II MuSchG

Liegen die oben aufgeführten Voraussetzungen vor, ist sowohl eine außerordentliche als auch eine ordentliche Kündigung des AG unwirksam. Alle übrigen Rechte des AG (Anfechtung oder Befristung des Arbeitsverhältnisses) werden von § 17 I S. 1 MuSchG nicht berührt. Dasselbe gilt auch für eine eigene Kündigung des AN, da sie auf eigenen Überlegungen beruhen und somit auf einen konkludenten Verzicht auf das besondere Kündigungsschutzrecht schließen lassen. Gemäß § 17 II S. 1 MuSchG kann durch die für den Arbeitsschutz oberste Landesbehörde oder die von ihr bestimmten Stelle in besonderen Fällen (Diebstahl, Körperverletzung, Betrug etc.) eine Ausnahme gemacht werden und eine Kündigung für zulässig erklären.[77]

Die Zustimmung muss aber **vor** Ausspruch der Kündigung eingeholt worden sein.

hemmer-Methode: Eine analoge Anwendung des § 17 I S. 1 MuSchG auf andere Konstellationen kommt nicht in Betracht. So ist eine Anfechtung des Arbeitsvertrages nicht wegen Schwangerschaft unwirksam. Auch eine Befristung verliert ihre vertragsbeendigende Wirkung nicht dadurch, dass die AN schwanger ist.

96

---

[76] Hemmer/Wüst, Arbeitsrecht, Rn. 275 a.E.

[77] Die Rechtskraft des entsprechenden Bescheides ist aber keine Voraussetzung für die Wirksamkeit der Kündigung, sodass die Kündigung auch bei eingelegtem Widerspruch gegen den Bescheid wirksam ist, BAG, NZA 2003, 1329 ff.

c) Diskriminierende Kündigung, §§ 7 I AGG, 134 BGB

Fraglich ist, ob eine Kündigung, die gegen ein Diskriminierungs-merkmal des § 1 AGG verstößt, überhaupt gem. §§ 7 I AGG, 134 BGB unwirksam sein kann.

aa) Rechtslage bei Anwendbarkeit des KSchG

KSchG geht AGG vor, § 2 IV AGG

Auszugehen ist zunächst von **§ 2 IV AGG**, wonach für Kündigun-gen ausschließlich die Bestimmungen zum allgemeinen und be-sonderen Kündigungsschutz gelten.

Nach e.A. ist das AGG auf Kündigungen trotzdem anwendbar, **da § 2 IV AGG europarechtswidrig** sei und daher **von den deut-schen Gerichten nicht angewendet werden dürfe.**[78]

Nach Ansicht des **BAG** führt § 2 IV AGG nicht zu einem vollstän-digen Ausschluss des AGG auf Kündigungen.[79] § 2 IV AGG ist lediglich so zu verstehen, dass damit neben dem KSchG kein „zweites Kündigungsrecht" geschaffen wird.

Dies bedeutet, dass die **Unwirksamkeit** einer Kündigung **aus-schließlich nach Maßgabe des Kündigungsschutzgesetzes** geltend zu machen ist und nicht etwa eine „Diskriminierungskla-ge" gem. §§ 7 I AGG, 134 BGB neben die Kündigungsschutzkla-ge treten soll.

Die Diskriminierungsverbote des AGG werden also nicht als ei-gene Unwirksamkeitsnorm anerkannt, sondern im Rahmen der Sozialwidrigkeit der Kündigung überprüft.

bb) Rechtslage bei Unanwendbarkeit des KSchG

BAG: § 2 IV AGG entfaltet dann keine Sperrwirkung

§ 2 IV AGG regelt für Kündigungen nur das Verhältnis zwischen dem AGG und den allgemeinen sowie den speziell auf Kündigun-gen zugeschnittenen Bestimmungen. Unter „allgemeinem Kündi-gungsschutz" i.S.d. § 2 IV AGG wird Kündigungsschutz nach dem KSchG verstanden.

Wenn das KSchG nicht anwendbar ist, ist eine diskriminierende Kündigung nach Ansicht des BAG gem. § 134 BGB i.V.m. § 7 I AGG unwirksam, da in diesem Fall die Vorschrift des § 2 IV AGG nicht gilt. Die §§ 134, 138, 242 BGB sind keine „Best-immungen zum allgemeinen Kündigungsschutz" i.S.d. § 2 IV AGG.

Gilt das KSchG nicht, sind diskriminierende Kündigungen nach §§ 7 I AGG, 134 BGB unwirksam.

---

[78]   So z.B. ArbG Osnabrück, ZIP 2007, 1284 ff.
[79]   **BAG, Life&Law 2009, 565 f.** = NZA 2009, 361 ff.

d) Weitere Kündigungsverbote

Neben diesen zwei klausurträchtigsten Kündigungsschutznormen enthält das Gesetz noch weitere Kündigungsverbote, deren genaue Schilderung zu weit führen würde. Der Klausurersteller erwartet von Ihnen nur, dass sie die einschlägigen Normen aufgrund der zahlreichen Schlagworthinweise im Sachverhalt erkennen und daraufhin ohne besondere Vorkenntnisse eine genaue Subsumtion unter den Gesetzestext durchführen. Im Einzelnen sind dies: **97**

- ⮞ **§ 15 I KSchG i.V.m. § 103 BetrVG**: Kündigung eines Betriebsratsmitgliedes,[80]

- ⮞ **§§ 168 ff. SGB IX** bei Kündigung schwerbehinderter Menschen,[81]

- ⮞ **§ 18 BEEG**: Kündigung während der Elternzeit,

- ⮞ **§ 22 II BBiG**: Kündigung eines Auszubildenden nach Ablauf der Probezeit.[82]

IV. Kündigungsspezifische Prüfungspunkte

Im nächsten Abschnitt geht es darum, die Unterschiede zwischen der ordentlichen und außerordentlichen Kündigung herauszuarbeiten. Da beide Kündigungsarten des Weiteren auch als eine sog. Änderungskündigung ausgesprochen werden können, ist auch diese besondere Form zu erklären und in den Gesamtzusammenhang einer Klausurlösung einzuarbeiten.   **98**

Die entscheidenden Unterschiede zwischen einer ordentlichen und einer außerordentlichen Kündigung ergeben sich bereits aus der unter dem Punkt I. dargestellten Übersichtsskizze über die sämtlichen Voraussetzungen beider Kündigungsformen.

Während die ordentliche Kündigung (grds., d.h. außerhalb des Anwendungsbereichs des KündigungsschutzG) zwar nicht an das Vorliegen eines wichtigen Grundes, wohl aber an die Einhaltung einer Kündigungsfrist gemäß § 622 BGB gebunden ist, kann die außerordentliche Kündigung unter Einhaltung einer Erklärungsfrist nach § 626 II BGB nur aufgrund eines wichtigen Grundes ausgesprochen werden.

---

[80]   Hemmer/Wüst, Arbeitsrecht, Rn. 287 ff.

[81]   Beachte: Die für den besonderen Kündigungsschutz von behinderten Menschen maßgebenden Regeln, die bisher im SchwbG normiert wurden, unterfallen aus inhaltlicher Sicht keiner wesentlichen Veränderung. Sie sind nun im 2. Teil, Kapitel 4, d.h. in den §§ 168 ff. des SGB IX aufgeführt. Zur Vertiefung bzw. bei Interesse lesen Sie zu einem Beispielsfall zur Kündigung eines schwerbehinderten Menschen **BAG, Life&Law 2007, 670 ff.**

[82]   Hemmer/Wüst, Arbeitsrecht, Rn. 295 ff.

1. Die außerordentliche Kündigung

Da in zeitlicher Hinsicht die außerordentliche Kündigung ein Arbeitsverhältnis schneller beenden würde als eine ordentliche Kündigung, ist sie in der Klausur zuerst zu prüfen.   **99**

Ihre beiden wichtigsten Voraussetzungen können direkt dem Gesetzeswortlaut des § 626 BGB entnommen werden.

hemmer-Methode: Auch bei der außerordentlichen Kündigung ist die Präklusionsfrist der §§ 4 S. 1, 7 KSchG zu beachten, vgl. § 13 I S. 2 KSchG. Wenn der AN die Kündigungsschutzklage nicht fristgerecht erhebt, kann das Nichtvorliegen eines wichtigen Grundes nicht mehr geltend gemacht werden. Auch die Nichtbeachtung der Erklärungsfrist gem. § 626 II BGB wird geheilt. Prüfen Sie den Fall praxisgerecht. Wenn die Klage nicht rechtzeitig erhoben wurde, kommt es auf die Voraussetzungen des § 626 BGB nicht an.

a) Beachtung der Erklärungsfrist des § 626 II BGB

Erklärungsfrist hat materielle Ausschlusswirkung

Nach § 626 II BGB kann eine außerordentliche Kündigung nur innerhalb von zwei Wochen erfolgen. Dabei handelt es sich nicht wie bei § 622 BGB um eine allgemeine Kündigungsfrist (Zeitraum zwischen dem Zugang der Kündigungserklärung und der Beendigung des Arbeitsverhältnisses), sondern um eine materielle Ausschlussfrist.[83] Liegt innerhalb dieses Zeitraumes kein wirksamer Zugang der Kündigungserklärung beim AN vor, wird die Kündigung so behandelt, als ob für sie kein wichtiger Grund vorläge und im Ergebnis ist die außerordentliche Kündigung damit verfristet. Dieses Resultat geht mit der Tatsache einher, dass der von der Kündigung betroffene AN Klarheit darüber bekommen soll, ob sein Handeln schließlich als wichtiger Grund verwendet wird oder nicht.[84]   **100**

In Verbindung mit dem Erfordernis einer fristwahrenden Kündigungserklärung müssen dem Examenskandidaten folgende Problemkonstellationen bekannt sein:

hemmer-Methode: Prüfen Sie in der Klausur immer zuerst die Einhaltung der Frist des § 626 II BGB. Ist diese verstrichen, ist die Kündigung unwirksam, unabhängig vom Vorliegen eines Kündigungsgrundes. Lange Ausführungen zum Kündigungsgrund wirken dann unprofessionell, insbesondere weil die entsprechenden Ausführungen wegen einer Umdeutung in eine ordentliche Kündigung noch dort vorgenommen werden können.

---

[83]   Hemmer/Wüst, Arbeitsrecht, Rn. 100 ff.
[84]   Zu der Erklärungsfrist des § 626 II BGB siehe auch **Life&Law 09/1998, 588 ff**.

aa) Kenntniserlangung des Kündigungsberechtigten und Nichtanwendbarkeit des Rechtsgedankens des § 166 BGB

Fristberechnung nach allgemeingültigen Regeln, §§ 187 ff. BGB

Die Berechnung der zweiwöchigen Erklärungsfrist erfolgt nach den Vorschriften des BGB-AT. Nach § 187 I BGB i.V.m. § 188 II Alt. 1 BGB hängt der Fristbeginn von dem Zeitpunkt ab, indem der in der konkreten Situation zur Kündigung Berechtigte von den maßgebenden Tatsachen tatsächlich Kenntnis erlangt.   **101**

Organtheorie

Bei juristischen Personen ist maßgeblich die Kenntnis des Organs, welches für den Ausspruch der Kündigung zuständig ist. Besteht insoweit Gesamtvertretung, reicht nach BAG die Kenntnis eines der Organmitglieder aus.

Fraglich ist, ob darüber hinaus ganz generell mit § 166 I BGB gearbeitet werden kann, wenn (irgend-)ein Vertreter Kenntnis von den entsprechenden Umständen erlangt.

H.M.: § 166 BGB darüber hinaus (-)

Diese arbeitnehmerfreundliche Verkürzung der Ausschlussfrist des § 626 II BGB wird von der h.M. abgelehnt.

Zum einen fordert der Wortlaut des § 626 II BGB ausschließlich die Kenntnisnahme des Kündigungsberechtigten und zum anderen besteht kein sachlicher Grund, warum man durch die Zurechnung des Wissens anderer, die ohnehin kurz bemessene Erklärungsfrist von zwei Wochen (und damit verbunden das gesamte Recht des AG außerordentlich zu kündigen) zu dessen Ungunsten verkürzen sollte. Es ist gerade der Rechtsgedanke einer Frist, dass sie auch tatsächlich und vor allem in voller Länge zur Verfügung steht.[85]

 hemmer-Methode: Im Falle des Bestehens eines Betriebsrates erschwert sich die Situation für den AG. Damit der Betriebsrat gem. § 102 II S. 3 BetrVG innerhalb der festgelegten Drei-Tages-Frist ordnungsgemäß über die außerordentliche Kündigung beraten und abstimmen kann, muss der AG das Verfahren der ordnungsgemäßen Betriebsratsanhörung schon am zehnten Tag einleiten. Nach h.M. verlängert sich die Erklärungsfrist des AG um die Länge dieses Verfahrens eben nicht.

bb) Erforderlicher Umfang der Kenntnis

Nichtausreichen fahrlässiger Unkenntnis

Darüber hinaus richtet sich der Zeitpunkt des Fristbeginns danach, ab wann der Kündigungsberechtigte positive und vollständige Kenntnis aller für die Kündigung maßgeblichen Umstände hatte.   **102**

---

[85]   Eine ausführliche Darstellung dieses Meinungsstreites finden Sie in Hemmer/Wüst, Arbeitsrecht, Rn. 103.

Da der kündigungsrelevante Sachverhalt allerdings selten in der kurzen Zeit von zwei Wochen aufgeklärt werden kann, könnte es für den AN fatale Folgen haben, wenn der AG, obwohl er keine positive Kenntnis aller der Kündigung rechtfertigenden Gründe hatte und nur um der kurzen Frist des § 626 II KSchG zu entsprechen, zu einer vorschnellen Kündigungserklärung gezwungen wäre.

Aus diesem Grund war es dringend geboten, unter Berücksichtigung zahlreicher Urteile des BAG Grundsätze zu entwickeln, die gerade in Hinsicht auf einen effektiven Arbeitnehmerschutz in bestimmten Fallkonstellationen eine Ausweitung der Erklärungsfrist erlauben.

Ermittlung und Berücksichtigung sämtlicher wesentlicher Umstände

(1) I.R.d. Prüfung einer außerordentlichen Kündigung ist deshalb umfassend zu berücksichtigen, ob dem AG das Fortbestehen des Arbeitsverhältnisses zugemutet werden kann oder nicht, wodurch eine umfassende Abwägung der Interessen des AG und des AN erfolgen muss. Dazu genügt hier jedoch nicht nur die Kenntnis der konkreten und anlassbildenden Vorfälle, sondern es sind auch im Interesse beider Seiten sämtliche wesentlichen Umstände, die in die Gesamtabwägung mit hinein spielen können, umgehend zu ermitteln.[86]

Dauertatbestand

(2) Gehen die relevanten Kündigungsgründe nicht aus einem abgeschlossenen Sachverhaltskomplex hervor, sondern ergeben sich über einen längeren Zeitraum hinweg immer wieder neue kündigungsrelevante Umstände (sog. Dauertatbestand, wie es beispielsweise bei Dauererkrankungen der Fall ist), dann ist hinsichtlich des Fristbeginns in der Aneinanderreihung von Ereignissen, die in ihrer Gesamtheit zum Anlass der Kündigung genommen werden, auf den letzten Umstand abzustellen. Ist dieser genaue Zeitpunkt nicht bestimmbar, reicht es aus, wenn der Dauerzustand bis zwei Wochen vor der Kündigungserklärung bestanden hat.

Gebotene Eile bei Verdachtsmomenten

(3) Nach Ansicht des BAG ist des Weiteren dem AG auch bei bloßem Verdacht des Vorliegens von Kündigungsgründen ein ausreichend bemessener Zeitraum zu gewähren, in dem der AG den umstrittenen Sachverhalt aufklären kann. Ihm ist auf keinen Fall zuzumuten, nur um die Frist des § 626 II BGB einzuhalten, lediglich aufgrund von Gerüchten sein Arbeitsverhältnis zum AN zu beenden. Folgerichtig wurde entschieden, dass die Erklärungsfrist von zwei Wochen solange unterbrochen ist, bis der AG die notwendigen Ermittlungsmaßnahmen durchgeführt hat. Damit aber dem AG keine übermäßig lange Bedenkzeit eingeräumt wird, hat er seine Untersuchungen in der gebotenen Eile zu ergreifen.

Fristwahrung auch bei Abwarten des Strafverfahrens

(4) Bei strafbaren Handlungen des AN kann der AG sogar die Beendigung der Ermittlungs- und Strafverfahrens abwarten und erst danach seine Kündigung aussprechen. Der Fristbeginn gem. § 626 II BGB richtet sich demnach nach der Kenntniserlangung der Anklageerhebung oder nach der Verurteilung des AN.

---

[86]   Hemmer/Wüst, Arbeitsrecht, Rn. 105.

b) Vorliegen eines wichtigen Grundes i.S.d. § 626 I BGB

Neben der Einhaltung der Erklärungsfrist verlangt die Rechtsprechung in § 626 I BGB für die Wirksamkeit einer außerordentlichen Kündigung ausdrücklich das Vorliegen eines wichtigen Grundes. Es stellt sich deshalb die Frage, ob der konkrete Sachverhalt derart gravierende Umstände enthält, die eine sofortige Auflösung des Arbeitsverhältnisses rechtfertigen.   103

aa) Zwei-Stufen-Prüfung des BAG

Soll i.R.e. Arbeitsrechtsklausur das Vorliegen eines wichtigen Grundes geprüft werden, dann ist es dringend geboten, dem Prüfungsschema des BAG zu folgen und nach dem Wortlaut des § 626 I BGB in zwei Stufen zu prüfen: 104

BAG: 2- Stufen- Prüfung

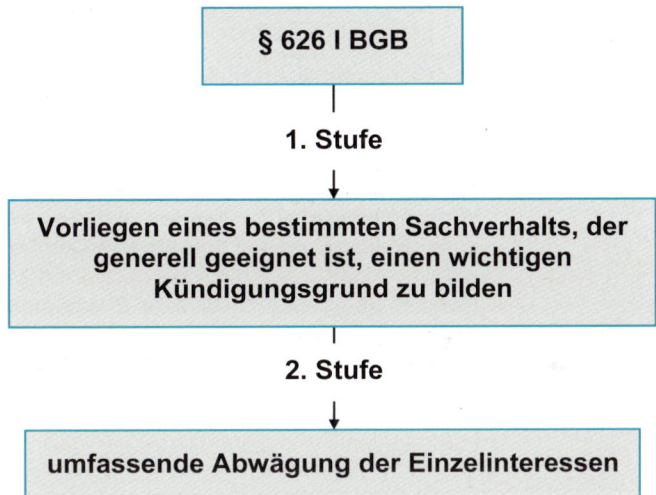

§ 626 I BGB

↓

1. Stufe

↓

Vorliegen eines bestimmten Sachverhalts, der generell geeignet ist, einen wichtigen Kündigungsgrund zu bilden

↓

2. Stufe

↓

umfassende Abwägung der Einzelinteressen

bb) Geeignetheit des Sachverhalts („1. Stufe")

Geeignete objektive Gründe

Als ersten Schritt der Prüfung eines wichtigen Grundes untersucht man den Sachverhalt darauf, ob er ohne Berücksichtigung der besonderen Umstände des Einzelfalles an sich geeignet ist, einen wichtigen Kündigungsgrund zu schaffen. Dies ist immer dann der Fall, wenn im Zeitpunkt des Zuganges der Kündigungserklärung aus rein objektiver Sicht Tatsachen vorliegen, die es dem AG in jeglicher Hinsicht unzumutbar machen, das Arbeitsverhältnis bis zum Ablauf der ordentlichen Kündigungsfrist fortzuführen.[87]   105

---

[87]   Hemmer/Wüst, Arbeitsrecht, Rn. 111 ff.

Da eine Vielzahl von Tatumständen eine außerordentliche Kündigung tragen können, bietet sich zur kompletten Erfassung aller kündigungsrelevanten Kriterien eine Systematisierung nach verhaltens-, personen- und betriebsbedingten Kündigungsgründen an.[88]

Gründe aus dem personellen Bereich

(1) Personenbedingte Umstände, d.h. in der Person des AN liegende Gründe, wie persönliche Eigenschaften oder mangelnde Fähigkeiten können nur in Ausnahmezuständen eine außerordentliche Kündigung rechtfertigen. Selbst bei dem Paradebeispiel der Dauererkrankungen kann nach ständiger Rechtsprechung genau wie im Normalfall dem AG die Fortsetzung des Arbeitsverhältnisses bis zum Ablauf der gesetzlichen Kündigungsfrist des § 622 BGB zugemutet werden, sodass häufig der ordentlichen Kündigung der Vorrang einzuräumen sein wird.[89]   **106**

Anerkannte Ausnahmefälle sind:

- Vorliegen einer hochansteckenden Krankheit,

- Neubesetzung des Arbeitsplatzes ist aus besonderen Gründen unaufschiebbar,

- Eine ordentliche Kündigung ist aus anderen Gründen ausgeschlossen oder nicht rechtzeitig möglich.[90]

Betriebsbedingte Gründe

(2) Aus rein **betrieblichen Gründen** darf grundsätzlich nur ordentlich gekündigt werden, da primär der AG das Betriebs- und Wirtschaftsrisiko zu tragen hat und eine außerordentliche Kündigung dieses Risiko auf den AN abwälzen würde.   **107**

Es sind aber auch in diesem Zusammenhang wiederum Ausnahmesituationen denkbar, in denen eine außerordentliche Kündigung zur Vermeidung unbilliger Ergebnisse möglich sein muss.[91]

Dazu zählen:

- Aufgrund von tarif- oder einzelvertraglichen Sonderregelungen ordentlich unkündbare AN

- Fall der **Betriebsstilllegung**: Der AG soll nicht über einen längeren Zeitraum hinweg zur Lohnfortzahlung verpflichtet werden, obwohl er keine Gegenleistung in Anspruch nehmen kann.

---

[88] Beachten Sie den Unterschied der Einteilung der Kündigungsgründe für die Kündigungsarten: Während es bei der außerordentlichen Kündigung lediglich darum geht festzustellen, ob Gründe in der Person, im Verhalten oder Bedingungen im Betrieb an sich geeignet sind, eine Kündigung zu rechtfertigen, ergibt sich bei der Prüfung der ordentlichen Kündigung in Anwendung des KSchG durch diese Unterteilung jeweils ein spezifisches Prüfungsschema, das strikt angewendet werden muss, vgl. Sie hierzu Rn. 145 ff.

[89] Hemmer/Wüst, Arbeitsrecht, Rn. 117.

[90] Auch dann ist aber erforderlich, dass die übrigen Voraussetzungen vorliegen: negative Zukunftsprognose sowie Beeinträchtigung betrieblicher Interessen, vgl. Rn. 149 f.

[91] Hemmer/Wüst, Arbeitsrecht, Rn. 118.

> ➲ Sonderfall der sog. **Druckkündigung**: Dritte versuchen durch Streik und Androhung von verschiedenen Maßnahmen gegen den AG die Entlassung eines bestimmten AN zu erzwingen. Droht dadurch dem AG ein ihm unzumutbarer Schaden, dann ist die außerordentliche Kündigung als letztes Mittel zuzulassen.

Kündigungsgründe aus dem Verhaltensbereich

(3) Weitaus häufigster Anknüpfungspunkt ist ohne Zweifel das **Verhalten** des AN im dienstlichen Bereich. Wird aus derartigen Gründen eine außerordentliche Kündigung angestrebt, müssen schuldhafte Vertragspflichtverletzungen feststellbar sein, die zudem zu einer erheblichen Beeinträchtigung betrieblicher oder vertraglicher Interessen des AG geführt haben[92]. Je nach Art des Verstoßes kann das Verhalten des AN in folgende Kategorien eingeordnet werden: **108**

> ➲ **Arbeitspflichtverletzungen**: Verstöße gegen die betriebliche Ordnung und daraus resultierende Störungen des Betriebsfriedens, durch z.B. ausländerfeindliche Meinungsäußerungen oder politischen Stellungnahmen; vorsätzliche Arbeitsverweigerung; eigenmächtiger Urlaubsantritt oder absichtliches Überschreiten der Urlaubsgrenzen; Alkoholkonsum bei Berufskraftfahrern.

> ➲ **Treuepflichtverletzungen**: unerlaubte Weitergabe von Betriebsgeheimnissen; Nebentätigkeit in Konkurrenzbetrieben; Annahme von Schmiergeldern.

> ➲ **Strafbare Handlungen**: jegliche Vergehen oder Verbrechen gegenüber Arbeitskollegen, wie z.B. Beleidigungen, Tätlichkeiten, Diebstahl, Unterschlagung, Betrug etc.

cc) Interessenabwägung („2. Stufe“)[93]

Eingehende Abwägung sämtl. Interessen der Parteien

Liegt ein geeigneter Kündigungsgrund vor, muss im Anschluss der Punkt der Interessenabwägung geprüft werden.[94] Unter Berücksichtigung der konkreten Sachverhaltsumstände ist festzustellen, ob dem AG die Fortführung des Arbeitsverhältnisses bis zu dessen regulären Ende zumutbar ist oder ob seine Interessen an der sofortigen Beendigung des Arbeitsverhältnisses überwiegen. Außerdem ist unter Anlehnung an den Verhältnismäßigkeitsgrundsatz zu entscheiden, ob dem AG die außerordentliche Kündigung als ausschließlich mildestes Mittel und zugleich letzte Maßnahme zur Verfügung steht.   **109**

> *Bsp.:* AN (A) ist seit zwanzig Jahren im Metallverarbeitungsbetrieb des B beschäftigt. Als seine Frau (F) auf einer Weihnachtsfeier den neuen und gutaussehenden Arbeitskollegen C kennenlernt und in ihm den Mann ihrer Träume sieht, trennt sie sich innerhalb der nächsten Tage „aus Liebe“ zu C von ihrem Ehemann A.

---

92 Hemmer/Wüst, Arbeitsrecht, Rn. 111 ff.

93 Interessant hierzu die „Busengrapscher-Entscheidung“ des **BAG, Life&Law 04/2015, 243 ff.**

94 Hemmer/Wüst, Arbeitsrecht, Rn. 120.

AN C, der selbst glücklich verheiratet ist und keineswegs die Zuneigung der F erwidert, bricht vehement jeglichen Kontakt zur F ab, um potenziellen Streitigkeiten mit A vorzubeugen. AN A, der in C den Verantwortlichen für sein zerstörtes Leben sieht, provoziert und beleidigt diesen in jeder sich bietenden Situation.

AG B, der von diesen Streitigkeiten erfahren hatte und weitaus heftigere Auseinandersetzungen befürchtet, trägt seinem Werkstattvorarbeiter V auf, A in eine andere Abteilung zu versetzen.

Als A und C während der gemeinsamen Mittagspause wieder aneinandergeraten, verliert der wegen dieser Sache völlig entnervte V die Geduld und erklärte A, dass diese Verwarnung nun seine letzte Chance sei und er bei einem weiteren Vorfall mit einer Kündigung rechnen müsse.

Diese Warnung scheint A schnell vergessen zu haben, da er bereits am nächsten Tag in der bis dorthin heftigsten Auseinandersetzung seinen Kontrahenten mit einem gezielten Faustschlag schwer am Auge verletzt. Obwohl A einer seiner besten AN ist und er seinen Frust auch in gewisser Hinsicht verstehen kann, kündigt er dem A außerordentlich.

Ist dieses Vorgehen gerechtfertigt?

(1) Übersicht: Abwägungskriterien

Welche entscheidungserheblichen Kriterien bei einer Abwägung *110* der in Frage stehenden Interessen im Sachverhalt unbedingt berücksichtigt werden sollten, zeigt auszugsweise die folgende Übersicht:

Interessensabwägung

Arbeitgeber	⟺	**Arbeitnehmer**
• Erhebliche Vertragsverletzung • Schwerer Vertrauensbruch • Negativprognose für das zukünftige Verhalten des AN (Wiederholungsgefahr) • Mildere Mittel reichen nicht aus (ultima-ratio-Prinzip) • Sich bereits wiederholendes Fehlverhalten • Schwere betriebliche und wirtschaftliche Folgen		• Erstmaliges Fehlverhalten • Mitverschulden des AG • Langjährige Betriebszugehörigkeit • Vorrang milderer Mittel (ultima-ratio-Prinzip) • Besonders zu berücksichtigende persönliche Umstände

(2) Ultima-ratio Prinzip

Nichtvorliegen milderer Mittel

Die außerordentliche Kündigung stellt ohne Zweifel eine Maßnahme dar, die sich entscheidend auf den weiteren beruflichen Werdegang des betroffenen AN auswirken kann. Sie ist nur dann gerechtfertigt, wenn sie nach umfassender Würdigung der Gesamtumstände für den kündigungsberechtigten AG ausnahmslos die letzte ergreifbare Maßnahme, d.h. der letzte Ausweg zur Lösung des Problems (ultima-ratio) ist.[95] Aus diesem Grund ist im Interesse des AN zu überprüfen, ob nicht der durch die außerordentliche Kündigung verfolgte Zweck ebenso durch mildere Mittel verfolgt werden kann. In die Überlegungen zu der Interessenabwägung sind hauptsächlich folgende mildere Maßnahmen mit einzubeziehen:

111

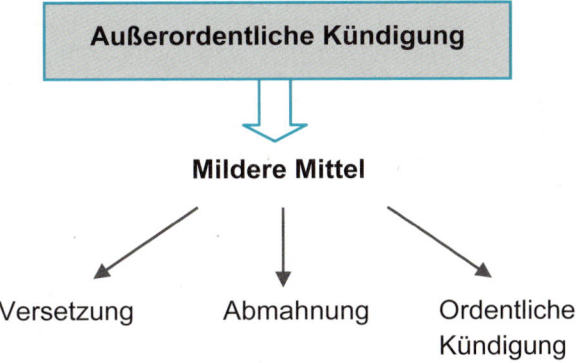

(a) Versetzung

Anderweitige Beschäftigung des AN

Grundsätzlich ist im Zuge einer umfassenden Interessenabwägung zu überlegen, ob nicht vor der außerordentlichen Kündigung doch noch eine Möglichkeit für die Weiterbeschäftigung des AN bestehen könnte. So kann eventuell das Fehlverhalten des AN künftig vermieden werden, indem ihm innerhalb des Betriebes oder in einem anderen Betrieb des AG ein anderes Tätigkeitsfeld zugewiesen wlrd.[96]

112

(b) Vorrang der Abmahnung, § 314 II S. 1 BGB

Fehlverhalten des AN

Ebenso ist der Beendigung des Arbeitsverhältnisses die mildere Maßnahme der Abmahnung des AN vorzuziehen (vgl. § 314 II S. 1 BGB), da unbillige Ergebnisse vorprogrammiert wären, sobald dem AN bei jedem geringfügigen Fehlverhalten vor allem im Leistungsbereich sofort die Beendigung seines Arbeitsverhältnisses drohen würde.

113

---

[95] Hemmer/Wüst, Arbeitsrecht, Rn. 123.

[96] Eine Versetzung wird in der Praxis meist durch eine Änderungskündigung realisiert; mehr dazu unter der Rn. 129 ff.

Aus diesem Grund soll dem AN zunächst seine Pflichtverletzung derart aufgezeigt werden, dass er sein Verhalten in der Zukunft zur Zufriedenheit des AG entsprechend abändern kann. Dabei ist, um den Anforderungen an eine rechtswirksame Kündigung zu entsprechen, die Beanstandung zugleich mit der Androhung zu verbinden, dass im Wiederholungsfall mit der Kündigung des Arbeitsverhältnisses gerechnet werden muss (**„gelbe Karte"**).[97] Nur dann liegt eine ausreichende Abmahnung als Voraussetzung für eine nachfolgende Kündigung vor.

Daran kann es z.B. fehlen, wenn jahrelang eine Kündigung immer wieder nur angedroht wird. Dann handelt es sich um eine sog. leere Drohung.[98]

Wenn die Abmahnung aber lediglich beim AN die Hoffnung erweckt, der AG werde vielleicht „Gnade vor Recht" ergehen lassen, weil er in der Vergangenheit bereits Milde hat walten lassen, wird die Warnung nicht entwertet. Denn sonst wäre gerade der ruhig und verständig abwägende, im Zweifel eher zur Nachsicht neigende AG benachteiligt.[99]

hemmer-Methode: Da die betrieblichen und personenbedingten Umstände nicht der Disposition des AN unterliegen, kann eine Abmahnung natürlich nur in solchen Situationen sinnvoll sein, die der AN auch eigenständig beeinflussen kann. Ziehen Sie deshalb die Prüfung einer Abmahnung nur in den Fällen einer verhaltensbedingten Kündigung in Erwägung.

Beispiele für Pflichtverletzungen im Leistungsbereich:

➲ *Verletzung der Arbeitspflicht wie z.B.: Schlechtleistung, Arbeitsverweigerung etc.*

➲ *Verletzung der Nebenpflichten, wie z.B.: ungerechtfertigtes Fehlen, unbefugtes Verlassen der Arbeitsstätte, Nichtbefolgen der Weisungen*

Unter gewissen Umständen kann eine Abmahnung auch entbehrlich sein, vgl. § 314 II S. 2 und S. 3 BGB.[100] Dies ist vorwiegend der Fall:

➲ wenn der AN aufgrund der Schwere seiner Pflichtverletzung nicht mit einer Abmahnung rechnen kann, was vor allem für erhebliche Verstöße im Vertrauensbereich (Diebstahl, Vollmachtsmissbrauch oder Betrug) und darüber hinaus im betrieblichen Bereich (Verursachen von Arbeitseinbußen oder Betriebsstilllegung) gilt, § 314 II S. 3 BGB.

---

[97] Zu der praxisrelevantesten mildesten Maßnahme der Abmahnung vgl. Hemmer/Wüst, Arbeitsrecht, Rn. 124.

[98] BAG, NZA 2002, 968 ff. = **juris**byhemmer.

[99] **BAG, Life&Law 2005, 734 ff.**

[100] Hemmer/Wüst, Arbeitsrecht, Rn. 126.

➲ wenn der Misserfolg der Abmahnung vorbestimmt ist, da sich der AN kontinuierlich weigert, sein Verhalten fortan zu ändern und sich nicht vertragsgerecht verhalten will, §§ 314 II S. 2, 323 II Nr. 1 BGB

➲ und schließlich wenn das Arbeitsverhältnis bereits beendet werden sollte und die früheren Beendigungsversuche aus anderen Gründen unwirksam gewesen sind. In diesem Fällen kann angenommen werden, dass der AN ausreichend gewarnt worden ist, § 314 II S. 3 BGB.

Warn- und Sanktions-charakter der Abmahnung

Das Wesen der Abmahnung setzt sich je nach Aufgaben und Zielsetzungen aus zwei Komponenten zusammen. Zum einen dient sie der Vorbereitung der Kündigung, indem bei wiederholtem Fehlverhalten auf die Auflösung des Vertragsverhältnisses hingewiesen wird (Warnfunktion der Abmahnung) und zum anderen kann der AG mit Hilfe einer Abmahnung als milderem Mittel von seinem Rügerecht Gebrauch machen (Sanktionscharakter der Abmahnung). Dabei ist der abgemahnte Grund bereits verbraucht, kann also selbst nicht zum Gegenstand einer Kündigung gemacht werden.

(c) Vorrang der ordentliche Kündigung

Natürlich muss vor der außerordentlichen Kündigung als spezifisch milderes Mittel und „wesensgleichem Minus" bei entsprechender Zumutbarkeit primär die ordentliche Kündigung ergriffen werden. *114*

Lösung des Ausgangsfalles

Im Ausgangsfall ist die außerordentliche Kündigung des AG nur dann gerechtfertigt, wenn ein wichtiger Grund i.S.d. **§ 626 I BGB** vorliegt, dessen Vorliegen nach dem BAG durch eine **Zwei-Stufen-Prüfung** zu ermitteln ist.

Auf der **ersten Stufe** ist zu untersuchen, ob der Sachverhalt an sich ohne Berücksichtigung der besonderen Tatumstände des Einzelfalles die Annahme eines wichtigen Grundes tragen kann. Dazu ist das objektive Vorliegen von Tatsachen gefordert, die die Fortführung des Arbeitsverhältnisses für den AG unzumutbar machen. In Hinsicht auf die massiven Beleidigungen und die schwere Körperverletzung des A ist dies im Ausgangsfall natürlich zu bejahen.

Auf der **zweiten Stufe** ist festzustellen, ob dem AG das Fortführen des Arbeitsverhältnisses unter Abwägung aller Interessen und strenger Berücksichtigung des Verhältnismäßigkeitsgrundsatzes bis zum Ende der Frist einer ordentlichen Kündigung zumutbar ist. Dies muss im konkreten Fall der strafbaren Handlungen des A wohl eher abgelehnt werden. Dem Arbeitskollegen C kann in keiner Weise ein Verhalten nachgewiesen werden, dass in irgendeiner Form zu einer Provokation des Verhaltens des A geführt haben könnte. Die üblen Beleidigungen und schließlich die erhebliche Körperverletzung des C gingen immer alleine von A aus.

Natürlich muss auch die äußerst lange Betriebszugehörigkeit des A Berücksichtigung finden, sie wiegt im direkten Vergleich zu den Interessen des B an Ordnung und Frieden im Betrieb jedoch nur gering.

Obwohl diese Ergebnisse eindeutig für eine außerordentliche Kündigung sprechen, ist sie letztendlich nur als ultima- ratio geeignet, d.h. nur auszusprechen, wenn keine milderen Mittel zur Verfügung stehen. Doch auch sämtlichen milderen Mittel hat der AG im konkreten Fall zur Lösung des Problems ausreichend Beachtung geschenkt.

Versetzung

Zunächst hat der AG versucht, Streitigkeiten zwischen A und C dadurch zu verhindern, dass A innerhalb des Betriebes in einer anderen Abteilung beschäftigt wird, um eine räumliche Trennung zu erreichen.

Abmahnung

Nachdem diese Maßnahme A weiterhin nicht abhielt, den C zu beleidigen wurde er ordnungsgemäß durch den V, der als Werkstattvorarbeiter durchaus zu solchen rechtlich relevanten Schritten befugt ist, über sein Fehlverhalten aufgeklärt, verbunden mit der Warnung, dass ein derart sich wiederholendes Verhalten des A mit einer unmittelbaren Kündigung des Arbeitsverhältnisses verbunden sein würde.

Die strafbaren Handlungen des A aus jüngster Zeit zeigen nun, dass in der Zukunft wohl kaum mit einer Besserung des Verhaltens des A gerechnet werden kann. Da eine unmittelbare Gefährdung des C und darüber hinaus des gesamten Betriebsfriedens vorliegt, ist selbst das Abwarten einer ordentlichen Kündigung für B unzumutbar geworden.

Im Ergebnis ist festzustellen, dass das Interesse des B an der Beendigung des Arbeitsverhältnisses schwerer wiegt, als das Interesse des A an der Fortführung. Gegenteiliges ergibt sich auch nicht aus dem ultima-ratio-Prinzip, sodass sich die außerordentliche Kündigung des B in der Tat als dessen letztmögliche Maßnahme darstellt.

dd) Zeitliche Einordnung und Nachschieben von Kündigungsgründen

Nachschieben von Kündigungsgrün- den möglich

Neben den bereits zum Zeitpunkt der Kündigung bestehenden Kündigungsgründen können auch die bis zur letzten mündlichen Verhandlung entstehenden Kündigungsgründe eine außerordentliche Kündigung begründen, da der AG grundsätzlich die Möglichkeit hat, Kündigungsgründe, die bereits bei Zugang der Kündigungserklärung existierten, bis zum Zeitpunkt der letzten mündlichen Verhandlung nachzuschieben. Eine Ausnahme gilt nur für die Umstände, die dem AG im Zeitpunkt des Zuganges der Kündigungserklärung schon länger als zwei Wochen positiv bekannt waren. *115*

Diese können schon wegen Verstoßes gegen die Kündigungserklärungsfrist des § 626 II BGB nicht mehr nachgeschoben werden.[101]

Ausnahme bei
Bestehen eines
Betriebsrates

Eine Besonderheit gilt ferner bei Bestehen eines Betriebsrates.
Hier können nur solche Kündigungsgründe geltend gemacht werden, zu denen auch der Betriebsrat ordnungsgemäß gehört wurde.

ee) Exkurs: Verdachtskündigung

Bei der bisherigen Darstellung der außerordentlichen Kündigungsvoraussetzungen ist immer von einem tatsächlich festge-
stellten Fehlverhalten des AN ausgegangen worden. Der AG
kann allerdings in vielen Fällen dem AN seine Pflichtverletzung
nicht vollständig nachweisen, sodass er sich nur auf Vermutun-
gen und Gerüchte berufen kann. Deshalb hat sich i.R.d. Diskussion der sog. Verdachtskündigung das BAG mit der Frage beschäftigt, ob und unter welchen Voraussetzungen dem AG auch
hier ein außerordentliches Kündigungsrecht an die Hand gegeben werden kann.[102]

116

**hemmer-Methode: Bereits die dogmatische Einordnung der
Verdachtskündigung ist gerade in Hinsicht auf ihren Prü-
fungsstandort in der Arbeitsrechtsklausur entscheidend. Da
ein sanktionsbedürftiges Verhalten des AN nicht nachgewiesen werden konnte, ist die Kündigung gerade nicht auf verhaltensbedingte Kündigungsgründe zu stützen. Vielmehr ist
auf den persönlichen Bereich abzustellen, da richtigerweise
anzunehmen ist, dass durch den Verdacht einer strafbaren
Handlung sowohl das Vertrauen als auch die Eignung für die
vertraglich festgelegte Arbeitsausführung nachträglich entfallen ist. In diesem Zusammenhang hat gerade der sog. Fall
„Emmely" von sich reden gemacht. Diese AN soll Pfandbons
in einem Supermarkt gestohlen haben. Während das LAG[103]
die Kündigung allein abhängig vom Verdacht der Tat als
wirksam angesehen hat, weil das Vertrauensverhältnis zer-
stört worden sei, hat das BAG[104] die Tat als erwiesen angesehen, die Kündigung jedoch gleichwohl als unwirksam angesehen, weil das über Jahre aufgebaute Vertrauen nicht
durch dieses Fehlverhalten verbraucht gewesen sein könne.**

Da zu jedem Zeitpunkt die Gefahr gegeben ist, dass ein Un-
schuldiger von den Verdächtigungen und eventuell auch von der
außerordentlichen Kündigung geschädigt wird, ist eine Verdachtskündigung nach Ansicht des BAG ausschließlich unter
folgenden strengen Voraussetzungen zuzulassen:

---

[101] **Life&Law 02/1998, 92 ff.** und Hemmer/Wüst, Arbeitsrecht, Rn. 131 ff.

[102] Eine ausführliche Darstellung der Verdachtskündigung findet sich in **Life&Law 07/2000, 472 ff.**

[103] LAG Berlin-Brandenburg, **Life&Law 2009, 385 ff.**

[104] **BAG, Life&Law 2011, 1 ff.**

➲ Im Allgemeinen wird gefordert, dass es zu erheblichen Beein-trächtigungen betrieblicher oder vertraglicher Interessen des AG kommt, die nicht durch mildere Mittel abwendbar sind.

 ➲ Die Tat, derer der AN verdächtigt wird, muss bei nachgewie-sener tatsächlicher Begehung überhaupt eine außerordentli-che Kündigung tragen können.

 ➲ Unter Berücksichtigung des ultima-ratio-Prinzips muss der AG alles ihm Mögliche tun, um den umstrittenen Sachverhalt einer Aufklärung zuzuführen. Dabei ist besonders das Anhö-rungsrecht des AN zu beachten.

 ➲ Des Weiteren muss ein dringender Tatverdacht, d.h. eine große Wahrscheinlichkeit einer Tatbegehung bestehen, die nicht aus der Luft gegriffen sein darf, sondern auf objektive Tatsachen zurückzuführen ist.

 ➲ Schließlich muss auch bei der Verdachtskündigung eine um-fassende Interessenabwägung erfolgen.

Treffen diese Voraussetzungen zu, kann der bloße Verdacht ei-nes Fehlverhaltens eine außerordentliche Kündigung rechtferti-gen. Aus Gründen des effektiven Arbeitnehmerschutzes kann der AN den Verdacht bis zur Beendigung des Kündigungsschutzpro-zesses entkräften. Dies hat dann zur Folge, dass die Kündigung als unwirksam behandelt wird. Hierbei handelt es sich um eine Ausnahme von dem Grundsatz, dass für die Beurteilung der Wirksamkeit einer Kündigung auf die Tatsachenlage im Zeitpunkt der Kündigungserklärung abzustellen ist. Stellt sich der Verdacht erst nach Ende des Kündigungsschutzprozesses als unbegründet heraus, kann dem AN daraus ein Wiedereinstellungsanspruch erwachsen.

Exkurs Ende

Ergibt sich aus dem bisher Gesagten auch unter Berücksichti-gung des Verhältnismäßigkeitsgrundsatzes und einer umfassen-den Interessenabwägung nichts Gegenteiliges, ist eine außeror-dentliche Kündigung auszusprechen. Ansonsten ist im nächsten Prüfungsabschnitt festzustellen, ob zumindest die Voraussetzun-gen einer ordentlichen Kündigung vorliegen und diese schließlich das Arbeitsverhältnis aufgelöst haben könnte.

2. Die ordentliche Kündigung

Die ordentliche Kündigung ist ein selbstständiges Rechtsinstitut und beendet nach § 620 BGB das Arbeitsverhältnis. Die Prüfung ihrer Voraussetzungen wird in der Examensklausur meist in Ver-bindung mit der Unwirksamkeit einer außerordentlichen Kündi-gung verlangt.

117

Unwirksamkeit der außerordentlichen Kündigung

Beinhaltet die Kündigungserklärung des AG ausdrücklich nur eine außerordentliche Kündigung und scheitert diese beispielsweise am Fehlen eines wichtigen Grundes, kann meist anhand der Sachverhaltsinformationen angenommen werden, dass der AG das Arbeitsverhältnis auf jeden Fall auflösen wollte und um dieses Ziel zu erreichen auch auf eine ordentliche Kündigung zum nächstmöglichen Termin zurückgreifen würde.

a) Umdeutung, § 140 BGB

Voraussetzung der Umdeutung unter Beachtung des § 140 BGB

Im Folgenden ist demnach zu prüfen, ob die fehlgeschlagene außerordentliche Kündigung zumindest als ordentliche Kündigung Rechtswirkung entfalten kann, d.h. in eine ordentliche Kündigung umgedeutet werden kann. Nach dem Wortlaut des § 140 BGB ist dieser Schritt dann möglich, wenn ein nichtiges Rechtsgeschäft den Erfordernissen eines anderen Rechtsgeschäftes entspricht und anzunehmen ist, dass dessen Geltung bei Kenntnis der Nichtigkeit gewollt sein würde. Wird dieser allgemeine Rechtssatz auf das arbeitsrechtliche Kündigungsrecht angewendet, resultieren daraus für die Wirksamkeit einer Umdeutung der außerordentlichen Kündigung in eine ordentliche Kündigung folgende spezifische Voraussetzungen:[105]

118

⊃ Der Sachverhalt muss auch die ordentliche Kündigung tragen können, d.h. auch deren Voraussetzungen erfüllen. Dazu gehören unter anderem auch eine ordnungsgemäße Anhörung des Betriebsrates und schließlich die soziale Rechtfertigung der ordentlichen Kündigung.

⊃ Die ordentliche Kündigung darf keine umfangreichere rechtliche Regelung bewirken, als die unwirksame außerordentliche Kündigung.

⊃ Die Umdeutung darf nicht gegen die Rechtsordnung verstoßen, d.h. es muss mit dem Ersatzgeschäft auf dem Umweg der Umdeutung dasselbe Ziel der Parteien verfolgt werden.

⊃ Die Umdeutung muss dem wirklich geäußerten Parteiwillen entsprechen oder zumindest dem mutmaßlichen Willen des kündigungsberechtigten AG entsprechen.

hemmer-Methode: In Bezug auf die Praxisrelevanz ist zu beachten: Das Gericht kann nicht von Amts wegen eine Kündigung umdeuten, sondern ist an den Vortrag des Kündigenden gebunden. Damit jedoch der betroffene AN nicht allzu sehr in seinen Rechten beschränkt wird, weil er wohl als Laie kaum mit einer Umdeutung rechnet, muss ihm nach ständiger Rspr. der Wille des AG zur Beendigung des Arbeitsverhältnisses zumindest erkennbar gewesen sein. Damit wird dem AN ausreichend Zeit eingeräumt, mit entsprechenden Rechtsbehelfen gegen die Kündigung vorzugehen.

---

[105] Vgl. auch Hemmer/Wüst, Arbeitsrecht, Rn. 135.

b) Kündigungsfrist des § 622 BGB

Außerordentliche K. verlangt einen wichtigen Grund

Wie bereits von der Übersicht der allgemeinen Prüfungspunkte einer ordentlichen Kündigung bekannt ist, kann eine ordentliche Kündigung im Unterschied zur außerordentlichen Kündigung prinzipiell ohne Nachweis eines wichtigen Grund ausgesprochen werden. **119**

Ordentliche K. verlangt die Einhaltung einer Kündigungsfrist

Damit dennoch ein gerechter Ausgleich bewahrt wird und der AN nicht schutzlos einer ordentlichen Kündigung gegenübersteht, ist der AG wenigstens in zeitlicher Hinsicht an die Beachtung der Kündigungsfristen des § 622 BGB gebunden.

hemmer-Methode: Sie haben richtig erkannt, dass nur bei der Anwendbarkeit des KSchG die ordentliche Kündigung einer sozialen Rechtfertigung bedarf und der AG hierfür gesondert Gründe vorzubringen hat. Ansonsten ist ein Grund entbehrlich.[106]
Da jedoch der allgemeine Kündigungsschutz durch das KSchG erst zu einem späteren Zeitpunkt behandelt wird, ist es aus didaktischen Gründen geboten, diesen zunächst außen vor zu lassen und sämtliche Auswirkungen auf die speziellen Kündigungen erst dort zu besprechen.

aa) Wesen und Zweck der Kündigungsfrist

Unter einer Kündigungsfrist i.S.d. § 622 BGB versteht man den Mindestzeitraum zwischen dem Zugang der Kündigung und ihrer Wirksamkeit. Unter Berücksichtigung des Prinzips des Arbeitnehmerschutzes, soll dem AN genügend Zeit gegeben werden, sich in der erschwerten Situation einer gekündigten Stellung neu auf dem Arbeitsmarkt zu orientieren um schnellstmöglich einen neuen Arbeitsplatz zu finden, bzw. gegen die möglicherweise ungerechtfertigte Kündigung gerichtlich vorzugehen. **120**

bb) Berechnung der Kündigungsfrist

Die Berechnung der Kündigungsfristen aus § 622 BGB erfolgt nach den allgemeinen Regeln der §§ 186 ff. BGB. **121**

Fristbeginn

Der Fristbeginn richtet sich nach der Vorschrift des § 187 I BGB, wobei zu beachten ist, dass der Tag des Kündigungszuganges nicht mitzurechnen ist und die Frist somit erst am darauf folgenden Tag zu laufen beginnt.

---

[106] Gleichwohl ist auch bei ordentlichen Kündigungen außerhalb des Anwendungsbereiches des KSchG ein Mindestmaß an sozialer Rücksichtnahme erforderlich, vgl. ausführlich Hemmer/Wüst, Arbeitsrecht, Rn. 177 ff.

Fristende

Nach § 188 I BGB endet die Frist mit Ablauf des letzten Tages der Frist, im Falle des § 622 I BGB (vier Wochen!) mit Ablauf des 28. Tages. Ist jedoch wie bei § 622 II BGB eine Kündigungsfrist nach Monaten bestimmt, dann endet nach § 188 II BGB i.V.m. § 187 I BGB die Kündigungsfrist mit Ablauf desjenigen Tages der letzten Woche oder des letzten Monats, welcher durch seine Benennung oder seine Zahl dem Tage entspricht, auf den das Ereignis oder der Zeitpunkt fällt, im Falle des § 187 II BGB mit dem Ablauf desjenigen Tages der letzten Woche oder des letzten Monats, welcher dem Tage vorhergeht, der durch sein Benennung oder seine Zahl dem Anfangstage der Frist entspricht.[107]

Zur Bestimmung des Kündigungstermins, also des Tages, mit dessen Ablauf das Arbeitsverhältnis enden soll, findet § 193 BGB keine Anwendung. Das Arbeitsverhältnis endet also auch dann mit dem Ablauf des 31.08., wenn dieser Tag ein Samstag oder Sonntag ist. Insoweit gilt § 193 BGB nicht.

cc) Kündigungen mit verspätetem Zugang

Viele Klausurbearbeiter entscheiden sich bei der Fristversäumung i.R.d. Prüfung des § 622 BGB für eine Unwirksamkeit der Kündigung (zu kurze Frist führt keineswegs zur Unwirksamkeit der Kündigung).

122

Dabei wird verkannt, dass die Kündigungsfrist des § 622 BGB keine absolute Wirksamkeitsvoraussetzung für die ordentliche Kündigung darstellt, sondern dem AN nur einen entsprechenden Zeitraum sichern soll, in dem er sich auf die neue Situation einstellen kann. Damit der Arbeitnehmerschutz nicht ungerechtfertigt überdehnt wird, entfaltet nach ständiger Rspr. eine verspätet zugegangene Kündigung ihre Wirkung erst im nächsten zulässigen Termin.[108]

hemmer-Methode: Diese Rechtsprechung hat in anderem Kontext erhebliche Bedeutung. Da der Ausspruch einer Kündigung mit zu kurz bemessener Frist nicht zur Unwirksamkeit der Kündigung führt, finden die §§ 4 und 7 KSchG keine Anwendung.[109]

dd) Gesetzliche Kündigungsfristen des § 622 BGB

Für die Kündigung von Arbeitsverhältnissen gelten die gesetzlichen Kündigungsfristen des § 622 BGB.

123

---

[107]   Arbeiten Sie dazu gründlich das Beispiel unter Rn. 155 durch.

[108]   Hemmer/Wüst, Arbeitsrecht, Rn. 153 ff.

[109]   **BAG, Life&Law 2006, 456 ff.**

(1) Grundkündigungsfrist, § 622 I BGB

Grundkündigungs-
frist: vier Wochen

§ 622 I BGB beinhaltet eine für alle AN gültige Grundkündigungs-   124
frist von vier Wochen, sodass das Arbeitsverhältnis prinzipiell innerhalb von 28 Tagen bis zum Fünfzehnten oder Ende eines Monats (vgl. § 192 BGB) gekündigt werden kann.

(2) Verlängerte Kündigungsfristen, § 622 II BGB

Betriebszugehörig-
keitsdauer
bestimmt
Kündigungsfrist,
§ 622 II BGB

Ab einer tatsächlichen Betriebszugehörigkeitsdauer von mindes-   125
tens zwei Jahren, ist der kündigungsberechtigte AG verpflichtet,
zum weiteren Schutz des AN die verlängerten Kündigungsfristen
des § 622 II BGB zu wahren. Je nach Dauer des rechtlichen Bestehens des Arbeitsverhältnisses kann sich nach der Staffelung
des § 622 II Nr. 1 - 7 BGB eine Kündigungsfrist von einem bis zu
sieben Monaten ergeben, wobei im Vergleich zu § 622 I BGB die
Kündigung mit Wirkung zum fünfzehnten Tag eines Monats weg-
fällt und nur noch innerhalb der entsprechenden Kündigungsfrist
zum Ende des Monats gekündigt werden kann.

Die Staffelung nach
§ 622 II BGB ist
nach Ansicht des
BAG nicht
europarechtswidrig

Nach Ansicht des BAG verstößt die von der Beschäftigungsdauer
abhängige Staffelung der ordentlichen Kündigungsfrist in
§ 622 II BGB **nicht** gegen das Verbot der mittelbaren Altersdis-
kriminierung in Art. 2 II lit. b der RL 2000/78/EG.[110] Die Differenzierung nach der Betriebszugehörigkeit führt zwar regelmäßig zu
einer mittelbaren Benachteiligung jüngerer Arbeitnehmer, da Arbeitnehmer mit längerer Betriebszugehörigkeit typischerweise älter sind als Arbeitnehmer mit kürzerer Betriebszugehörigkeit.

Das bloße Diskriminierungspotenzial eines Kriteriums reicht zur
Bejahung einer mittelbaren Diskriminierung jedoch nicht aus. Eine mittelbare Diskriminierung liegt gem. Art. 2 II lit. b Ziff. i RL
2000/78/EG nämlich dann nicht vor, wenn die **Vorschrift des**
§ 622 II BGB durch ein rechtmäßiges Ziel sachlich gerecht-
fertigt ist und die Mittel zur Erreichung dieses Ziels angemessen
und erforderlich sind.

Nach Ansicht des BAG ist das Differenzierungsziel des
§ 622 II BGB, dass ältere Arbeitnehmer einen - wenn auch zeitlich begrenzten - formellen Kündigungsschutz erlangen sollen.
Zur Erreichung dieses rechtmäßigen Ziels ist die Staffelung der
Kündigungsfristen je nach Beschäftigungsdauer ein geeignetes,
erforderliches und angemessenes Differenzierungskriterium. Eine
mittelbare Diskriminierung liegt daher nicht vor.

hemmer-Methode: In Hinblick auf die zu würdigende Be-
triebstreue und den Wortlaut des § 10 II BBiG ist bei der Be-
rechnung der Anzahl der Jahre einer Betriebszugehörigkeit
auch die Zeit der gesamten Ausbildung in diesem Betrieb mit
einzukalkulieren.

---

110   **BAG**, Life&Law 04/2015, 251 ff. = NZA 2014, 1400 ff. = **juris**byhemmer.

(3) Sonderregelung bei Probearbeitsverhältnissen

Dem Wortlaut des § 622 III BGB folgend kann ein Probearbeits- **126**
verhältnis, längstens für die Dauer von sechs Monaten, mit einer
Frist von zwei Wochen gekündigt werden.

Wichtig ist diesbezüglich die Tatsache, dass das Probearbeits-
verhältnis keineswegs ein von Grund auf befristetes Arbeitsverhältnis darstellt, welches nach Ablauf der sechs Monate ohne
weiteres als beendet zu bewerten ist.

Vielmehr handelt es sich hierbei um ein unbefristet eingegange-
nes Arbeitsverhältnis, dass aufgrund seiner besonderen Umstände (Erprobung des AN) und des positiven Wissens des AN von
der Probezeit, lediglich zu erleichterten Konditionen wieder auf-
hebbar sein soll.

ee) Vertraglich vereinbarte Kündigungsfristen

(1) Fristverlängerungen

Abdingbarkeit der   Die bei einer Arbeitgeberkündigung zu berücksichtigenden Kün- **127**
Kündigungsfristen   digungsfristen können ohne weiteres durch Tarifvertrag verlän-
gert werden, § 622 IV BGB. Dasselbe ergibt sich aus § 622 V
S. 1 BGB auch für einzelvertragliche Regelungen.

Fristverlängerungen   Dieser Grundsatz einer prinzipiell möglichen Fristverlängerung
steht unter dem Vorbehalt des § 622 VI BGB, dass für den AN
keine längere Frist vereinbart werden darf als für die Kündigung
durch den AG.

Eine Vereinbarung, die unter Verstoß gegen § 622 VI BGB für die
Kündigung eines AN eine längere Frist vorsieht als für die Kündi-
gung durch den AG, ist nach neuer Rechtsprechung des BAG
nach § 134 BGB nichtig. Der Verstoß hat also nicht (mehr) zur
Folge, dass für den AG analog § 89 II HGB ebenfalls die längere
Frist gilt (Aufgabe der bisherigen Rechtsprechung).[111]

(2) Fristverkürzungen

Fristverkürzungen   Weitaus schwieriger ist die Handhabung von Fristverkürzungen, **128**
wobei erneut zwischen Tarifvertrag und einzelvertraglichen Ab-
machungen zu unterscheiden ist.

---

[111]   Vgl. BAG, NZA 2019, 246 ff. = **juris**byhemmer.

Durch Tarifvertrag möglich

§ 622 IV BGB sieht seinem Wortlaut entsprechend sowohl Fristverlängerungen, als auch Fristverkürzungen vor. Demzufolge sind die Grundkündigungsfrist des § 622 I BGB, die verlängerten Kündigungsfristen des § 622 II BGB und auch die Kündigungsfrist bei Probearbeitsverhältnissen der Disposition durch tarifliche Vereinbarungen unterstellt, was sogar bis zu einer Fristlosigkeit von Kündigungen führen kann.

Wirksamkeits-voraussetzungen einer tarifvertraglichen Vereinbarung

Grundvoraussetzung einer tariflichen Regelung ist zunächst, dass ein entsprechender Tarifvertrag unter Beachtung der Schriftform, § 1 II TVG, von zwei tariffähigen Parteien wirksam abgeschlossen wurde. Ist dies der Fall, entfaltet er unmittelbare Wirkung für alle tarifgebundenen AN und AG, d.h. für sämtliche Mitglieder der Gewerkschaften und Arbeitgeberverbände, die am Abschluss des Tarifvertrages beteiligt waren. Des Weiteren werden, wenn der Tarifvertrag i.S.d. § 5 TVG nicht allgemeinverbindlich ist, mittelbar auch alle AN erfasst, die durch individuelle arbeitsvertragliche Abmachungen die tariflichen Regelungen mit in ihren Arbeitsvertrag aufgenommen haben, soweit sie überhaupt in dessen räumlichen, sachlichen und fachlichen Geltungsbereich fallen, § 622 IV S. 2 BGB.

hemmer-Methode: Da auch im Ersten Staatsexamen zumindest tarifrechtliches Grundverständnis erwartet werden kann, wird dringend empfohlen, sich überblicksmäßig die Grundvoraussetzungen des Abschlusses eines Tarifvertrages und dessen Einfluss auf die Einzelarbeitsverträge einzuprägen. Lesen Sie deshalb das Inhaltsverzeichnis des TVG durch und schlagen Sie die einschlägigen Normen unter Anleitung unseres Hauptskripts Hemmer/Wüst, Arbeitsrecht, Rn. 390 ff. nach.

§ 622 V S. 3 BGB erlaubt aufgrund von einzelvertraglichen Vereinbarungen ausdrücklich nur Fristverlängerungen.

Daraus ergibt sich folgerichtig, dass eine Fristverkürzung durch einzelvertragliche Regelungen grundsätzlich nicht erlaubt ist und somit sämtliche Kündigungsfristen des § 622 I - III BGB unabdingbar bleiben sollen. Da jedoch eine Unabänderlichkeit der Kündigungsfristen durch einzelvertragliche Abmachungen in ganz bestimmten Bereichen zu Unbilligkeiten führen würde, sind folgende Ausnahmen anerkannt und eine Fristverkürzung möglich:

- ⮑ § 622 IV S. 2 BGB: Verkürzung sämtlicher Kündigungsfristen durch Einbeziehung tarifvertraglicher Regelungen in den Einzelarbeitsvertrag,

- ⮑ § 622 V S. 1 Nr. 1 BGB: Verkürzung der Grundkündigungsfrist nach § 622 I BGB bei Aushilfstätigkeit des AN,

- ⮑ § 622 V S. 1 Nr. 2 BGB: Verkürzung der Grundkündigungsfrist gem. § 622 I BGB bei Kleinbetrieben, in denen der AG nicht mehr als zwanzig AN ausschließlich der zu ihrer Berufsausbildung Beschäftigten angestellt hat.

hemmer-Methode: Abschließend ist zu den Kündigungsfristen noch beizufügen, dass für spezielle Berufsgruppen in gesonderten Normierungen spezifische Vorschriften vorgesehen sind. Lesen Sie deshalb dazu: § 22 I BBiG, § 29 III HAG (Heimarbeitsgesetz), § 86 SGB IX oder etwa § 113 I InsO.

3. Die Änderungskündigung

Nicht Beendigung des Arbeitsverhältnisses beabsichtigt, sondern Fortsetzung unter geänderten Arbeitsbedingungen

Die sog. Änderungskündigung ist keine eigene Kündigungsform, sondern ein zusammengesetztes Rechtsgeschäft aus einer (ordentlichen oder außerordentlichen) Kündigung und einem Angebot zu einem neuen, geänderten Vertragsschluss. Die Änderungskündigung soll dadurch diejenigen Fälle erfassen, in denen für den Kündigenden nicht die Beendigung des Arbeitsverhältnissen im Vordergrund steht, sondern vielmehr eine Änderung einzelner Arbeitsbedingungen hervorgerufen werden soll.[112]

129

> **Bsp.:** *AN A kündigt für den Fall, dass ihm sein AG die geforderte Lohnerhöhung nicht einräumt.*

a) Abgrenzung zu anderen Rechtsinstituten

Das Erfordernis der Änderungskündigung lässt sich am leichtesten anhand der Tatsache erklären, dass im Zuge der enormen wirtschaftlichen Entwicklung jedes Berufsbild einem ständigen Wandel unterworfen ist.

130

Diskrepanz zwischen den ursprünglichen Vertragsbedingungen und den neuen wirtschaftlichen Gegebenheiten

Im Zuge einer Anpassung an diese Veränderungen ist der AG nicht selten gezwungen die Arbeitsbedingungen in seinem Betrieb flexibel zu ändern, was sich enorm auf die einzelnen Arbeitsverhältnisse auswirken kann. Die logische Folge ist eine Diskrepanz zwischen den ursprünglichen vertraglichen Vereinbarungen von AG und AN und den neuen Inhalten der Arbeitstätigkeit. Lässt sich dieses Problem nicht einverständlich durch einen Abänderungsvertrag nach den §§ 311 I, 241 BGB lösen, muss der AG andere Mittel in Erwägung ziehen, um die geplanten Veränderungen im Betriebsablauf durchzusetzen.

Direktionsrecht und Weisungsgebundenheit

Das sich aus dem wesentlichen Inhalt eines Vertrages ergebende Direktionsrecht eines AG zeigt sich diesbezüglich in vielerlei Hinsicht als eine zu schwache Maßnahme, ausschließlich alle Vor änderungen einzubringen. Ohne Zweifel kann der AG im Rahmen dieses Weisungsrechts die konkret zu erbringende Arbeit, die Art und Weise ihrer Bewältigung, Zeit und Ort und auch die Ordnung im Betrieb festlegen. Jedoch berechtigt es in keiner Weise zu einem Aufdrängen einer völlig konträren Beschäftigung oder einer Versetzung innerhalb des Betriebes, die der AN dann auch aufgrund seiner Weisungsgebundenheit ungerechtfertigterweise erdulden müsste.

---

[112] Hemmer/Wüst, Arbeitsrecht, Rn. 156 ff.

Einschränkung des Direktionsrechts durch § 106 GewO

Die Einschränkung des Direktionsrechts ergibt sich einerseits aus der strengen Gebundenheit an gesetzliche, tarifvertragliche und einzelvertragliche Normierungen und Vereinbarungen, die der AG auf keinen Fall durch einseitige Anordnungen übergehen darf. Darüber hinaus wird der AG durch den § 106 GewO gebunden.

Demnach kann bei Vorliegen einer entsprechenden Klage das zuständige Arbeitsgericht sämtliche Maßnahmen anhand des Direktionsrechts einer Billigkeitskontrolle unterziehen, d.h. überprüfen, ob bei der einseitigen Leistungsbestimmung durch den AG gemäß eines billigen Ermessens gehandelt wurde. Dazu muss der AG stets die wesentlichen Umstände des Falles abwägen und die Interessen beider Seiten umfassend berücksichtigt haben.

Teilkündigung

Eine weitere Möglichkeit, dem AN die veränderten Umstände zuzuweisen, wäre der Ausspruch von Teilkündigungen.[113] Durch diese Maßnahmen könnten die irrelevant gewordenen Vertragsteile gekündigt werden, während der restliche Inhalt des Arbeitsvertrages weiter bestehen würde.

Die Rspr. geht jedoch einen anderen Weg und hält die Teilkündigungen grundsätzlich für unzulässig.

Eine Sonderausnahme ist nur zu gestatten, wenn im Einzelarbeitsvertrag ein Vorbehalt der Möglichkeit von Teilkündigungen vereinbart wurde, da hinsichtlich der Duldung der Gegenpartei, kein einseitiger Widerruf von einzelnen Arbeitsbedingungen vorliegt.

b) Voraussetzungen der Änderungskündigung

Änderungskündigung als letztes Mittel

Somit ist mangels Einschlägigkeit der anderen Rechtsinstitute die betroffene Vertragspartei gezwungen, veränderte Arbeitsbedingungen dadurch dem anderen Teil zuzuweisen, dass für den Fall des Widerspruchs die Beendigung des Vertragsverhältnisses angedroht wird.

131

Meist ordentliche K., jedoch auch außerordentlich möglich

Was den Teil der Auflösung des Arbeitsverhältnisses anbelangt, handelt es sich in den meisten Fällen der Änderungskündigung um eine ordentliche Kündigung. Natürlich ist in besonderen Konstellationen auch der Ausspruch als außerordentliche Kündigung möglich. Da die Änderungskündigung als eine echte Kündigung zu charakterisieren ist, müssen sämtliche Kündigungsvoraussetzungen vorliegen. So sind auch bei der Änderungskündigung der besondere Kündigungsschutz, die ordnungsgemäße Anhörung des Betriebsrates und die entsprechenden Kündigungsfristen zu beachten.

---

[113]   Hemmer/Wüst, Arbeitsrecht, Rn. 160.

c) Erscheinungsformen

Alternativen einer Änderungskündigung

Wird auf die unterschiedliche Verknüpfung der Kündigung mit den geänderten Arbeitsbedingungen abgestellt, ergeben sich zwei Möglichkeiten, eine Änderungskündigung auszusprechen:[114]

132

⮑ Der Grunddefinition des § 2 S. 1 KSchG folgend kann der AG dem AN das Arbeitsverhältnis kündigen und dem AN im Zusammenhang mit der Kündigung die Fortsetzung des Arbeitsverhältnisses zu geänderten Arbeitsbedingungen anbieten.

⮑ Es besteht aber auch die Möglichkeit, der anderen Vertragspartei eine Kündigung auszusprechen, die von der aufschiebenden Bedingung (§ 158 I BGB) abhängig gemacht wird, dass der Kündigungsempfänger die veränderten Bedingungen nicht akzeptiert (zulässige sog. „Potestativbedingung").

d) Reaktionsmöglichkeiten des AN

Reaktionsmöglichk. bei Nichtanwendbarkeit d. KSchG

Ist das KSchG nicht anwendbar, ergeben sich prinzipiell nur zwei Möglichkeiten des Kündigungsempfängers, auf die Änderungskündigung zu reagieren.

Einerseits kann er die Änderungen akzeptieren und zu den geplanten Bedingungen das Arbeitsverhältnis aufrechterhalten. Andererseits kann er die neuen Arbeitsbedingungen ebenso ablehnen, wodurch dann die ausgesprochene Kündigung das Vertragsverhältnis beendet.[115]

4. Der allgemeine Kündigungsschutz nach dem KSchG

Als letzter fehlender Prüfungspunkt der zu Beginn vorgestellten Gesamtübersichten aller gemeinsamen, aber auch kündigungsspezifischen Voraussetzungen, ist nun noch auf den allgemeinen Kündigungsschutz nach dem KSchG einzugehen.

133

Der allgemeine Kündigungsschutz ist für jede im Sachverhalt geschilderte Kündigung gesondert zu prüfen und beinhaltet in Hinblick auf die verschiedenen Kündigungsformen der ordentlichen und außerordentlichen Kündigung, aber auch der Änderungskündigung zahlreiche und in höchstem Maße klausurrelevante Besonderheiten. Nicht umsonst wird in nahezu jeder Arbeitsrechtsklausur eine Auseinandersetzung mit speziellen Normierungen des KSchG erwartet.

---

[114] Hemmer/Wüst, Arbeitsrecht, Rn. 163.

[115] Die Änderungen, die die Anwendbarkeit des KSchG mit sich bringt, werden ausführlich in den Abschnitten der Rn. 157 ff. beschrieben.

a) Anwendbarkeit des KSchG

Anwendungsbe-
reich des KSchG

Grundvoraussetzung jeglicher Prüfungen ist zunächst die Anwendbarkeit des KSchG im konkreten Fall.

aa) Persönlicher Anwendungsbereich

Persönlicher
Anwendungsbereich:
rein rechtlicher
Bestand des AV
länger als sechs
Monate

Das KSchG gilt nur, wenn das Arbeitsverhältnis i.S.d. § 1 I   *134*
KSchG im selben Betrieb oder Unternehmen länger als sechs
Monate bestanden hat. Dabei ist nicht die tatsächliche Dauer der
Arbeitsleistungen maßgebend, sondern der rein rechtliche Bestand des Arbeitsverhältnisses. Dementsprechend richtet sich die
Berechnung der Frist zum einen nicht nach der tatsächlichen
Aufnahme der Arbeit, sondern nach dem Beginn des Arbeitsverhältnisses und zum anderen nach dem Zeitpunkt des Zuganges
der Kündigung. Unterbrechungen durch Urlaub, Erkrankung des
AN oder Streik hindern den Fortlauf der Frist nicht.[116]

Nicht ausdrücklich geregelt ist die Frage, ob bei Zugang einer
schriftlichen Kündigung während der ersten sechs Monate die
Frist des § 4 S. 1 KSchG von dem entsprechenden AN zu wahren
ist. Nach überzeugender Ansicht des BAG ist dies der Fall. Intention des § 4 S. 1 KSchG ist es, möglichst schnell und umfassend
Rechtssicherheit über die Wirksamkeit einer Kündigung zu erreichen.

Außerdem kann ein AN mit sehr kurzer Beschäftigungsdauer insoweit nicht besser stehen (also länger Zeit für die Überprüfung
der Wirksamkeit der Kündigung haben), als ein AN, der bereits
länger als sechs Monate im Betrieb beschäftigt ist.[117]

**hemmer-Methode: Im § 1 I KSchG erscheint erneut der Arbeitnehmerbegriff. Da jedoch i.R.d. gesamten KSchG keine
Definition enthalten ist, muss auf die allgemeinen Grundsätze zurückgegriffen werden. Somit gilt das KSchG ausnahmslos für alle Arbeiter und Angestellte, Voll- und Teilzeitbeschäftigte, haupt- und nebenberuflich Beschäftigte und auch
befristet Angestellte.**
**Aber Achtung: Allgemeiner Kündigungsschutz bedeutet gerade im Hinblick auf § 14 KSchG keineswegs, dass grundsätzlich jeder AN vom KSchG mit umfasst ist. Aus zwingenden Gründen ergeben sich für folgende AN-Gruppen Ausnahmen: Richter, Beamte, Soldaten, freie Mitarbeiter etc.
Auch für Personen, die zur gesetzlichen Vertretung einer
Gesellschaft oder eines Vereines berufen sind, kommt eine
Anwendung des KSchG generell nicht in Frage. Ob auch der
leitende Angestellte auszunehmen ist, muss je nach Sonderfall nach § 14 II KSchG entschieden werden.**

---

[116]   Hemmer/Wüst, Arbeitsrecht, Rn. 170.

[117]   **BAG, Life&Law 11/2007, 782** = NZA 2007, 972 f. = **juris**byhemmer; vgl. auch Bader, „Das Gesetz zu Reformen am
Arbeitsmarkt: Neues im Kündigungsschutzgesetz und im Befristungsrecht" in NZA 2004, 65 [68].

bb) Sachlicher, bzw. betrieblicher Anwendungsbereich

§ 23 I KSchG

Der Gesetzgeber hält es für geboten, die Inhaber von Kleinstbetrieben nicht mit einem über die allgemeinen Grundsätze hinausgehenden zusätzlichen Kündigungsschutz zu beschweren. 135

Denn hier spielt die persönliche Vertrauensbeziehung AG – AN noch eine ganz besondere Rolle und der AG würde durch einen Kündigungsschutz seiner AN insbesondere in wirtschaftlicher Hinsicht sehr stark belastet.

Für Arbeitnehmer, die nach dem 31.12.2003 eingestellt wurden, regelt **§ 23 I S. 3 HS 1 KSchG**, dass regelmäßig mehr als zehn Arbeitnehmer (ohne Azubis) beschäftigt werden müssen. 136

Ein Arbeitsverhältnis beginnt dann nach dem 31.12.2003, wenn nach der vertraglichen Vereinbarung, die auch früher liegen kann, die Arbeit am 01.01.2004 oder später aufgenommen werden soll. Für die Frage, ob und inwieweit vorausgegangene Vertragsverhältnisse der Annahme eines nach dem 31.12.2003 begonnenen Arbeitsverhältnisses entgegenstehen, wird man auf die zu § 1 I KSchG entwickelten Grundsätze entsprechend zurückzugreifen haben (vgl. Rn. 182). 137

⇨ für „Altarbeitnehmer" mehr als fünf AN ohne Azubis

Arbeitnehmer, deren Arbeitsverhältnis vor dem 01.01.2004 begonnen hat, genießen dagegen Kündigungsschutz, wenn im Zeitpunkt des Kündigungszugangs im Betrieb regelmäßig mehr als fünf AN beschäftigt werden, § 23 I S. 2 KSchG. 138

Bei der Ermittlung der Arbeitnehmeranzahl nach § 23 I S. 2 KSchG werden aber Beschäftigte, die nach dem 31.12.2003 eingestellt wurden, in Kleinbetrieben mit bis zu zehn Beschäftigten nicht mitgezählt, § 23 I S. 3 HS 2 KSchG. 139

hemmer-Methode: Die Besitzstandswahrung des § 23 I S. 2, 3 verliert also ihre Wirkung, wenn im maßgebenden Zeitpunkt des Kündigungszuganges wegen des Wegfalls der lediglich zu berücksichtigenden „Alt-Arbeitnehmer" der Schwellenwert des Satzes 2 von mehr als fünf Arbeitnehmern unterschritten wird. Denn dann sind die Voraussetzungen des S. 2 ja nicht mehr gegeben.[118]

Teilzeitkräfte zählen nicht voll, § 23 I S. 4 KSchG

Bei der Bestimmung der Beschäftigtenzahl zählen Teilzeitbeschäftigte gemäß der Bestimmungen in § 23 I S. 4 KSchG nur mit 0,5 (Wochenarbeitszeit bis einschließlich 20 Stunden) bzw. mit 0,75 (Wochenarbeitszeit über 20, aber nicht über 30 Stunden). 140

---

[118] Das gilt auch dann, wenn einzelne alte AN durch neue ersetzt werden, welche genau dieselbe Tätigkeit ausüben, **BAG, Life&Law 2007, 457 ff.**

„in der Regel"

Der Passus „in der Regel…beschäftigt werden" bedeutet, dass es 141 bezogen auf den Kündigungszeitpunkt eines Rückblicks auf die bisherige personelle Situation und einer Einschätzung der künftigen Entwicklung bedarf.[119]

Mit dem Begriff der regelmäßigen Beschäftigtenzahl soll eben auf die Beschäftigungslage abgestellt werden, die den Betrieb allgemein kennzeichnet, nicht auf eine zufällig im Zugangszeitpunkt bestehende Zahl von AN.

hemmer-Methode: Die Ermittlung der „in der Regel" beschäftigten Arbeitnehmer geschieht durch einen Rückblick auf die bisherige personelle Stärke des Betriebs, wobei Zeiten eines außergewöhnlich hohen oder niedrigen Geschäftsanfalls nicht zu berücksichtigen sind.[120]

Azubis zählen nicht

Wichtig ist auch, dass die Auszubildenden für die Ermittlung der 142 Beschäftigtenzahl gar nicht zu berücksichtigen sind, vgl. § 23 I S. 2 bzw. S. 3 KSchG.

Bei der Bestimmung der Betriebsgröße i.S.v. § 23 I S. 3 KSchG sind aber im Betrieb beschäftigte Leiharbeitnehmer i.S.d. Arbeitnehmerüberlassungsgesetzes (AÜG) zu berücksichtigen, wenn ihr Einsatz auf einem „in der Regel" vorhandenen Personalbedarf beruht.[121]

b) Soziale Rechtfertigung einer ordentlichen Kündigung

Kommen Sie nach obiger Prüfung zu dem Ergebnis, dass das 143 Kündigungsschutzgesetz anwendbar ist, bedarf es zur Wirksamkeit einer ordentlichen Kündigung eines Kündigungsgrundes. Andernfalls ist die Kündigung sozialwidrig und damit unwirksam, § 1 I, II S. 1 KSchG.

Unterteilung der Gründe

Gem. des Wortlauts des § 1 II KSchG ist zwischen dringend be- 144 triebsbedingten, personenbedingten und verhaltensbedingten Kündigungsgründen zu differenzieren.

Aufgrund der Verwendung zahlreicher unbestimmter Rechtsbegriffe in den Absätzen 2 und 3 des § 1 KSchG, haben sich im Laufe der Rechtsprechung für jeden Kündigungsgrund spezifische Voraussetzungskriterien entwickelt, die zu unterschiedlichen Prüfungsschemata geführt haben.

---

[119]   BAG, NZA 1991, 562; berücksichtigt werden dabei nach BAG, NZA 1998, 141 ausschließlich die in inländischen Betriebsteilen beschäftigten AN; zum Problem eines arbeitgeberübergreifenden Kündigungsschutzes vgl. § 322 II UmwG und BAG, NZA 1999, 590 und 932 = juris*by*hemmer.

[120]   BAG, NZA 2005, 764 [765]; BAG, NZA 2004, 479 ff. = juris*by*hemmer.

[121]   **BAG, Life&Law 09/2013, 658 ff.** = BAG, NZA 2013, 726 ff. = juris*by*hemmer.

aa) Verhaltensbedingte Kündigung, § 1 II KSchG

Bsp.: *Der seit ca. fünf Jahren im 22 AN umfassenden Betrieb* **145**
des AG Gong (G) beschäftigte und allzeit gestresste AN Hans
Timer (T) durchlebt schwierige Zeiten. Erst hat sich seine Frau
von ihm scheiden lassen und seit kurzer Zeit hat ihn auch
noch sein AG im Visier und provoziert ihn, wo er nur kann. Als
eines Tages G erneut zu Unrecht seine Arbeit bemängelt,
kann T seine Wut und Verzweiflung nicht mehr bändigen und
beschimpft G als „sadistischen Trottel", was zu allgemeinem
Gelächter im Betrieb des G führte. G, der sich diese Gemein-
heit nicht bieten lassen will, fragt seinen Rechtsanwalt (R), ob
er T außerordentlich kündigen könne, und wenn nicht, ob we-
nigstens eine ordentliche Kündigung Rechtswirksamkeit entfal-
ten würde.

Was wird der Rechtsanwalt dem G raten?

Wie schon bei der außerordentlichen Kündigung, stellt das Fehlverhalten des AN auch bei der ordentlichen Kündigung den häufigsten Grund einer Beendigung des Arbeitsverhältnisses dar.

Der einzige Unterschied besteht jedoch darin, dass der verhaltensbedingte Kündigungsgrund bei der ordentlichen Kündigung
nicht so schwerwiegend sein muss, dass dem AG das Abwarten
der Kündigungsfristen des § 622 BGB nicht zumutbar ist. Würde
demnach ein besonnener AG unter Berücksichtigung aller Partei-
interessen und besonderer Sachverhaltsumstände auf gleiche
Weise agieren, wäre ein sozial gerechtfertigter Kündigungsgrund
zu bejahen.

2- Stufen Prüfung

Prüfungsschema der verhaltensbedingten Kündigung

⊃   Sachverhalt an sich geeignet, einen Kündigungsgrund zu
    rechtfertigen

   - Schuldhafte Verletzung von Leistungs- oder Nebenpflichten

⊃   Umfassende Interessenabwägung

   - Abmahnung
   - Sonstige mildere Maßnahmen (ultima- ratio Prinzip)

---

(1) Rechtfertigung des verhaltensbedingten Kündi-
gungsgrundes

1. Prüfungspunkt

Aus dem Prüfungsschema einer verhaltensbedingten ordentli-   **146**
chen Kündigung ergeben sich insoweit keine Unterschiede zu der
außerordentlichen Kündigung, sodass deren Grundsätze auch
hier zu beachten sind.

Verletzung von Haupt- und Neben- pflichten

Bei der Bewertung, ob der Sachverhalt an sich geeignet ist eine Kündigung zu rechtfertigen, ist somit in gleichem Maß auf sämtliche Pflichtverletzungen des AN im Leistungs- und Vertrauensbereich, auf Verstöße gegen Haupt- und Nebenleistungspflichten und auf Störungen des betrieblichen Ablaufes abzustellen.[122]

Im Gegensatz zu der außerordentlichen Kündigung muss dem AN bei seinen Verstößen allerdings ein Verschulden, d.h. zumindest fahrlässiges Handeln nachgewiesen werden können. Hat der AN nur aus rein objektiver Sicht gegen eine vertraglich festgelegte Pflicht verstoßen, dann scheidet eine verhaltensbedingte Kündigung grundsätzlich aus.

Grundsatz der Negativprognose

Wurde schließlich eine schuldhafte Pflichtverletzung des AN festgestellt, ist zur weiteren Überprüfung der Rechtfertigung des verhaltensbedingten Kündigungsgrundes eine Negativprognose anzustellen, die Aufschluss darüber bringen soll, ob mit weiteren Pflichtverstößen des AN in der Zukunft zu rechnen ist, die es dem AG unzumutbar machen, das Arbeitsverhältnis fortzuführen.

Dabei ist auf sämtliche Sachverhaltsinformationen zurückzugreifen, die Indizien für eine Wiederholungsgefahr sein können.[123]

(2) Interessenabwägung

Gegenüberstellung der Interessen von AG und AN

Zur Vermeidung unbilliger und sozialwidriger Kündigungen ist gerade in den Fällen einer bisher einmaligen Pflichtverletzung oder bei eher gering einzustufenden Verstößen, unter Berücksichtigung aller Umstände des Einzelfalles eine umfassende Abwägung der Interessenlage des AN und des AG erforderlich. Demnach ist eine Kündigung sozial ungerechtfertigt, wenn die Interessen des AN am Fortbestand des Arbeitsverhältnisses die Interessen des AG an der Beendigung des Arbeitsverhältnisses überwiegen.

147

Ultima-ratio-Prinzip
➲ *Abmahnung*
➲ *Versetzung*
➲ *Änderungskündigung*

Bei der Gegenüberstellung der Interessen von AN und AG spielt auch hier wieder das ultima- ratio Prinzip eine ganz entscheidende Rolle. Eine ordentliche Kündigung kann in der Tat als sozialwidrig eingestuft werden, wenn der AG seine Ziele auch anhand milderer Mittel hätte erreichen können. Demzufolge fordert die st. Rspr. vor jeder Kündigung, in Ausnahme der besonders schweren Pflichtverletzungen, primär den Ausspruch einer Abmahnung.

Weiterhin kann an dieser Stelle bedeutsam werden, ob die Pflichtverletzung zu Betriebsablaufstörungen geführt hat. Ist dies nicht der Fall, ist dem AG die Fortsetzung des Arbeitsverhältnisses eher zumutbar.

---

[122] Bzgl. der verschiedenen Pflichtverletzungen ergeben sich keine Abweichungen zu den Darstellungen i.R.d. außerordentlichen Kündigung unter der Rn. 108.

[123] Ob die Negativprognose einen Prüfungsgegenstand des 1. Prüfungspunktes bildet, oder erst im Zuge der Interessenabwägung zu erwähnen ist, wird heftig diskutiert, ist aber nicht entscheidend. I.R.d. Klausurprüfung muss auf jeden Fall festgestellt werden, ob für die Zukunft eine Wiederholungs-, bzw. Fortwirkungsgefahr besteht. Die Frage des Prüfungsstandortes ist dabei zweitrangig. Vgl. auch Hemmer/Wüst, Arbeitsrecht, Rn. 190.

Lösung zum Beispielsfall:

R wird G darauf hinweisen, dass eine außerordentliche Kündigung aufgrund der eher harmlosen Beschimpfung mangels Vorliegens eines wichtigen Grundes scheitern wird, § 626 I BGB. G ist es durchaus zumutbar, die Kündigungsfristen einer ordentlichen Kündigung gem. § 622 BGB abzuwarten.

Hinsichtlich der sozialen Rechtfertigung fällt im Fall des T jedoch auch eine Begründung der ordentlichen Kündigung schwer. Ohne Zweifel verletzt eine auch nur harmlose Beschimpfung die Ehre des G und kann deshalb als Pflichtverletzung im Vertrauensbereich einen verhaltensbedingten Kündigungsgrund rechtfertigen.

Für eine sozial gerechtfertigte Kündigung wäre des Weiteren aber auch eine Interessenabwägung zugunsten des AN unerlässlich. Vergleicht man in diesem Sinne die Interessen der beiden Vertragsparteien G und T miteinander, kommt man zwangsläufig zu einem anderen Ergebnis: Bei den Beschimpfungen des T handelt es sich um ein erstmaliges Fehlverhalten, das auf die derzeit übermäßigen privaten und beruflichen Probleme zurückzuführen ist.

Außerdem muss mit in die Abwägungen einfließen, dass es sich zudem um sehr harmlose Beschimpfungen handelt, die über ein gesteigertes Maß auch von G provoziert worden sind. Es lassen sich dem Sachverhalt darüber hinaus auch keine Informationen entnehmen, die auf eine gesteigerte Wiederholungsgefahr von Pflichtverletzungen des T schließen lassen.

Allein aus diesen Tatsachen ist folglich keineswegs ein Überwiegen der Interessen des G an der Beendigung des Arbeitsverhältnisses festzustellen.

Dieses Ergebnis unterstreicht auch die Anwendung des ultimaratio-Prinzips. Da es sich im konkreten Fall um keine schweren Pflichtverletzungen im Vertrauensbereich handelt, ist vor der ordentlichen Kündigung eine Abmahnung des T erforderlich.

R wird dem G deshalb den Ratschlag geben, dem T schriftlich das Fehlverhalten nochmals deutlich vor Augen zu führen und dies mit dem Hinweis zu verbinden, das ein erneutes Vergehen des T, umgehend die Beendigung des Arbeitsverhältnisses durch Kündigung zur Folge haben wird.[124]

bb) Personenbedingte Kündigung

Bsp.: Der seit vielen Jahren in einem großen Steinmetzbetrieb 148
angestellte AN A, erkrankt völlig überraschend an einer schweren Lungenentzündung, die nach Aussage der Ärzte eine Genesungszeit von mindestens dreieinhalb Monaten mit sich bringt.

---

[124]   Die Erforderlichkeit einer Abmahnung ist auch Thema des praxisrelevanten Falles in **Life&Law 04/1998, 240 ff.**

*Der AG G, der einen erheblichen Produktions- und Absatz-
rückgang befürchtet, kann diese langwierige Arbeitsunfähigkeit
des A nicht akzeptieren und kündigt ihm zum baldmöglichsten
Termin.*

Ist diese Kündigung sozial gerechtfertigt?

*Abstellen auf Ei-
genschaften oder
Fähigkeiten des AN*

Nach dem Wortlaut des § 1 II S. 1 KSchG kommt auch bei dem
Vorliegen entsprechender Kündigungsgründe, die in der Person
des AN liegen, eine soziale Rechtfertigung in Frage. Unter die
Kategorie der personenbedingten Kündigungsgründe fallen alle
die Umstände, die ausschließlich auf Eigenschaften oder Fähigkeiten des AN beruhen, wie z.B. Krankheit, Behinderung, mangelnde fachliche oder körperliche Fähigkeiten etc. Da sämtliche
personenbedingte Kündigungsgründe nicht in den Dispositions-
bereich des einzelnen AN fallen und dementsprechend nicht ohne weiteres geändert werden können, hat die Rspr. besonders
strenge Maßstäbe für die soziale Rechtfertigung einer solchen
Kündigung entwickelt, woraus sich das folgende Prüfungsschema
ergibt:[125]

Prüfungsschema der personenbedingten Kündigung

⇒ Negativprognose

⇒ Erhebliche Beeinträchtigung betrieblicher Interessen

⇒ Umfangreiche Interessenabwägung unter Berücksichtigung
des ultima-ratio-Prinzips

---

(1) Negativprognose

*1. Prüfungspunkt:
Negativprognose*

Im Unterschied zu den übrigen Kündigungsgründen entfaltet die *149*
Negativprognose bei den personenbedingten Kündigungen ihren
höchsten Stellenwert.

Dies liegt gerade daran, dass keineswegs auf Umstände in der
Vergangenheit abgestellt wird, sondern dem AG ausreichender
Schutz vor weiteren betrieblichen und vertraglichen Einschränkungen in der Zukunft gewährt werden soll. Infolgedessen muss
festgestellt werden, ob der AN seine vertraglich vereinbarten
Pflichten weiter ausführen kann und der Betriebsinhaber keine
künftigen Belastungen mehr zu befürchten hat.

*Häufigste Anwen-
dung in Form der
negativen Gesund-
heitsprognose*

Die meisten Fälle der personenbedingten ordentlichen Kündigung
bezwecken eine Beendigung des Arbeitsverhältnisses wegen
langwieriger Erkrankungen des AN. Hiervon erfasst werden nicht
nur typisch langdauernde Krankheiten und durch Krankheit hervorgerufene Minderleistungen, sondern auch Fehlzeiten wegen
häufiger Kurzerkrankungen.

---

[125] Dazu **Life&Law 03/2000, 170**; zur Abgrenzung der einzelnen Kündigungsgründe vgl. **Life&Law 2003, 664 ff.**

Damit eine derartige Kündigung sozial gerechtfertigt ist, muss im Rahmen einer negativen Gesundheitsprognose festgestellt werden, ob der AN nach Überwindung seiner Krankheit wieder fähig sein wird, seine Arbeitsleistung vertragskonform zu erbringen. Bezüglich der Bewertung des künftigen Gesundheitszustandes des AN ist dabei vom Zeitpunkt des Zuganges der Kündigungserklärung auszugehen und es sind sämtliche Tatsachen mit Indizwirkung (z.B. Vorerkrankungen) in die Überlegungen mit einzubeziehen.[126]

Weiterer examensrelevanter Fall ist die Arbeitsverweigerung aus Gewissensgründen. Hier geht es zwar vordergründig um ein Verhalten des AN, gleichwohl kann es Fälle geben, in denen das Gewissen dem AN keine andere Möglichkeit lässt, als die Arbeit zu verweigern.

Wenn der AG bei Zuweisung einer bestimmten Tätigkeit im Rahmen seines Direktionsrechts nicht schutzwürdige Belange des AN berücksichtigt, handelt er nicht nach „billigem Ermessen", was aber § 106 GewO von ihm verlangt.

Bei der Ausübung des billigen Ermessens muss der AG insbesondere auch die Grundrechte als objektive Werteordnung berücksichtigen. Daher hat das BAG beispielsweise die Kündigung einer AN als unwirksam angesehen, die sich weigerte, während der Arbeit in der Parfümerieabteilung eines Kaufhauses ihr Kopftuch abzunehmen.[127]

(2) Beeinträchtigung betrieblicher Interessen

2. Prüfungspunkt: Beeinträchtigung betrieblicher Interessen

Diese prognostizierten Fehlzeiten können jedoch nur dann eine krankheitsbedingte Kündigung rechtfertigen, wenn sie zu einer tatsächlichen Beeinträchtigung betrieblicher Interessen führen. Dabei ist grundsätzlich zwischen zwei Formen von Beeinträchtigungen zu unterscheiden: *150*

(a) Konkrete Betriebsablaufstörungen

In Form von tatsächlichen Betriebsstörungen

Grundsätzlich kann es aufgrund der krankheitsbedingten Fehlzeiten des AN zu erheblichen Beeinträchtigungen des Betriebsablaufes kommen, wie z.B. Stillstand der Maschinen, Überbelastung der anderen AN, Rückgang der Produktion etc. Diese Umstände sind für eine Kündigung jedoch nur dann relevant, wenn der AG sie nicht durch sog. Überbrückungsmaßnahmen hätte vermeiden können, wie z.B. durch Einstellung von Aushilfskräften, Einsatz eines AN aus der Personalreserve, kurzzeitige Umorganisation des Betriebsablaufes, Organisationsänderung, Einführung von Mehrarbeit etc.

---

[126] Ein Beispiel einer krankheitsbedingten Kündigung ist in **Life&Law 03/2000, 169 ff.** aufgeführt.

[127] BAG, NZA 2003, 483 ff. = **juris**byhemmer.

(b) Wirtschaftliche Belastungen

Oder wirtschaftlichen Mehraufwendungen

Eine gleichfalls der Sozialwidrigkeit einer Kündigung entgegenstehende Tatsache ist nach der Rspr. auch eine durch das Fehlen des AN hervorgerufene erhebliche wirtschaftliche Mehrbelastung des AG. Darunter fallen neben den Mehraufwendungen für die Aushilfskräfte auch sämtliche Verluste durch Lohnfortzahlungsverpflichtungen des AG. Darüber hinaus tragen auch Mehrkosten aufgrund von Minderleistungen des AN wegen seiner Krankheit zu einer erhöhten Gesamtbelastung des Betriebes bei.

(3) Interessenabwägung

3. Prüfungspunkt: Interessenabwägung unter Berücksichtigung sämtlicher Umstände des Einzelfalles

Liegt nach diesen Ausführungen tatsächlich eine konkrete Beeinträchtigung betrieblicher Interessen vor, dann muss erneut eine Interessenabwägung erfolgen. Bezogen auf den Einzelfall einer personenbedingten Kündigung ist deshalb zu prüfen, ob dem AG unter Berücksichtigung aller fallspezifischen Besonderheiten diese betrieblichen und wirtschaftlichen Belastungen überhaupt noch zumutbar sind.   *151*

Dabei ist auf folgende Punkte besonders einzugehen:

- Alter, Familienstand und Unterhaltsverpflichtungen des AN

- ungestörter Bestand des Arbeitsverhältnisses

- Zumutbarkeit von Überbrückungsmaßnahmen

- Häufigkeit und Dauer der Fehlzeiten

- Stellung des AN im Betrieb

- Situation auf dem Arbeitsmarkt

- Ursache der Krankheit (Betriebsunfall, Betriebskrankheit, Wegeunfall etc.)

- Wirtschaftliche Lage des Unternehmens

Ultima-ratio-Prinzip
⊃ Versetzung
⊃ Änderungskündigung

Selbstverständlich kommt auch bei der personenbedingten Kündigung erneut das ultima-ratio-Prinzip zur Anwendung. Allerdings ist dabei im Gegensatz zu der verhaltensbedingten Kündigung zu beachten, dass eine Abmahnung bei personenbedingten Kündigungen nicht den mit ihr verfolgten Zweck erreichen kann.

Denn hier stehen gerade persönliche Eigenschaften des AN im Vordergrund, die eben nicht aufgrund einer bloßen Verhaltensänderung zur freien Disposition des AN stehen. Aus diesem Grund ist eine Versetzung des AN an eine andere Arbeitsstätte, die seinem Krankheitsbild eher entspricht, zu bevorzugen. Auch eine Änderungskündigung ist als mildere Maßnahme vor der ordentlichen Kündigung zu ergreifen.[128]

---

[128]   Hemmer/Wüst, Arbeitsrecht, Rn. 207.

Zur Lösung des Ausgangsfalles:

Die fristgerechte Kündigung des A durch G erfolgte nur deshalb, weil G in Folge der schweren Krankheit und der damit verbundenen dreieinhalb Monate bestehenden Arbeitsunfähigkeit des A, ernst zu nehmende Betriebsablaufstörungen befürchtete. Ohne Zweifel kann eine Krankheit eine personenbedingte Kündigung rechtfertigen, jedoch müssen nach BAG folgende Voraussetzungen gegeben sein.

Negative Gesundheitsprognose

Zunächst muss eine negative Gesundheitsprognose erfolgen, in deren Rahmen festzustellen ist, ob der AN seine vertraglichen Arbeitspflichten in der Zukunft weiterhin erbringen kann, oder ob eine Langzeiterkrankung, bzw. mehrere sich wiederholende Kurzerkrankungen zu befürchten sind.

Beeinträchtigung betrieblicher Interessen

Im direkten Anschluss ist zu prüfen, ob die bereits bestehenden und auch die für die Zukunft prognostizierten Fehlzeiten zu einer betrieblichen Beeinträchtigung der Interessen des AG geführt haben, bzw. noch führen werden. Dabei reicht es nach h.M. auch aus, wenn die Arbeitsunfähigkeit des AN erhebliche wirtschaftliche Mehrbelastungen des Betriebes hervorruft.

Interessenabwägung

Auf der letzten Stufe ist eine Interessenabwägung vorzunehmen, in der die Frage einer Klärung zuzuführen ist, ob dem AG diese besonderen Umstände künftig zuzumuten sind.

negative Gesundheitsprognose (-)

Mangels besonderer Sachverhaltsinformationen erscheint die Entscheidung des Falles auf den ersten Blick als sehr schwierig.

Da jedoch der A seine Tätigkeiten nach vollständig möglicher Genesung wieder aufnehmen wird, scheitert die personenbedingte Kündigung hier aber bereits an der negativen Gesundheitsprognose einer Langzeiterkrankung. Eine Kündigung des G ist im Ergebnis nicht sozial gerechtfertigt.

cc) Betriebsbedingte Kündigung

Wegfall des Bedürfnisses der Weiterbeschäftigung von AN

Die betriebsbedingte Kündigung stellt für den AG eine wichtige und effektive Maßnahme dar, um flexibel auf Veränderungen in der Marktwirtschaft und den häufig unmittelbar damit verbundenen ungünstigeren wirtschaftlichen Konditionen zu reagieren. Sie verfolgt im Vordergrund den Zweck, den Personalstand dem verringerten Personalbedarf anzupassen.

152

Sie basiert nicht wie die übrigen Kündigungen auf Umständen aus dem Bereich des AN, sondern auf solchen des AG.[129]

---

[129] Hemmer/Wüst, Arbeitsrecht, Rn. 208 ff.

Die Überprüfung ihrer sozialen Rechtfertigung orientiert sich direkt am Wortlaut des § 1 II, III KSchG, woraus das BAG folgendes Prüfungsschema entwickelt hat:

(1) Prüfungsschema

> **Prüfungsschema einer betriebsbedingten Kündigung**   153
>
> ⊃ Dringende betriebliche Erfordernisse
>
>   ▪ Unternehmerische Entscheidung
>
>   ▪ Außer- und innerbetriebliche Ursachen
>
>   ▪ Aspekt der Dringlichkeit
>
> ⊃ Fehlen milderer Mittel
>
> ⊃ Ordnungsgemäße Sozialauswahl, § 1 III KSchG

(a) Dringende betriebliche Erfordernisse, § 1 II KSchG

1. Prüfungspunkt: Betriebliche Erfordernisse

Gemäß des Wortlauts des § 1 II S. 1 KSchG kommt eine soziale Rechtfertigung einer betriebsbedingten Kündigung nur dann in Betracht, wenn sie als eine unvermeidbare Konsequenz betrieblicher Erfordernisse ausreichend begründet werden kann. Im Ergebnis wird daran angeknüpft, ob ein konkreter Arbeitsplatz aufgrund einer unternehmerischen Entscheidung tatsächlich weggefallen ist.   154

Unternehmerische Entscheidung

Zunächst ist zu beachten, dass sie auf einer unternehmerischen Entscheidung beruhen muss, worunter man nach älterer Rspr. die der Geschäftsführung unterliegenden Bestimmung der Unternehmenspolitik verstanden hat. Problematisch ist in diesem Zusammenhang, dass die sachliche Rechtfertigung, Erforderlichkeit oder die wirtschaftliche Vernünftigkeit einer derartigen unternehmerischen Entscheidung infolge der gem. Art. 2 I GG grundrechtlich geschützten Unternehmerfreiheit des AG völlig einer gerichtlichen Entscheidung entzogen ist. Folgerichtig hat sich eine gerichtliche Kontrolle nur auf die Frage zu beschränken, ob eine Unternehmerentscheidung überhaupt vorliegt und ob diese nicht offensichtlich unsachlich oder willkürlich ist.[130]

Außer- und innerbetriebliche Umstände

Im direkten Anschluss ist zu prüfen, ob die betrieblichen Gründe, die der AG hinsichtlich seiner ordentlichen Kündigung angegeben hat und angeblich zum Wegfall des konkreten Arbeitsplatzes geführt haben, überhaupt tatsächlich vorliegen.

---

[130]   Hemmer/Wüst, Arbeitsrecht, Rn. 210.

Dabei ist zur systematischen Erfassung aller betriebsbedingten Kündigungsgründe nach BAG zwischen zwei Ursachengruppen zu differenzieren: In die Kategorie der **innerbetrieblichen Ursachen** fallen sämtliche betriebsinternen Anpassungsmaßnahmen, wie z.B. Veränderung der Organisationsstruktur, Rationalisierung, Einschränkungen des Produktionsumfanges, während eher externe Umstände, wie der Absatzrückgang in Folge erheblicher Absatzschwierigkeiten, der Umsatzrückgang oder etwa Rohstoffmangel den **außerbetrieblichen Ursachen** zuzuordnen sind.[131]

Dringlichkeit

Darüber hinaus müssen die betrieblichen Erfordernisse dringend sein. Dies ist nach st. Rspr. aber nur dann der Fall, wenn es dem AG nicht möglich ist, der bei Ausspruch der Kündigung bestehenden betrieblichen Lage durch andere Maßnahmen technischer, organisatorischer oder wirtschaftlicher Art als durch eine betriebsbedingte Kündigung zu entsprechen, d.h. eine Kündigung für den AG unvermeidbar ist.

(b) Fehlen milderer Mittel

Differenzierung:
„dringendes
betriebl. Erfordernis
ultima-ratio-Prinzip

Mit der Entscheidung der Vermeidbarkeit einer betriebsbedingten Kündigung ergeben sich selbstverständlich auch Überschneidungen mit den Kriterien des ultima-ratio-Prinzips. Umgekehrt führen die Überlegungen zu den dringlichen betrieblichen Erfordernissen aber auch zu einer Konkretisierung des Verhältnismäßigkeitsgrundsatzes. So müssen nach § 1 II S. 1 KSchG neben den allgemeinen milderen Mitteln darüber hinaus spezifisch auf eine betriebsbedingte Kündigung zugeschnittene mildere Maßnahmen Berücksichtigung finden.

155

Eine betriebsbedingte Kündigung ist demnach nur sozial gerechtfertigt, wenn die vorrangige Pflicht zur Weiterbeschäftigung des AN im Betrieb oder in einem anderen Betrieb des Unternehmens

➲ durch eine Änderung der Arbeitsbedingungen kraft Direktionsrecht,

➲ nachdem die Arbeitsbedingungen geändert wurden anhand einer Änderungskündigung

➲ oder sogar nach entsprechender Ergreifung von Fortbildungs- und Umschulungsmaßnahmen

vom AG aufgrund der betrieblichen Umstände definitiv nicht erfüllt werden kann. Ferner ist noch an die Verhängung von Arbeitsstreckung oder Kurzarbeit zu denken, die jedoch nur dann eine betriebsbedingte Kündigung ausschließen, wenn ein vorübergehender Arbeitsmangel besteht.

---

[131] Hemmer/Wüst, Arbeitsrecht, Rn. 211.

(c) Ordnungsgemäße Sozialauswahl, § 1 III KSchG

ordnungsgemäße Sozialauswahl

Ist einmal das Vorliegen eines dringenden betrieblichen Grundes festgestellt, so muss in einem zweiten Schritt geklärt werden, ob der AG bei der Auswahl des zu kündigenden AN eine ordnungsgemäße Sozialauswahl getroffen hat.[132]

156

Durch § 1 III KSchG soll im Ergebnis sichergestellt werden, dass durch eine betrieblich veranlasste Kündigung grundsätzlich der AN getroffen wird, der aus ihr die geringsten Nachteile zu erwarten hat.

Ausklammerung bestimmter Arbeitnehmer

Gemäß **§ 1 III S. 2 KSchG** sind diejenigen **Arbeitnehmer nicht in die Sozialauswahl einzubeziehen, deren Weiterbeschäftigung**, insbesondere wegen ihrer Kenntnisse, Fähigkeiten und Leistungen oder zur Sicherung einer ausgewogenen Personalstruktur des Betriebes, **im berechtigten betrieblichen Interesse liegt**.

hemmer-Methode: Nach Ansicht des BAG sind auch Arbeitnehmer, denen gegenüber eine ordentliche Kündigung auf Grund von Vorschriften des Sonderkündigungsschutzes ausgeschlossen ist, nicht in die Sozialauswahl mit einzubeziehen.[133]

Als soziale Kriterien kommen seit 01.01.2004 gem. § 1 III S. 1 KSchG **abschließend nur noch folgende vier Sozialdaten** in Betracht, denen grundsätzlich gleiches Gewicht zukommt:

- Dauer der Betriebszugehörigkeit

- Lebensalter

- Unterhaltspflichten

- Schwerbehinderung des Arbeitnehmers.

Alle diese Umstände sind im Einzelfall individuell gegeneinander abzuwägen.

Interessenausgleich mit Namensliste gem. § 1 V KSchG

Nach § 1 V KSchG wird vermutet, dass die Kündigung durch dringende betriebliche Erfordernisse im Sinne des Absatzes 2 bedingt ist, wenn bei einer Kündigung auf Grund einer Betriebsänderung nach § 111 des BetrVG die Arbeitnehmer, denen gekündigt werden soll, in einem Interessenausgleich zwischen Arbeitgeber und Betriebsrat namentlich bezeichnet worden sind.

---

[132]   Eine Sozialauswahl unter verschiedenen AN kommt allerdings nicht mehr in Betracht, wenn der AG allen AN gekündigt hat. § 1 III KSchG ist dann nur noch für die Frage des Zeitpunkts der Kündigung bedeutsam, BAG, NZA 1997, 92.

[133]   BAG, NZA 2005, 1307 ff. = **juris**byhemmer.

⇨ Überprüfung der Sozialauswahl nur auf grobe Fehlerhaftigkeit

Die soziale Auswahl der Arbeitnehmer kann dann nur auf grobe Fehlerhaftigkeit überprüft werden. Die Sätze 1 und 2 gelten nicht, soweit sich die Sachlage nach Zustandekommen des Interessenausgleichs wesentlich geändert hat. Der Interessenausgleich nach Satz 1 ersetzt die Stellungnahme des Betriebsrates nach § 17 III S. 2 BetrVG.

Betriebsbezogenheit der Sozialauswahl

(aa) Zum Umfang einer erforderlichen Sozialauswahl ist festzustellen, dass die ganz h.M. § 1 III KSchG im Gegensatz zu § 1 II KSchG als betriebsbezogen ansieht.

Damit erstreckt sich die soziale Auswahl zwar auf verschiedene Unterabteilungen desselben Betriebes, sie ist sogar in gewissem Sinn betriebsübergreifend, wenn nämlich mehrere Unternehmen einen gemeinschaftlichen Betrieb gebildet haben. Sie ist jedoch nie auf das gesamte Unternehmen eines AG bezogen.[134]

horizontale Vergleichbarkeit d. AN

(bb) Weiter bezieht sich die Sozialauswahl auch innerhalb eines Betriebes nur auf miteinander vergleichbare, sprich untereinander austauschbare AN.

Untereinander austauschbar sind AN freilich nur dann, wenn sie nach arbeitsplatzbezogenen Merkmalen vergleichbare Tätigkeiten ausüben.

Nur wenn der zu kündigende AN nach seiner Qualifikation und Ausbildung ohne weiteres die Tätigkeit des anderen AN übernehmen könnte, ist eine solche Vergleichbarkeit gegeben. Im Klartext heißt das: In die Sozialauswahl einzubeziehen sind nur solche AN, die in der Betriebshierarchie auf der gleichen Stufe angesiedelt sind wie der zu kündigende AN. Das ist der so genannte Grundsatz der horizontalen Vergleichbarkeit.

vertikale Vergleichbarkeit?

Fraglich ist, ob daneben für die Sozialauswahl auch eine vertikale Vergleichbarkeit auszureichen vermag, ob also auch höher- oder niedriger gestellte AN in ihren Sozialdaten mit dem zu kündigenden AN zu vergleichen sind.

Rspr.: (-), da ansonsten „Anspruch auf Beförderung durch die Hintertür"

Diese vertikale Vergleichbarkeit lehnt die Rechtsprechung jedoch zu Recht völlig ab.[135] Durch die Einführung einer vertikalen Vergleichbarkeit würde im Ergebnis etwas passieren, was der Gesetzgeber nicht gewollt hat.

Würde man nämlich höhergestellte AN in die Sozialauswahl einbeziehen, so könnte es passieren, dass auf diesem Weg ein Anspruch des AN auf Beförderung begründet würde. Wäre nämlich der höhergestellte AN sozial weniger schutzwürdig und damit vorrangig zu kündigen, dann müsste zwangsläufig der bisher schlechter gestellte AN diesen höheren Posten einnehmen.

---

[134] BAG, NZA 1994, 1023; NJW 1996, 339; Vermeidung einer sog. „betriebsübergreifenden" Austauschkündigung; bei betrieblichen Umstrukturierungen ist häufig eine einheitliche Betrachtung verschiedener Einzelmaßnahmen angezeigt, um Manipulationen durch den AG einen Riegel vorzuschieben!

[135] BAG, NJW 1991, 587; NZA 1998, 1332 = **juris**byhemmer.

Damit würde die unternehmerische Freiheit in ihren Grundfesten erschüttert.

Umgekehrt sieht es bei der Einbeziehung schlechter gestellter AN aus:

bzw. Verdrän-
gungswettbewerb
nach unten

Hier würde ein Verdrängungswettbewerb nach unten entstehen, weil die AN am unteren Ende der Betriebshierarchie in allen Fällen betriebsbedingter Kündigung in ihrem Betrieb auf Grund einer solchen Sozialauswahl ihren Arbeitsplatz zu verlieren drohen.

Damit würde sich letztlich das im Rahmen dieser Sozialauswahl enthaltene Prinzip der Erforderlichkeit und Verhältnismäßigkeit, auf das sich der AN seinem AG gegenüber berufen kann, unmittelbar auf das Verhältnis der AN untereinander auswirken. Es ist aber nicht Sinn und Zweck des KSchG, einzelne AN gegeneinander auszuspielen.

(2) Wiedereinstellungsanspruch bei Wegfall des Kündigungsgrundes vor Ablauf der Kündigungsfrist

Liegen die Voraussetzungen einer betriebsbedingten Kündigung bei Zugang derselben (§ 130 I BGB) vor, endet das Arbeitsverhältnis mit Ablauf der Kündigungsfrist, deren Länge sich nach § 622 BGB bemisst.   *156a*

Dann kann es vorkommen, dass die Voraussetzungen der betriebsbedingten Kündigung noch **vor** Ablauf der Kündigungsfrist wieder wegfallen (etwa führt ein unerwarteter und nicht vorhersehbarer Aufschwung zu einem immensen Auftragseingang). An der Wirksamkeit der Kündigung ändert sich dadurch nichts. Denn maßgeblich für die Beurteilung der Wirksamkeit ist einzig der Zeitpunkt des Zugangs der Kündigung.

Wiedereinstel-
lungsanspruch

Unter bestimmten Voraussetzungen wird dem AN aber ein Anspruch auf Wiedereinstellung gewährt. Dieser ergibt sich nach neuerer Rechtsprechung des BAG aus vertraglicher Nebenpflicht.[136]

Ob ein solcher Anspruch besteht, hängt von den Umständen des Einzelfalls ab. Insbesondere sind auch die Arbeitgeberinteressen zu berücksichtigen.

Möglicherweise hat er unternehmerisch bereits Dispositionen getroffen, die einer Wiedereinstellung entgegenstehen.

hemmer-Methode: Sie müssen an dieser Stelle quasi wie bei der praktischen Konkordanz im Öffentlichen Recht eine Abwägung der Einzelinteressen vornehmen.

---

[136]   **BAG, Life&Law 2001, 23 ff.**; vgl. ausführlich dazu Hemmer/Wüst, Arbeitsrecht, Rn. 216a.

> **Merken Sie sich: Ein Wiedereinstellungsanspruch kommt nicht in Betracht, wenn sich nach einer wirksamen Befristung eines Arbeitsverhältnisses entgegen der ursprünglichen Prognose aufgrund neuer Umstände eine Möglichkeit zur Weiterbeschäftigung ergibt.[137]**

c) Änderungskündigung, § 2 KSchG

Änderungskündigung, § 2 KSchG

Der allgemeine Kündigungsschutz bringt auch im Rahmen einer Änderungskündigung nach § 2 KSchG erhebliche Veränderungen mit sich. Neben der Erweiterung der Reaktionsmöglichkeiten des AN auf eine Änderungskündigung, wurde zudem durch das KSchG ein eigenständiger Kündigungsschutz entwickelt.

157

aa) Erweiterung der Reaktionsmöglichkeiten des AN

Allg. Reaktionsmöglichkeiten

Die von einer Änderungskündigung betroffenen AN haben grundsätzlich folgende Möglichkeiten, hierauf zu reagieren: Zum einen kann er die angebotenen Änderungen akzeptieren und zu den geänderten Bedingungen im Betrieb weiterarbeiten, zum anderen kann er aber auch das Änderungsangebot ablehnen und die Beendigungskündigung hinnehmen.[138] Schließlich könnte er diese Kündigung auch mit Hilfe einer Kündigungsschutzklage angreifen. Aber auch diese dritte Möglichkeit ändert sicherlich nichts an der Tatsache, dass dem AN im Ergebnis nur sehr eingeschränkte Reaktionsvarianten zur Verfügung stehen.

158

Eine deutliche Verbesserung wird bei der Anwendbarkeit des KSchG durch § 2 KSchG erreicht.

vier Alternativen

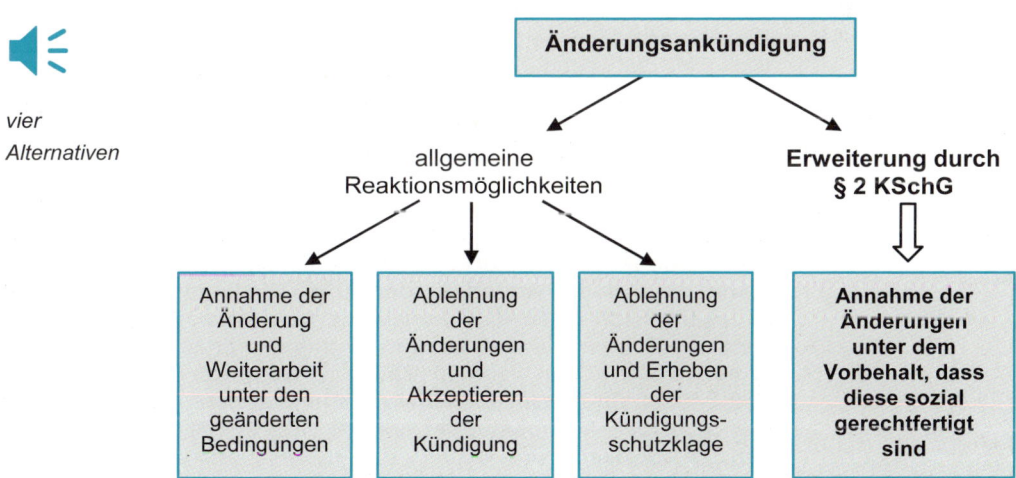

<hr>

[137] **BAG, Life&Law 2002, 744 ff.**
[138] Siehe Rn. 132.

bb) Regelungsinhalt des § 2 KSchG

Arbeitsplatzverlust-
risiko

Lehnt der AN die vom AG vorgeschlagenen Veränderungen der Arbeitsbedingungen strikt ab und erhebt Klage gegen die Beendigungskündigung, ist er permanent dem Risiko ausgesetzt, bei Unterliegen im Prozess seinen Arbeitsplatz endgültig zu verlieren. Diese Gefahr wird zudem dadurch verstärkt, dass der AG durch das Angebot der Weiterführung des Arbeitsverhältnisses unter geänderten Bedingungen i.S.d. Verhältnismäßigkeitsgrundsatzes gehandelt hat und deshalb das Gericht unter normalen Umständen keine Anhaltspunkte finden wird, die Kündigung als sozial ungerechtfertigt anzusehen. Außerdem stellt sich für den AN das weitere Problem, dass die Ablehnung der Änderungen aufgrund des Charakters einer einseitigen empfangsbedürftigen Willenserklärung endgültig war und somit eine nachträgliche Annahme der Vertragsänderungen nur noch mit Zustimmung des AG möglich ist.

159

Erweiterte Reakti-
onsmöglichkeit
durch § 2 KSchG

Um diese ungleichen Verhandlungspositionen in gewissem Maße zu kompensieren, bestimmt § 2 KSchG, dass der AN, wenn der AG das Vertragsverhältnis kündigt und er dem AN im Zusammenhang mit der Kündigung die Fortsetzung des Arbeitsverhältnisses zu geänderten Arbeitsbedingungen anbietet, dieses Angebot unter dem Vorbehalt annehmen kann, dass die Änderung der Arbeitsbedingungen nicht sozial ungerechtfertigt ist. Mit Erhebung der Änderungsschutzklage ist der AN in diesem Fall keinem Arbeitsplatzverlustrisiko ausgesetzt, da eindeutig nicht die Wirksamkeit der Beendigungskündigung in Frage steht, sondern vielmehr ausschließlich auf die Sozialwidrigkeit der geplanten Änderungen abgestellt wird.[139]

Geltendmachung
des Vorbehaltes
innerhalb der Drei-
Wochen-Frist des
§ 2 S. 2 KSchG

Nach § 2 S. 2 KSchG muss der AN dem AG diesen Vorbehalt innerhalb der Kündigungsfrist, spätestens aber innerhalb von drei Wochen nach Zugang der Kündigung erklären. Will er die Sozialwidrigkeit der geänderten Arbeitsbedingungen geltend machen, ist er zudem verpflichtet, außer dem eben erwähnten Vorbehalt, binnen drei Wochen vor dem Arbeitsgericht Klage, mit dem Antrag auf Feststellung, dass die Änderungen sozial ungerechtfertigt sind, zu erheben.

hemmer-Methode: Eine Vorbehaltserklärung zu einem späteren Zeitpunkt kann natürlich dann keine Wirkung entfalten, wenn der AN die Änderung der Arbeitsbedingungen ausdrücklich nach § 146 BGB abgelehnt, bzw. nach § 147 BGB bereits angenommen hat. Letzterer Fall kommt nach st. Rspr. jedoch nicht schon dann in Betracht, wenn der AN durch seine widerspruchslose Wiederaufnahme seiner Arbeit aus der Sicht des AG konkludent erklärt, dass er mit der Änderung einverstanden ist.

---

[139]　Hemmer/Wüst, Arbeitsrecht, Rn. 221 ff.

Bei der außeror-
dentlichen Ände-
rungskündigung
unverzügliche
Geltendmachung
i.S.d. § 13 KSchG

Zwar verweist § 13 KSchG nicht unmittelbar auf § 2 KSchG, aber dennoch ist es nach h.M. unbestritten, dass § 2 KSchG auch auf außerordentliche Änderungskündigungen anzuwenden ist. Dies ist aber mit dem folgendem Problem verbunden: Da der AN grundsätzlich an die Frist des § 2 S. 2 KSchG gebunden ist, es dem AG aber in Fällen der außerordentlichen Kündigung nicht zugemutet werden kann diese Frist aufgrund seines besonderen Klärungsbedürfnisses abzuwarten, muss der AN seinen Vorbehalt unverzüglich, d.h. nach § 121 BGB ohne schuldhaftes Zögern geltend machen.[140]

cc) Rechtsschutzmöglichkeiten gegen Änderungskündigungen nach dem KSchG

Unterscheide:
Änderungsschutz-
klage - Änderungs-
kündigungsschutz-
klage

Dieser Rechtsgedanke einer weiteren Möglichkeit des AN auf Änderungskündigungen zu reagieren, setzt sich auch hinsichtlich eines effektiven Rechtsschutzes fort. So wurde neben der allgemeinen Kündigungsschutzklage in Form der sog. Änderungskündigungsschutzklage, die Institution der Änderungsschutzklage in das Arbeitsrechtssystem eingefügt.

160

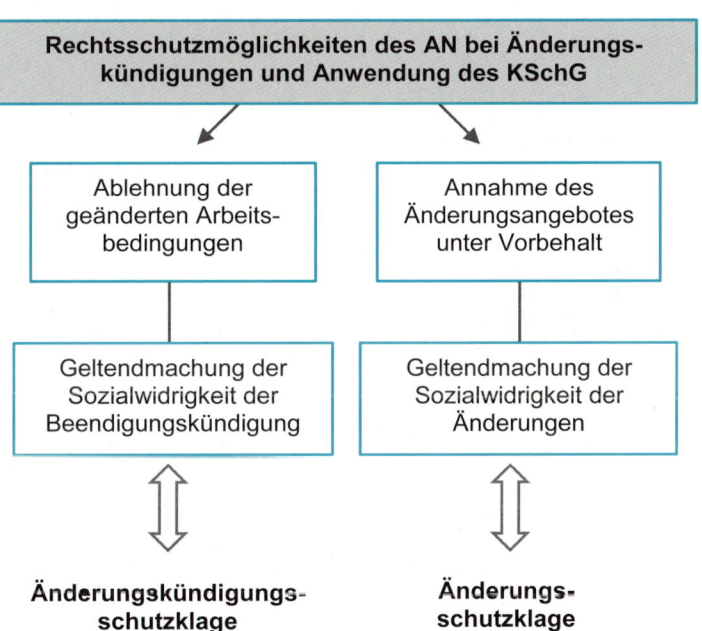

---

[140]   Hemmer/Wüst, Arbeitsrecht, Rn. 224.

(1) Änderungskündigungsschutzklage, § 4 S. 1 KSchG

Änderungskündi-
gungsschutzklage

Will der AN auf keinen Fall das Arbeitsverhältnis unter den geän-   **161**
derten Bedingungen fortsetzen, so kann er ohne weiteres nur gegen die Änderungskündigung ohne den Vorbehalt anhand einer
Änderungskündigungsschutzklage i.S.d. § 4 S. 1 KSchG vorgehen.

(2) Änderungsschutzklage

Änderungsschutz-
klage

Hat er jedoch die Änderung der Arbeitsbedingungen unter Vorbe-   **162**
halt angenommen, kann er nach § 4 S. 2 KSchG anhand der Änderungsschutzklage ausschließlich deren soziale Rechtfertigung
überprüfen lassen, § 2 KSchG.

(3) Differenzierung der Rechtsfolgen

Änderungskündi-
gungsschutzklage:
Verlust des Ar-
beitsplatzes mögl.

Beide Klagen unterscheiden sich dabei erheblich in ihren Rechts-   **163**
folgen: Während die Änderungskündigungsschutzklage grundsätzlich die Gefahr für den AN in sich birgt, bei Unterliegen vor
Gericht seinen Arbeitsplatz endgültig zu verlieren, kann bei der
Änderungsschutzklage eine derartige Rechtsfolge nicht eintreten.

Änderungsschutz-
klage: Weiterbe-
schäftigung zu
geänderten
Bedingungen

Denn für den Fall, dass der AN mit seiner Änderungsschutzklage
vor Gericht keinen Erfolg haben sollte, hat dies keineswegs den
Verlust seines Arbeitsplatzes zur Folge, sondern der AN ist lediglich verpflichtet, zu den geänderten Arbeitsbedingungen weiter-
zuarbeiten.

Hält allerdings das Gericht die Änderungen der Arbeitsbedingungen ebenfalls für sozialwidrig und obsiegt der AN vor Gericht, hat
dies nach § 8 KSchG zur Folge, dass das Arbeitsverhältnis von
Beginn an ohne die unter Vorbehalt angenommenen Änderungen
fortbesteht.

**hemmer-Methode: Es ist offensichtlich, dass der Laie kaum
eine derartige juristische Übersicht haben wird, sämtliche
Unterschiede und Klageantragserfordernisse dieser beiden
Klagen richtig gewichten zu können. Dazu kommt, dass
durch die Einschlägigkeit der Präklusionsvorschriften der
§§ 4, 7 KSchG eine rasche Entscheidung binnen dreier Wochen unerlässlich ist. Sich daraus ergebende unbillige Nachteile für den AN hat der Gesetzgeber durch die Einfügung
des § 6 KSchG versucht abzufangen. Demnach genügt es
grundsätzlich, wenn der AN durch Erhebung irgendeiner
Klage die Unwirksamkeit der Beendigungskündigung gerichtlich geltend gemacht hat.**

dd) Sozialwidrigkeit einer Änderungskündigung

Übliche Regelungen zur Überprüfung der Sozialwidrigkeit, § 1 KSchG

Bei der Bewertung der Sozialwidrigkeit der Änderungskündigungsschutz, bzw. der Änderungsschutzklage gibt der Gesetzgeber keinen klaren Prüfungsmaßstab vor, sondern verweist in § 2 S. 1 KSchG lediglich auf die Anwendbarkeit des § 1 KSchG. 164

hemmer-Methode: Bei Vorliegen einer außerordentlichen Kündigung tritt an die Stelle der Prüfung der Sozialwidrigkeit nach § 1 II KSchG der „wichtige Grund" nach § 626 BGB. In dessen Rahmen ist besonders danach zu fragen, ob dem AG unter Berücksichtigung aller Umstände des Einzelfalles die Fortsetzung des Vertragsverhältnisses mit dem bisherigen Inhalt unzumutbar ist.

Änderungsschutzklage

Für die Änderungsschutzklage bedeutet dies, dass, wie es der Wortlaut des § 2 S. 1 KSchG explizit fordert, zu überprüfen ist, ob die Änderungen der Arbeitsbedingungen an sich sozial gerechtfertigt sind. Dabei ist auf denselben Prüfungsmaßstab zurückzugreifen wie bei der ordentlichen Kündigung, d.h. es müssen die Voraussetzungen der §§ 1 II und 3 KSchG berücksichtigt werden. 165

Änderungskündigungsschutzklage

Im Fall einer Änderungskündigungsschutzklage würde dies zudem bedeuten, dass neben den Änderungen der Arbeitsbedingungen auch die soziale Rechtfertigung des Beendigungstatbestandes der Kündigung überprüft werden müsste, obwohl der AG lediglich eine Änderung und gerade nicht eine Beendigung des Arbeitsverhältnisses bezweckt hat. Ihn würde somit die Darlegungs- und Beweislast hinsichtlich der Rechtfertigung eines Kündigungsgrundes treffen, der seinerseits im konkreten Fall überhaupt nicht in den Vordergrund treten sollte. 166

Die Rspr. tritt dieser unbilligen Härte für den AG damit entgegen, dass sie den Bezugspunkt ihrer gerichtlichen Überprüfungen ändert. Deshalb beschränkt man sich auch bei der Änderungskündigungsschutzklage nur noch auf die Prüfung der sozialen Rechtfertigung der angebotenen Änderungen.[141] Im Einzelnen müssen bei beiden Klagen infolge einer Änderungskündigung folgende Punkte erörtert werden:

⊃ Zunächst ist zu fragen, ob die Änderungskündigung durch einen Grund in Hinsicht auf die Person, das Verhalten oder betriebliche Interesse bedingt wird.

⊃ Als zweite Anforderung ist zu problematisieren, ob das Interesse des AG an der vorgesehenen Änderung der Arbeitsbedingungen gegenüber dem Interesse des AN an einem unveränderten Fortbestand seines Arbeitsverhältnisses überwiegt.

---

[141] Hemmer/Wüst, Arbeitsrecht, Rn. 226 f.

C) Unwirksamkeit eines Arbeitsverhältnisses

Weitere Beendigungstatbestände

Wie bereits in den ersten Abschnitten angedeutet wurde, gibt es - neben dem klausurrelevantesten Fall der Kündigung - in Form der Befristung oder des Aufhebungsvertrages noch weitere Möglichkeiten, die zu einer Beendigung eines Arbeitsverhältnisses führen können.

167

Es sind aber daneben auch allgemeine Nichtigkeitsgründe zu berücksichtigen, die dazu führen könnten, dass entweder der Arbeitsvertrag gar nicht erst wirksam entsteht oder die Wirksamkeit zu einem späteren Zeitpunkt rückwirkend entfällt.

I. Allgemeine Nichtigkeitsgründe

Die Rede ist von sämtlichen rechtshindernden Einwendungen, die Sie bereits im allgemeinen Teil des BGB kennen gelernt haben.[142]

168

Übersicht

Rechts-
hindernde
Einwendungen

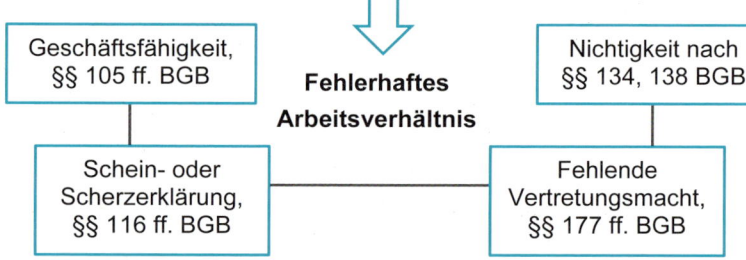

Wirksamer Arbeitsvertrag

Keine rechtshindernden Einwendungen

Fehlerhaftes
Arbeitsverhältnis

| Geschäftsfähigkeit, §§ 105 ff. BGB | Nichtigkeit nach §§ 134, 138 BGB |
| Schein- oder Scherzerklärung, §§ 116 ff. BGB | Fehlende Vertretungsmacht, §§ 177 ff. BGB |

Problem bei Dauerschuldverhältnissen: Rückabwicklung nach Bereicherungsrecht für die Vergangenheit

Alle diese rechtshindernden Einwendungen haben bekanntermaßen die Nichtigkeit eines Vertrages von Anfang an zur Folge. Diese Grundlagen lassen sich selbstverständlich auch auf das Individualarbeitsrecht übertragen, sodass bei einem derartigen Mangel der AN ohne bzw. ohne wirksamen Arbeitsvertrag für den AG Leistungen erbringen würde. Soll dieses Arbeitsverhältnis für die Zukunft aufgelöst werden, ist das Fehlen eines wirksamen Arbeitsvertrages gerade in Hinsicht auf eine gerechte bereicherungsrechtliche Rückabwicklung der erbrachten Leistungen nicht selten mit Problemen behaftet.

---

[142]   Eine ausführliche Darstellung aller rechtshindernden und rechtsvernichtenden Einreden, aber auch der rechtshemmenden Einwendungen in Skizzenform finden Sie unter Hemmer/Wüst, BGB AT II, Rn. 5 und im Einzelnen unter Rn. 7 ff.

II. Wirkungen des fehlerhaften Arbeitsverhältnisses

Entwicklung der Grundsätze des fehlerhaften Arbeitsverhältnisses

Aus diesem Grund hat die Rechtsprechung zur Wahrung eines gezielten Arbeitnehmerschutzes die strengen Nichtigkeitsfolgen der rechtshindernden Einwendungen mit Einführung der Grundsätze des „fehlerhaften Arbeitsverhältnisses" einer sachgerechten Einschränkung unterstellt.

169

Anwendung der §§ 812 ff. BGB Problem: § 818 II BGB

Würde man nämlich Fälle, in denen der Arbeitsvertrag aufgrund einer rechtshindernden Einwendung von Anfang an nichtig ist, nach „normalen" schuldrechtlichen Grundsätzen lösen, würde man zwangsläufig die Nichtigkeit des Arbeitsverhältnisses feststellen und eine Rückabwicklung der bisherigen Leistungen über das Bereicherungsrecht vornehmen müssen. Der AN wäre somit nach Anwendung der Leistungskondiktion gem. § 812 I S. 1 Alt. 1 BGB verpflichtet, seinen erhaltenen Lohn zurückzuzahlen, während der AG nach § 818 II BGB entsprechenden Wertersatz für die bisherigen Leistungen des AN erbringen müsste. Dabei trifft man auf das Problem, nach welchem objektivem Maßstab der tatsächliche Wert der Arbeitsleistung des AN zu bemessen ist.

170

Darüber hinaus wird sich der AG nicht selten darauf berufen, dass die Arbeitsleistung des AN seiner subjektiven Anschauung nach mit keinem direkten Nutzen oder wegen Minderwertigkeit nicht mit einer Werterhöhung verbunden gewesen ist, und er deshalb gar nicht bereichert oder zumindest entreichert sein kann. Was schließlich sämtliche Entgeltfortzahlungs- und Urlaubsgewährungsansprüche betrifft, steht der AN auf völlig verlorenem Posten, da diese Bereiche vom Bereicherungsrecht überhaupt nicht erfasst werden.[143]

h.M.: Arbeitsverhältnis als wirksam zu behandeln

Um exakt diese unbilligen Ergebnisse für den AN zu vermeiden, ist nach h.M. von einem fehlerhaften Arbeitsverhältnis auszugehen, d.h. das an sich nichtige Arbeitsverhältnis wird für seine Dauer in der Vergangenheit so behandelt, als wäre es von Anfang an wirksam geschlossen worden (**Fiktion**). Der Inhalt des unwirksamen Arbeitsverhältnisses richtet sich dabei nach dem anvisierten Arbeitsverhältnis, wobei auch ursprünglich einbezogene Regelungen, beispielsweise aus Betriebsvereinbarung oder Tarifvertrag unbedingt Berücksichtigung finden müssen.

171

Die Grundsätze des fehlerhaften Arbeitsverhältnisses kommen jedoch nur in Betracht, wenn

- ⮕ zwei übereinstimmende Willenserklärungen gegeben sind, die jedoch nicht zu einer wirksamen Begründung des Arbeitsvertrages geführt haben,

172

- ⮕ das Arbeitsverhältnis durch tatsächliche Arbeitsaufnahme in Vollzug gesetzt wurde,

---

[143] Hemmer/Wüst, Arbeitsrecht, Rn. 301.

➲　und auch ansonsten keine entgegenstehenden Wertungen wie z.B. §§ 105 ff., 134 oder 138 BGB bestehen, die nach einer anfänglichen Unwirksamkeit verlangen.[144]

hemmer-Methode: Das fehlerhafte Arbeitsverhältnis will, indem für die Vergangenheit der nichtige Arbeitsvertrag trotzdem als wirksam fingiert wird, dem Arbeitnehmerschutz für die Zeit des Leistungsaustausches Rechnung tragen. Aus dieser besonderen Behandlung kann aber keineswegs ein Bestandsschutz, bzw. eine Zukunftsbindung abgeleitet werden, sodass sich die Parteien ohne weiteres durch eine einseitige, empfangsbedürftige Willenserklärung für die Zukunft (!) von dem unwirksamen Vertrag lösen können.
Eine Rückwirkung kommt aber ausnahmsweise auch dann in Betracht, wenn das in Vollzug gesetzte Arbeitsverhältnis zwischenzeitlich wieder außer Vollzug gesetzt wurde. Soweit die Außervollzugsetzung in die Vergangenheit hineinreicht, steht einer rückwirkenden Nichtigkeit nichts im Wege, da insoweit ja keine Arbeitsleistung erbracht wurde, die schwierig zu bewerten wäre.

D) Anfechtung

Der im Zusammenhang mit dem fehlerhaften Arbeitsverhältnis wohl wichtigste Beendigungstatbestand ist die rechtsvernichtende Einwendung der Anfechtung. Aufgrund ihrer ex-tunc-Wirkung, vgl. § 142 I BGB, eröffnet sie die oben angesprochene Thematik. Auf Tatbestandsebene gibt es viele arbeitsrechtsspezifische Besonderheiten, sodass das fehlerhafte Arbeitsverhältnis in der Regel im Zusammenhang mit der Anfechtung abgeprüft wird.   *173*

I. Prüfungsumfang und Abgrenzung zur Kündigung

Wie jedes Rechtsgeschäft kann natürlich auch die Willenserklärung zum Abschluss eines Arbeitsvertrages wegen Irrtums, § 119 BGB, falscher Übermittlung, § 120 BGB, widerrechtlicher Drohung oder arglistiger Täuschung, § 123 BGB, angefochten werden.[145]   *174*

Anfechtung neben Kündigung anwendbar　　Nach h.M. ist die **Anfechtung neben der Kündigung** anwendbar, was damit erklärt werden kann, dass beide Rechtsinstitute an einem unterschiedlichen Ansatzpunkt anknüpfen: Während mit der Kündigung auf erst im Verlauf der Arbeitsausführung aufgetretene Umstände reagiert wird, stellt die Anfechtung auf Gründe ab, die bereits bei Vertragsschluss vorlagen.

---

[144]　Hemmer/Wüst, Arbeitsrecht, Rn. 302 ff. und **Life&Law 12/2000, 872**.

[145]　Wiederholen Sie bei dieser Gelegenheit sämtliche Anfechtungsgründe unter Hemmer/Wüst, BGB AT III, Rn. 436 ff.

hemmer-Methode: Kommt laut Sachverhalt sowohl eine Kündigung als auch eine Anfechtung in Betracht, dann muss die Anfechtung vorrangig geprüft werden. Denn es gilt der Grundsatz: Vorrangig ist stets das zu prüfen, was das Arbeitsverhältnis am schnellsten beendet!

Aus dieser Differenzierung ergeben sich noch weitere klausurrelevante Besonderheiten: 175

Keine Anwendung des KSchG

Grundsätzlich sind die Regelungen des allgemeinen oder besonderen Kündigungsschutzes bei der Prüfung einer Anfechtung nicht zu berücksichtigen, da sich dessen Schutz nur auf von Beginn an fehlerfrei zustande gekommene Arbeitsverhältnisse erstrecken soll.

§ 102 BetrVG (-)

Ebenso wenig steht die nicht ordnungsgemäße Anhörung des Betriebsrates nach § 102 BetrVG einer Anfechtung entgegen, da die Entscheidung über die Gültigkeit eines prinzipiell nichtigen Arbeitsverhältnisses aufgrund der Unternehmerfreiheit dem anfechtungsberechtigten AG vorbehalten sein muss und gerade nicht durch den Betriebsrat beeinflusst werden kann.

II. Grundvoraussetzungen einer Anfechtung

Wie bereits aus dem allgemeinen Teil des Bürgerlichen Rechts bekannt sein muss, ist die Wirksamkeit einer Anfechtung an folgende allgemeine Voraussetzungen gebunden:[146]   176

Allgemeine Voraussetzungen einer rechtswirksamen Anfechtung

- ➲ Anfechtungserklärung
- ➲ Anfechtungsgrund
- ➲ Kausalität
- ➲ Anfechtungsfrist

Welche spezifischen Auswirkungen die Anwendung der allgemeinen Anfechtungsregeln im Individualarbeitsrecht auf die allgemeinen Prüfungspunkte mit sich bringt, zeigt der folgende Abschnitt.

1. Anfechtungserklärung

Wahlrecht: Anfechtung - außerordentliche Kündigung

Selbstverständlich besteht ein Wahlrecht des AG zwischen der Erklärung einer Kündigung oder einer Anfechtung. Wirkt jedoch ein grundsätzlich zur Anfechtung berechtigender Umstand solange nach, dass er zudem eine außerordentliche Kündigung rechtfertigen kann, sind diese Gestaltungsmöglichkeiten nur sehr schwer voneinander zu unterscheiden, sodass ein sachgerechtes Ergebnis anhand der Auslegung nach § 133 i.V.m. § 157 BGB analog[147] gefunden werden muss.[148]   177

---

[146]   Vgl. dazu Hemmer/Wüst, BGB AT I, Rn. 421 ff.

[147]   § 157 BGB kann aber nur analog angewendet werden, da die Anfechtung ein einseitiges Rechtsgeschäft ist. Aufgrund

2. Anfechtungsgründe

Achtung: § 7 I AGG
i.V.m. § 134 BGB

Neben der Anfechtungserklärung muss immer ein Anfechtungs-grund nach § 119 BGB bzw. § 123 BGB festgestellt werden kön-nen. Ob ein Aspekt, auf den bezogen eine Fehlvorstellung beim AG vorliegt, zur Anfechtung berechtigt, ist auch unter Berücksich-tigung arbeitsrechtlicher Wertungen zu beurteilen. So bestimmt insbesondere das AGG, dass Benachteiligungen aus den in § 1 AGG genannten Gründen unzulässig sind. Dies gilt auch schon im Hinblick auf die Begründung des Arbeitsverhältnisses, § 2 I Nr. 1 AGG. Fehlvorstellungen in diesem Bereich können keinen Anfechtungsgrund darstellen, wenn es keine Rechtfertigung für eine entsprechende Ungleichbehandlung gibt. Anders formuliert: Wenn der AG bei Kenntnis des entsprechenden Umstands die-sen nicht zum Anlass nehmen dürfte, den AN nicht einzustellen, kann eine Fehlvorstellung auch keine Anfechtung rechtfertigen, **§§ 7 I AGG, 134 BGB**!

a) Eigenschaftsirrtum nach § 119 II BGB

§ 119 II BGB: ver-
kehrswesentliche
Eigenschaften

Da die Anwendung des § 119 I BGB im Arbeitsrecht keinerlei Veränderung mit sich bringt, liegt der Schwerpunkt in diesem Be-reich eindeutig auf der Prüfung des § 119 II BGB. In diesem Zu-sammenhang muss sich der Klausurbearbeiter mit der Frage auseinandersetzen, ob der zu beanstandende Umstand als eine verkehrswesentliche Eigenschaft des AN angesehen werden muss oder nicht.

178

Erfahrungsgemäß wird man jedoch immer wieder auf klassische Problemfelder treffen, die ohne weiteres Vorwissen anhand einer sauberen Subsumtion unter den Begriff der verkehrswesentlichen Eigenschaft entschärft werden können.[149] Im Einzelnen sind dies:

aa) Gesundheitsbild des AN

Krankheit

Krankheiten können i.R.d. Anfechtung nach § 119 II BGB nur dann eine verkehrswesentliche Eigenschaft darstellen, wenn dadurch der AN nicht nur vorübergehend, sondern dauerhaft und erheblich an der Ausübung seiner vertraglichen Pflichten gehin-dert ist.

179

---

der Empfangsbedürftigkeit der Erklärung und der damit verbundenen Schutzwürdigkeit des Empfängers besteht aber eine vergleichbare Interessenlage. Es entspricht jedoch mittlerweile nahezu allgemeiner Meinung, dass § 157 BGB auch auf **empfangsbedürftige** Willenserklärungen angewendet werden kann.

[148]   Hemmer/Wüst, BGB AT III, Rn. 521.

[149]   Zum Begriff der verkehrswesentlichen Eigenschaft Hemmer/Wüst, BGB AT III, Rn. 476 f.

bb) Behinderung

Behinderung

Dasselbe gilt für eine Behinderung des AN, die eben nur dann als verkehrswesentliche Eigenschaft angesehen werden kann, wenn sich ergibt, dass der AN für die zu besetzende Arbeitsstelle völlig ungeeignet erscheint. Dann ließe sich eine Ungleichbehandlung gem. §§ 1, 2 I Nr. 1, 7 I, 8 I AGG rechtfertigen.

cc) Leistungsfähigkeit

Leistungsfähigkeit

Dagegen liegt in der Leistungsfähigkeit keine verkehrswesentliche Eigenschaft, da der AG keinem Irrtum über die Fähigkeiten des AN unterliegt, sondern sich lediglich Fehlvorstellungen über eine konkrete Eigenschaft macht.

dd) Schwangerschaft

Schwangere AN

Die Schwangerschaft ist sicherlich eine Eigenschaft des AN, sie stellt jedoch nur einen vorübergehenden Zustand dar, sodass sie keine Anfechtung nach § 119 II BGB rechtfertigen kann. Mit einer Ungleichbehandlung i.S.d. AGG muss an dieser Stelle daher gar nicht argumentiert werden.   **180**

ee) Vertrauenswürdigkeit

Vertrauenswürdig-keit

Die Vertrauenswürdigkeit eines AN kann grundsätzlich nur dann als verkehrswesentliche Eigenschaft i.S.d. § 119 II BGB relevant werden, wenn sie als Hauptkriterium für die Nichteignung eines AN für eine bestimmte Anstellung, die ein besonderes Vertrauen voraussetzt, zu berücksichtigen ist.

b) Anfechtung wegen arglistiger Täuschung nach § 123 BGB

Die Prüfung des Anfechtungsgrundes wegen arglistiger Täuschung nach § 123 BGB erfreut sich gerade im Arbeitsrecht einer besonderer Klausurbeliebtheit, da sich hier hinsichtlich der Bestimmung des Täuschungsbegriffes zahlreiche Anwendungsprobleme ergeben können.[150] Zu unterscheiden ist dabei zwischen dem Täuschen durch aktives Tun und dem Unterlassen bei vorliegender Offenbarungspflicht.   **181**

---

[150]   Hemmer/Wüst, BGB AT III, Rn. 491 ff.

aa) Täuschung durch aktives Tun

Eine Täuschung durch aktives Tun wird dadurch verwirklicht, **182** dass in der Person des Anfechtungsberechtigten, d.h. hier des AG ein Irrtum erregt, bzw. aufrechterhalten wird, der dazu führt, dass sich der AG über objektive Umstände Fehlvorstellungen macht.

Bewusst falsche Angaben beim Einstellungsgespräch

Hauptanwendungsfall i.R.d. Arbeitsrechts ist die bewusst wahrheitswidrige Beantwortung von Fragen im Laufe der Einstellungsverhandlungen. Auf den ersten Blick könnte man meinen, dass in derartigen Fällen auf jeden Fall ein Anfechtungsrecht des AG bestehen muss.

Dabei wird jedoch völlig verkannt, dass der AN, der verständlicherweise seine Arbeitsplatzchancen bewahren möchte, zu selbstbelastenden Aussagen gezwungen werden könnte, die sich zudem nicht mit seinem Recht auf Intim- und Privatsphäre vereinbaren lassen.[151]

Fragen des AG nur bei engem Bezug zum Arbeitsplatz zulässig

Auf diesen Konflikt der Interessen des AG und des AN hat die Rechtsprechung rasch reagiert und bestimmt, dass nicht jede Täuschung zu einem entsprechenden Anfechtungsrecht führen könne. Eine rechtswidrige Täuschung ist aus diesem Grund nur noch dann zu bejahen, wenn die Fragen des AG an den AN im Vorstellungsgespräch an sich zulässig waren, d.h. dem AG ein besonders hohes Aufklärungsinteresse nachgewiesen werden kann.

Dies kann aber nur der Fall sein, wenn die Fragen einen engen Bezug zu dem angestrebten Arbeitsplatz und der damit verbundenen Tätigkeit vorweisen und deshalb ausnahmsweise die Interessen des AN zurücktreten müssen. Wann dies der Fall ist, wird nun wiederum beeinflusst durch den Anwendungsbereich des AGG, vgl. §§ 1, 2 I Nr. 1 AGG.

Aus dem Umkehrschluss folgt damit, dass bei einer unzulässigen Frage der AN nicht nur schweigen, sondern bewusst die Unwahrheit sagen kann (sog. „Recht zur Lüge").[152]

Beispiele für klausurrelevante Fragen des AG:

- ➲ Fragen, die ausschließlich der Erforschung der **Privatsphäre** dienen, wie z.B. sexuelle Beziehungen (§ 1 AGG), soziale Kontakte, private Geheimnisse, Freizeitaktivitäten etc. sind grundsätzlich nicht berechtigt.

---

[151]   Grundsätze zur arglistigen Täuschung in **Life&Law 01/1999, 24**.
[152]   Vgl. zur erlaubten bewussten Falschbeantwortung **Life&Law 06/2001, 407**.

➲ Die Frage nach der **Schwangerschaft** einer AN ist nach absolut h.M. unzulässig, weil die Frage diskriminierend ist, vgl. §§ 1, 3 I S. 2, 2 I Nr. 1 AGG. Das gilt selbst dann, wenn für die schwangere AN ein Beschäftigungsverbot an dem konkreten Arbeitsplatz besteht.[153] Die Schwangerschaft ist vorübergehend. Etwaige Ausfälle können für den AG durch zukünftige Arbeitsleistungen kompensiert werden. In der Literatur wird die Frage allenfalls dann noch für zulässig erachtet, wenn es um eine befristete Beschäftigung geht, da hier eine Kompensationsmöglichkeit nicht besteht.[154]

➲ Seit Inkrafttreten des § 164 II S. 1 SGB IX und des AGG ist es sehr umstritten, ob die früher zulässige Frage nach der **Schwerbehinderteneigenschaft** nach wie vor zulässig ist. Das BAG hat diese Frage zuletzt offen gelassen.[155]

Besteht das Arbeitsverhältnis länger als sechs Monate, hat der schwerbehinderte Mensch den Kündigungsschutz gemäß §§ 168 ff. SGB IX erworben, vgl. § 173 I Nr. 1 SGB IX. Jedenfalls ab diesem Zeitpunkt ist die Frage des Arbeitgebers nach der Schwerbehinderung zulässig, wenn sie zur Vorbereitung von beabsichtigten Kündigungen dient.
Die Frage im Vorfeld einer Kündigung diskriminiert den Arbeitnehmer nicht wegen einer Behinderung unmittelbar i.S.d. § 3 I S. 1 AGG. Die Frage dient im Gegenteil der Wahrung der Rechte und Interessen der Schwerbehinderten und ist Voraussetzung dafür, dass der Arbeitgeber die Belange des schwerbehinderten Menschen bei Kündigungen überhaupt wahren kann.[156]
Infolge der wahrheitswidrigen Beantwortung der ihm gestellten Frage nach seiner Schwerbehinderung ist es dem AN unter dem Gesichtspunkt widersprüchlichen Verhaltens verwehrt, sich auf den Sonderkündigungsschutz des § 168 SGB IX zu berufen, § 242 BGB.

➲ Eine Frage nach **Vorstrafen** ist nur dann zuzulassen, wenn ein sachlicher Zusammenhang zu dem zu besetzenden Tätigkeitsbereich besteht und die Strafen noch nicht nach §§ 51, 53 BZRG zu tilgen sind. Verurteilungen, die im Bundeszentralregister getilgt sind, braucht ein Stellenbewerber auf die pauschale Frage nach dem Vorliegen von Vorstrafen auch dann nicht zu beantworten, wenn er sich um eine Stelle im Justizvollzugsdienst bewirbt.[157]

[153] **BAG, Life&Law 2003, 407**.
[154] Stürmer, NZA 2001, 526 ff.; ausführlich zur Entwicklung der Rechtsprechung in diesem Bereich Hemmer/Wüst, Arbeitsrecht, Rn. 323 ff.
[155] Vgl. **BGH, Life&Law 02/2012, 91 ff.**, NZA 2012, 34 ff. = **juris**byhemmer.
[156] **BAG, Life&Law 07/2012, 488 ff.** = NZA 2012, 555 ff. = **juris**byhemmer.
[157] BAG, NZA 2014, 1131 ff. = **juris**byhemmer.

➲ Auch die Frage nach noch anhängigen Straf- oder Ermittlungsverfahren kann zulässig sein, wenn solche Verfahren Zweifel an der persönlichen Eignung des Arbeitnehmers begründen können. Dem steht die in Art. 6 II EMRK verankerte Unschuldsvermutung nicht entgegen. Diese bindet unmittelbar nur den Richter, der über die Begründetheit der Anklage zu entscheiden hat. Daraus ergibt sich nicht, dass aus einem anhängigen Ermittlungs- oder Strafverfahren für den Beschuldigten überhaupt keine Nachteile entstehen dürften.[158]

➲ An der Informationsbeschaffung durch die Frage nach **eingestellten** Ermittlungsverfahren an den Stellenbewerber besteht dagegen grundsätzlich kein berechtigtes Interesse des potenziellen Arbeitgebers. Eine solche Frage ist damit im Bewerbungsverfahren im Regelfall nicht erforderlich.[159]

➲ Wird der Bewerber zu dem im vorherigen Arbeitsverhältnis erzielten Gehalt befragt, dann muss er nur wahrheitsgemäß auf die Fragen antworten, wenn das frühere Gehalt in irgendeiner Weise Auskunft über die Eignung des AN für die zu besetzende Stellung gibt.[160]

bb) Täuschung durch Verschweigen von Umständen

Verstoß gegen die Offenbarungspflicht

Es ist durchaus auch eine Täuschung dadurch denkbar, dass der AN dem AG wichtige Umstände verschweigt. Dies kommt aber nur dann in Frage, wenn der AN gegenüber dem AG eine Offenbarungspflicht hat.   *183*

Damit sind alle die Fälle gemeint, in denen der AN nach Treu und Glauben (§ 242 BGB) ungefragt zur Mitteilung der Umstände verpflichtet ist, die ihm die Erfüllung der Arbeitspflicht von vornherein unmöglich machen oder sonst für das Arbeitsverhältnis von ausschlaggebender Bedeutung sind.[161]

Beispiele:

➲ *Vorbestrafung eines Kassierers wegen mehrfacher Unterschlagung oder Betruges,*

➲ *Alkoholabhängigkeit eines Berufskraftfahrers,*

➲ *AIDS-Erkrankung, die baldige Arbeitsunfähigkeit erwarten lässt.*

---

[158]   Zuletzt BAG, NJW 2013, 1115 ff. = **juris**byhemmer.

[159]   **BAG, Life&Law 06/2013, 411 ff.** = NZA 2013, 429 ff. = **juris**byhemmer.

[160]   Zu diesen Fallgruppen gehört auch die bewusste Verneinung der Frage nach einer Behinderung, dazu **Life&Law 06/2001, 407 ff.** und darüber hinaus **Life&Law 08/1999, 507**.

[161]   Hemmer/Wüst, BGB AT III, Rn. 496.

3. Kausalität

Ursächlichkeit

Ein Anfechtungsrecht kann nur dann entstehen, wenn der Irrtum, bzw. die Täuschung oder Drohung für den Abschluss des Arbeitsvertrages kausal gewesen ist.

184

In Bezug auf § 119 BGB wäre eine Kausalität dann zu bejahen, wenn der AG bei Kenntnis der tatsächlichen Sachlage, den Arbeitsvertrag nicht oder nicht mit demselben Inhalt geschlossen hätte.

Die Täuschung i.S.d. § 123 BGB ist dagegen dann für den Vertragsschluss ursächlich, wenn der getäuschte AG die Willenserklärung überhaupt nicht oder mit einem anderen Inhalt abgegeben hätte.

4. Anfechtungsfrist

Als letzte Voraussetzung ist die Beachtung einer entsprechenden Anfechtungsfrist unerlässlich.[162]

a) § 119 BGB

§ 121 I BGB

Eine Anfechtung nach § 119 BGB ist im Allgemeinen an die Anfechtungsfrist des § 121 BGB gekoppelt, d.h. sie muss unverzüglich und somit ohne schuldhaftes Zögern erfolgen. Von dieser grundsätzlichen Anfechtungsfrist weicht man jedoch im Arbeitsrecht ab und wendet aufgrund der funktionellen Ähnlichkeit zwischen Anfechtung und außerordentlicher Kündigung, ihrer wahlweisen Anwendung und schließlich mangels Rechtfertigung einer unterschiedlichen Rechtssatzanwendung, auch bei Irrtumsanfechtungen die Ausschlussfrist des § 626 II BGB an.

185

Infolgedessen darf zwischen dem Zeitpunkt der Kenntniserlangung und dem Zugang der Anfechtungserklärung **höchstens** ein Zeitraum von zwei Wochen liegen.

b) § 123 BGB

§ 124 I BGB

Aufgrund einer genauen Zeitbestimmung in § 124 BGB bedarf es im Gegensatz zu der Irrtumsanfechtung bei einer Anfechtung wegen arglistiger Täuschung bzw. widerrechtlicher Drohung nicht einer zeitlichen Fixierung durch die entsprechende Anwendung des § 626 I BGB.

186

Es bleibt folglich auch im Arbeitsrecht bei der Anfechtungsfrist von einem Jahr ab Kenntniserlangung bzw. Ende der Drohung.[163]

---

[162] Hemmer/Wüst, BGB AT III, Rn. 526 ff.
[163] Hemmer/Wüst, Arbeitsrecht, Rn. 319, 327.

III. Rechtsfolgen der Anfechtung

Bezüglich der Rechtsfolgen ist strikt zu unterscheiden:

Ex-tunc-Wirkung
bei Nichtaustausch
von Leistungen

Wurde das nichtige Arbeitsverhältnis noch nicht vollzogen, d.h. hat der AN noch keine Arbeitsleistungen erbracht, dann greift die Anfechtung gem. § 142 I BGB rückwirkend ex tunc durch. Hinsichtlich evtl. Rückabwicklungsansprüche ist dann auf die allgemeinen Regeln des Bürgerlichen Rechts, insbesondere auf die Grundsätze des Bereicherungsrechts zurückzugreifen.

Ex-nunc-Wirkung
bei Vollzug des
Arbeitsverhältnisses

Hat jedoch in irgendeiner Weise ein Leistungsaustausch stattgefunden, d.h. ist das Arbeitsverhältnis in Vollzug gesetzt worden, kommen für Vergangenheit die Grundsätze des fehlerhaften Arbeitsverhältnisses zu Anwendung (vgl. Rn. 169 ff.).

Faktisch wirkt die Anfechtung unter Wahrung des besonderen Arbeitnehmerschutzes daher lediglich ex nunc.

E) Befristete Arbeitsverhältnisse

Ein Arbeitsverhältnis kann nicht nur aufgrund einer Anfechtung oder einer Kündigung, sondern auch mit Ablauf der vereinbarten Dauer des Arbeitsverhältnisses oder mit Erreichung des mit ihm verfolgten Zwecks enden. Um den Beendigungstatbestand der Befristung von Arbeitsverhältnissen hat es allerdings in den letzten Jahren zahlreiche Diskussionen gegeben, die schließlich mit der Einführung des Teilzeit- und Befristungsgesetzes (TzBfG) beigelegt werden sollen.   **187**

I. Ausgangspunkt

Umgehung des
KSchG

Greift man auf die Vorschrift des § 620 BGB zurück, erscheint die Befristung von Arbeitsverhältnissen unproblematisch möglich zu sein.   **188**

Dies hätte aber zur Folge, dass die Regelungen des KSchG sehr leicht umgangen werden könnten. Denn ein befristetes Arbeitsverhältnis endet ohne Grund durch Zeitablauf.

hemmer-Methode: Dieser Hintergrund ist für das Verständnis des Gesetzes sehr wichtig. Da das KSchG aber nur dann umgangen werden kann, wenn es überhaupt anwendbar ist, stellt sich die Frage, ob eine Beschränkung von Befristungsmöglichkeiten in sog. Kleinbetrieben (zehn oder weniger AN) überhaupt erforderlich ist. Denn hier könnte ja auch sachgrundlos gekündigt werden. Der Gesetzgeber hat diese Einschränkung im Gesetzgebungsverfahren zum TzBfG diskutiert, hat dann aber keine entsprechende Ausnahme formuliert, sodass die Befristungsbeschränkungen für alle Betriebe gelten, unabhängig von der Anzahl der dort beschäftigten AN.

Rspr.: Forderung eines sachlichen Grundes nur bei Missbrauch

Auf diesen Missstand reagierte die Rspr. zunächst dadurch, dass sie bei einer offensichtlichen Aushebelung der Kündigungsschutzvorschriften des KSchG für die Befristung einen sachlichen Grund forderte, der immer dann gegeben sein sollte, wenn ein vergleichbarer verständiger AG auf die gleiche Weise gehandelt hätte.

Folge: Rückgang der Abschlüsse von befristeten Arbeitsverhältnissen

Diese Einschränkung der ursprünglich erleichterten Befristung hatte wiederum zum Resultat, dass AG in der Folgezeit bevorzugt gar keine befristeten Arbeitsverträge abschlossen, bevor sie sich diesen Regelungen unterwarfen. Um diese Negativfolgen für den gesamten Arbeitsmarkt abzufangen, hat der Gesetzgeber in der Folgezeit das BeschFG geschaffen, welches mittlerweile durch das TzBfG (Teilzeitbefristungsgesetz) abgelöst wurde.

Dort wird unter bestimmten Voraussetzungen eine sachgrundlose Befristung zugelassen.

II. Regelung durch das TzBfG

1. Begriff der Befristung, § 3 I TzBfG

Einfügung der Definition der Befristung in § 3 I TzBfG

Gem. § 3 I TzBfG ist ein AN befristet beschäftigt, wenn sein Arbeitsvertrag durch Zeitablauf (kalendermäßige Befristung) oder durch Erreichen eines bestimmten Zwecks (zweckbefristeter Arbeitsvertrag) endet, ohne dass es einer Kündigung bedarf.

190

2. Zulässigkeit der Befristung

Neue Rspr.: grundsätzlich sachlicher Grund notwendig

Neben dieser Begriffsbestimmung wurde im TzBfG exakt festfestgelegt, wann eine Befristung zulässig sein soll. Dabei hat sich der Gesetzgeber auch weiterhin an der bisherigen Sachgrundrechtsprechung des BAG orientiert und die im BeschFG dominierende Möglichkeit der erleichterten Befristung ohne Sachgrund grundsätzlich beibehalten.

191

Sie unterliegt allerdings innerhalb des TzBfG erheblichen Einschränkungen, sodass Befristungen ohne Rechtsgrund nur noch in wenigen Konstellationen denkbar sind.[164]

 hemmer-Methode: Beachten Sie: Für die Befristung einzelner Arbeitsbedingungen gilt das TzBfG nicht![165]

---

[164] Hemmer/Wüst, Arbeitsrecht, Rn. 333.

[165] **BAG, Life&Law 2005, 308 ff.**; ausführlich Hemmer/Wüst, Arbeitsrecht, Rn. 349a.

a) Befristungen mit Sachgrund, § 14 I S. 1 TzBfG

Folglich sind befristete Arbeitsverhältnisse, die auf einen sachlichen Grund gestützt werden können, unbegrenzt möglich. Voraussetzung ist nur, dass im Einzelfall ein Sachgrund für die Befristung besteht.   **192**

Die wichtigsten sachlichen Befristungsgründe nennt das Gesetz katalogartig, jedoch keineswegs abschließend („insbesondere") in § 14 I S. 2 TzBfG. Im Einzelnen sind dies:

Sachgründe des § 14 I S. 2 TzBfG

- Nr. 1: ein vorübergehender betrieblicher Bedarf an der Arbeitsleistung,

- Nr. 2: eine Befristung im Anschluss an eine Ausbildung oder an ein Studium, um den Übergang in eine Anschlussbeschäftigung zu erleichtern,

- Nr. 3: eine Vertretung eines anderen AN[166],

- Nr. 4: eine Rechtfertigung durch die Eigenart der Arbeitsleistung[167],

- Nr. 5: die Erprobung des AN,

- Nr. 6: Gründe in der Person des AN[168],

- Nr. 7: die Vergütung aus Haushaltsmitteln, die haushaltsrechtlich für eine befristete Beschäftigung bestimmt sind,

- Nr. 8: Beruhen der Befristung auf einem gerichtlichen Vergleich.[169]

b) Ausnahmen: Befristung ohne Sachgrund

Eine erleichterte Befristung ohne Sachgrund ist lediglich in wenigen Ausnahmekonstellationen denkbar.

---

[166] Der Sachgrund der Vertretung nach § 14 I S. 2 Nr. 3 TzBfG kann auch gegeben sein, wenn der Vertreter nicht die Aufgaben des vertretenen Arbeitnehmers wahrnimmt (sog. **„mittelbare" Vertretung**). Die befristete Beschäftigung zur Vertretung lässt nämlich die Versetzungs- und Umbesetzungsbefugnisse des Arbeitgebers unberührt, vgl. BAG, NZA 2004, 925 (927).

[167] Der Sachgrund der **Eigenart der Arbeitsleistung** kann die Befristung eines Arbeitsvertrags nach **§ 14 I S. 2 Nr. 4 TzBfG** nur dann rechtfertigen, wenn die Arbeitsleistung Besonderheiten aufweist, aus denen sich ein berechtigtes Interesse der Parteien, insbesondere des Arbeitgebers, ergibt, statt eines unbefristeten nur einen befristeten Arbeitsvertrag abzuschließen. Diese besonderen Umstände müssen das Interesse des Arbeitnehmers an der Begründung eines Dauerarbeitsverhältnisses überwiegen.

Derartige Besonderheiten sind bei den Arbeitsvertragsbeziehungen zwischen einem Fußballverein der Ersten Bundesliga und einem Lizenzspieler gegeben. Die Befristung ist daher nach § 14 I S. 2 Nr. 4 TzBfG sachlich gerechtfertigt. Vgl. dazu das BAG-Urteil in der Sache „Heinz Müller vs. FSV Mainz 05", **Life&Law 09/2018, 584 ff.** = NZA 2018, 703 ff.

[168] **Achtung:** Der Wunsch des Arbeitnehmers nach einer nur zeitlich begrenzten Beschäftigung kann die Befristung eines Arbeitsvertrags nach § 14 I S. 2 Nr. 6 TzBfG sachlich rechtfertigen. Allein die Unterzeichnung des Arbeitsvertrags lässt jedoch nicht auf einen entsprechenden Wunsch schließen. Erforderlich sind vielmehr weitere objektive Anhaltspunkte, die die Annahme rechtfertigen, dass der Arbeitnehmer auch bei einem Angebot auf Abschluss eines unbefristeten Vertrags nur ein befristetes Arbeitsverhältnis vereinbart hätte; vgl. dazu BAG, NZA 2017, 849 ff.

[169] Ein Vergleich nach § 278 VI S. 1 Alt. 1 ZPO erfüllt - im Gegensatz zu § 278 VI S. 1 Alt. 2 ZPO - nicht die Voraussetzungen des § 14 I S. 2 Nr. 8 TzBfG, da es an der erforderlichen verantwortlichen Mitwirkung des Gerichts fehlt, vgl. BAG, NZA 2016, 39 ff.

aa) Kalendermäßige Befristung, § 14 II TzBfG

Befristung bis zu zwei Jahren ohne Sachgrund möglich

Gem. des Wortlauts des § 14 II TzBfG ist die kalendermäßige Befristung eines Arbeitsvertrages ohne Vorliegen eines sachlichen Grundes bis zur Dauer von zwei Jahren zulässig.

193

Bis zu dieser Gesamtdauer von zwei Jahren ist auch die höchstens dreimalige Verlängerung des kalendermäßig befristeten Arbeitsvertrages zulässig, § 14 II S. 1 HS 2 TzBfG. Es besteht darüber hinaus die Möglichkeit, die Anzahl der Verlängerungen oder die Höchstdauer der Befristung durch Tarifvertrag abweichend zu regeln, § 14 II S. 3 TzBfG.[170]

hemmer-Methode: Kalendermäßig befristet bedeutet in diesem Zusammenhang immer, dass die Dauer des Arbeitsverhältnisses exakt zeitlich festgelegt wurde, oder zumindest der genaue Zeitraum ohne weiteres bestimmbar ist (z.B. Abschluss eines Arbeitsverhältnisses vom 01.01. - 31.12. oder ab dem 15.03. für die Dauer eines Jahres).

Ein besonderes Klausurproblem bringt der § 14 II S. 2 TzBfG mit sich, nach dessen Bestimmungen die obigen Regelungen nicht gelten sollen, wenn mit demselben AG bereits zuvor ein befristetes oder unbefristetes Arbeitsverhältnis bestanden hat.

BAG 2011

Mit extrem kritisierten Urteilen des BAG vom 06.04.2011 und 21.09.2011[171] hat der siebte Senat des BAG seine bisherige Rechtsprechung aufgegeben und an dem zeitlich völlig uneingeschränkten Verständnis des Verbots der Vorbeschäftigung nach § 14 II S. 2 TzBfG nicht mehr festgehalten.[172] Nach Ansicht des BAG steht eine frühere Beschäftigung der Anwendung von § 14 II S. 1 TzBfG nicht entgegen, wenn diese – wie im vorliegenden Fall – **mehr als drei Jahre** zurückliegt. In diesem Fall soll dieses Arbeitsverhältnis nicht „bereits zuvor" im Sinne des § 14 II S. 2 TzBfG bestanden haben.

BVerfG 2018

Mit Beschluss vom 06.06.2018 hat das BVerfG in zwei Verfahren (Vorlage des ArbG Braunschweig und Verfassungsbeschwerde eines Arbeitnehmers) entschieden, dass die Rechtsprechung des BAG zum Vorbeschäftigungsverbot mit den verfassungsrechtlichen Anforderungen nicht zu vereinbaren ist:[173]

Die Annahme, eine sachgrundlose Befristung des Arbeitsvertrags sei immer dann zulässig, wenn eine Vorbeschäftigung mehr als drei Jahre zurückliegt, überschreitet die Grenzen richterlicher Rechtsfortbildung, weil der Gesetzgeber sich hier erkennbar gegen eine solche zeitliche Begrenzung des Vorbeschäftigungsverbots entschieden hatte.

---

[170]   Hemmer/Wüst, Arbeitsrecht, Rn. 341 f.
[171]   **BAG, Life&Law 05/2012, 334 ff.** = NZA 2012, 255 ff. = **juris**byhemmer.
[172]   **BAG, Life&Law 11/2011, 791 ff.** = NZA 2011, 905 ff. = **juris**byhemmer; vgl. dazu auch Kuhnke, NJW 2011, 3131 ff.
[173]   BVerfG, NJW 2018, 2542 ff.

BAG 2019

Mit Urteil vom 23.01.2019 hat das BAG seine Rechtsprechung aufgegeben.[174]

Die Anwendung des in § 14 II S. 2 TzBfG bestimmten Verbots der „Zuvor-Beschäftigung" für eine sachgrundlose Befristung kann nach neuer Rechtsprechung des BAG für den Arbeitgeber in Einzelfällen unzumutbar sein, soweit eine Gefahr der Kettenbefristung in Ausnutzung der strukturellen Unterlegenheit der Beschäftigten nicht besteht und das Verbot der sachgrundlosen Befristung nicht erforderlich ist, um das unbefristete Arbeitsverhältnis als Regelbeschäftigungsform zu erhalten. In einem solchen Fall ist der Anwendungsbereich des § 14 II S. 2 TzBfG im Wege verfassungskonformer Auslegung der Vorschrift einzuschränken. Das kann insbesondere der Fall sein, wenn eine Vorbeschäftigung sehr lange zurückliegt, ganz anders geartet war oder von sehr kurzer Dauer gewesen ist.

§ 14 II S. 2 TzBfG ist nur dann verfassungskonform teleologisch zu reduzieren, wenn

⇨ die Vorbeschäftigung **schon sehr lange zurückliegt,**[175]

⇨ **ganz anders geartet war oder**

⇨ **von sehr kurzer Dauer gewesen i**st.

- z.B. geringfügige Nebenbeschäftigungen während der Schul-, Studienzeit oder Familienzeit

- Tätigkeit von Werkstudierenden und studentischen Mitarbeitern i.R.d. Berufsqualifizierung

- lange zurückliegende Beschäftigungen von Menschen, die sich später beruflich völlig neu orientieren.

bb) Altersbefristung, § 14 III TzBfG

Ausnahme auch bei AN, die älter als 52 Jahre sind

Nach § 14 III TzBfG ist ein sachlicher Grund für die Befristung auch dann entbehrlich, wenn der AN, bei Beginn der Befristung das 52. Lebensjahr vollendet hat.   **194**

Beachte: Nichtvorliegen eines engen sachlichen Zusammenhanges

Im Gegensatz zu § 14 II TzBfG besteht durchaus die Möglichkeit des direkten Anschlusses eines befristeten Arbeitsverhältnisses an ein bisheriges ebenfalls befristetes Arbeitsverhältnis. In dem Fall, dass ein Arbeitsvertrag anhand einer erleichterten Befristung zustande kommt und in der Folgezeit an ein vorhergehendes unbefristetes Arbeitsverhältnis angeschlossen werden soll, darf zwischen beiden kein sachlicher Zusammenhang nachgewiesen werden können.

---

[174]   BAG, **Life&Law 08/2019, 531 ff.** = NZA 2019, 700 ff. = **juris**byhemmer.

[175]   Ein Zeitablauf von acht Jahren seit dem Ende der Vorbeschäftigung reicht nicht (BAG, **Life&Law 08/2019, 531 ff.**) Mit Urteil vom **21.08.2019** (Az.: 7 AZR 452/17) hat das BAG entschieden, dass eine sachgrundlose Befristung zulässig ist, wenn die Vorbeschäftigung **22 Jahre** zurückliegt.

Eine solche Verbindung wäre dann anzunehmen, wenn zwischen den einzelnen Arbeitsverträgen mit demselben AG ein Zeitraum von weniger als sechs (bisher vier) Monaten liegt, § 14 III TzBfG.

3. Schriftformerfordernis, § 14 IV TzBfG

§ 14 IV TzBfG

Nach § 14 IV TzBfG bedarf die Befristung eines Arbeitsvertrages zu ihrer Wirksamkeit der Schriftform. Ist diese nicht gewahrt, greift § 16 TzBfG ein, mit der Folge, dass der befristete Arbeitsvertrag als auf unbestimmte Zeit geschlossen gilt. **195**

Befristungsgrund bedarf nicht der Schriftform

Die Schriftform findet auf den der Befristung zugrunde liegenden Sachverhalt selbst aber keine Anwendung. Nur die Befristungsabrede selbst ist formbedürftig, nicht der Befristungsgrund.[176]

*Bei **Zweck**befristung muss Zweck schriftlich festgehalten werden*

Da bei einer Zweckbefristung die Dauer des Arbeitsverhältnisses allein von dem Vertragszweck abhängt, muss der Vertragszweck schriftlich vereinbart werden. Die Vereinbarung einer Zweckbefristung ist ohne Vereinbarung des Vertragszwecks nicht denkbar. Die Bezeichnung des Vertragszwecks tritt an die Stelle der Datumsangabe oder der Zeitangabe bei der Zeitbefristung.[177]

Halten die Arbeitsvertragsparteien eine zunächst nur mündlich und damit nach § 14 IV TzBfG, § 125 S. 1 BGB formnichtig vereinbarte Befristung in einem nach Vertragsbeginn unterzeichneten Arbeitsvertrag schriftlich fest, führt dies nicht dazu, dass die Befristung rückwirkend wirksam wird. Insbesondere steht § 141 II BGB der Geltendmachung des Formmangels nicht entgegen. Die Vorschrift ist auf die nach Vertragsbeginn erfolgte schriftliche Niederlegung einer zuvor nur mündlich vereinbarten Befristung nicht anwendbar.[178]

Die nach Vertragsbeginn erfolgte schriftliche Niederlegung stellt regelmäßig auch keinen neuen formwirksam befristeten Arbeitsvertrag dar, weil die Parteien meist gar keine Willenserklärungen abgeben, sondern nur vermeintlich bereits wirksam vereinbartes rein deklaratorisch fixieren wollen.[179]

hemmer-Methode: Die Schriftform kann sich für den AG als richtige Falle erweisen, wie das obige Beispiel zeigt. In einem anderen Fall hatte der AG mit dem AN nach Ausspruch einer (wirksamen) Kündigung vereinbart, dass dieser bis zur Beendigung des Kündigungsschutzprozesses bei ihm weiterarbeiten soll. Soweit in einer solchen Vereinbarung ein Rechtsbindungswille, gerichtet auf Abschluss eines neuen Arbeitsvertrages, zu sehen ist, bedarf diese Vereinbarung der Schriftform, weil es sich um eine sog. Zweckbefristung handelt.[180]

---

[176] BAG, NZA 2004, 1333 = **juris**byhemmer.

[177] BAG, NZA 2006, 321 [323] = **juris**byhemmer.

[178] BAG, NZA 2005, 575 ff. = **juris**byhemmer.

[179] BAG, NZA 2005, 575 ff.; nach Ansicht des BAG könnten für einen solchen neuen, formwirksam befristeten, Arbeitsvertrag überdies auch die Regelungen über die „erleichterte Befristung" gemäß § 14 II S. 1 TzBfG nicht angewendet werden = **juris**byhemmer.

[180] **BAG, Life&Law 2005, 303 ff.**

AG kann Angebot abhängig machen von schriftlicher Annahme

Der Arbeitgeber kann sein Angebot zum Abschluss eines befristeten Arbeitsvertrags aber von der Unterzeichnung einer Vertragsurkunde durch den Arbeitnehmer abhängig machen, wenn er dem Arbeitnehmer - ohne vorangegangene Absprache - ein von ihm bereits unterschriebenes Vertragsformular mit der Bitte um Unterzeichnung übersendet (= Angebot des Arbeitgebers). In diesem Fall kann der Arbeitnehmer das ihm vorliegende schriftliche Vertragsangebot nicht durch die Arbeitsaufnahme konkludent annehmen (kein Vertragsschluss).

Erst eine den Anforderungen des § 126 II BGB genügende Annahmeerklärung bringt den Vertrag zustande.

Nimmt der Arbeitnehmer vor diesem Zeitpunkt die Arbeit auf, entsteht zwischen den Parteien kein wirksames Arbeitsverhältnis, weil es an der Abgabe der zum Vertragsschluss erforderlichen übereinstimmenden Willenserklärungen fehlt.[181]

4. Rechtswirkung und Beendigung eines wirksam befristeten Arbeitsvertrages

Bei der Beantwortung der Frage, welche Rechtsfolgen sich aus der wirksamen Befristung eines Arbeitsvertrages ergeben können, bestehen im Wesentlichen keine Abweichungen zu den bisherigen Regelungen der §§ 620, 624 und 625 BGB.   *196*

Beendigung durch Zeitablauf

Nach § 15 I TzBfG endet somit ein kalendermäßig befristetes Arbeitsverhältnis mit Ablauf der vereinbarten Zeit.

oder Zweckerreichung

Liegt hingegen ein zweckbefristetes Arbeitsverhältnis vor, dann bestimmt § 15 II TzBfG, dass das Arbeitsverhältnis mit Erreichung des verfolgten Zwecks endet.

Eine diesbezügliche Neuregelung besteht darin, dass bei Ablauf eines zweckbefristeten Arbeitsvertrages die Notwendigkeit besteht, dass der AG dem AN zwei Wochen vor Erreichung des Vertragszweckes darüber unterrichtet, dass zu diesem Zeitpunkt der Arbeitsvertrag ausläuft.

hemmer-Methode: Bedenken Sie auch, dass ein wirksam befristetes Arbeitsverhältnis frühestens zum Zeitpunkt des ursprünglich vorgesehenen Befristungsendes ordentlich gekündigt werden kann. Anders ist ausnahmslos in den Fällen des § 15 III TzBfG, oder wenn eine Befristung mangels Wahrung der Schriftform unwirksam ist, zu entscheiden.

---

[181]   Lesen Sie dazu **BAG, Life&Law 12/2008, 805 ff.** (= NZA 2008, 1184 ff.) sowie **BAG, NZA 2016, 358 ff.**

5. Rechtsfolgen bei Unwirksamkeit der Befristung

Unwirksamkeit der Befristung = auf unbestimmte Zeit abgeschlossenes Arbeitsverhältnis

Ist eine Befristung des Arbeitsvertrages im Ergebnis unwirksam, dann gilt das Arbeitsverhältnis für die Zukunft als unbefristet abgeschlossen § 16 TzBfG. Eine ordentliche Kündigung des Arbeitsverhältnisses vor Ablauf der Befristung ist gem. § 16 S. 2 TzBfG nur dann möglich, wenn die Unwirksamkeit der Befristung lediglich aus der Nichtbeachtung der Schriftform des § 14 IV TzBfG resultiert.

197

Präklusionsfrist des § 17 TzBfG

Will der AN diese Unwirksamkeit geltend machen, dann ist er nach § 17 S. 1 TzBfG verpflichtet, (spätestens[182]) innerhalb von drei Wochen nach dem vereinbarten Ende des befristeten Arbeitsverhältnisses Klage beim Arbeitsgericht auf Feststellung zu erheben, dass das Arbeitsverhältnis auf Grund der Befristung nicht beendet ist.

Anderenfalls entwickelt die Befristung Wirksamkeit und beendet das Arbeitsverhältnis automatisch mit Ablauf des vereinbarten Zeitraumes, § 17 S. 2 TzBfG i.V.m. § 7 KSchG.

Im Unterschied zu der vergleichbaren Präklusionsvorschrift des § 4 S. 1 KSchG erfasst die Präklusion hier auch die Nichtbeachtung der Schriftform, weil der Lauf der Frist an die geplante Beendigung des Arbeitsverhältnisses anknüpft!

Nach § 17 S. 2 TzBfG gilt unter anderem § 6 KSchG entsprechend. Diese entsprechende Anwendung von § 6 KSchG hat zur Folge, dass die Klagefrist auch dadurch gewahrt sein kann, dass der Arbeitnehmer bis zum Schluss der mündlichen Verhandlung erster Instanz einen punktuellen Befristungskontrollantrag stellt, wenn er innerhalb der Dreiwochenfrist auf anderem Weg gerichtlich geltend gemacht hat, dass die Befristung rechtsunwirksam ist.

Mit einem innerhalb der Dreiwochenfrist angebrachten **Wiedereinstellungsantrag** wird die Unwirksamkeit einer Befristung nicht auf anderem Weg geltend gemacht, da dessen Erfolg nicht die Unwirksamkeit der Befristungsabrede voraussetzt.

Ein innerhalb der Dreiwochenfrist angebrachter **Weiterbeschäftigungsantrag kann einen Klageantrag darstellen**, der den Willen des Arbeitnehmers, eine Beendigung seines Arbeitsverhältnisses durch Befristungsablauf nicht zu akzeptieren, hinreichend klar zum Ausdruck bringt. Dies ist allerdings nicht zwangsläufig der Fall, sondern nach den Umständen des Einzelfalls zu beurteilen.[183]

---

[182] BAG, NZA 2004, 925 = **juris**byhemmer.
[183] Lesen Sie dazu **BAG, NZA 2015, 1511 ff.**

F) Aufhebungsvertrag

Unter Berücksichtigung der beiderseitigen Interessen kann es in vielerlei Hinsicht für die Parteien von Vorteil sein, eine einvernehmliche Beendigung des Vertragsverhältnisses durch einen Aufhebungsvertrag zu erreichen.[184]   *198*

I. Interessenausgleich

Vorteile des Aufhebungsvertrages

Während für den AG sämtliche Anforderungen des allgemeinen und besonderen Kündigungsschutzes entfallen und darüber hinaus auch keinerlei Kündigungsfristen oder die ordnungsgemäße Anhörung des Betriebsrates zu beachten sind, kommt dem AN zugute, dass neben dem Erhalt einer entsprechenden Abfindung auch auf Nennung des eigentlichen Beendigungsgrundes verzichtet werden kann, wodurch die Chancen des AN auf dem Arbeitsmarkt um ein Vielfaches verbessert werden können.[185]   *199*

hemmer-Methode: Der Aufhebungsvertrag wird fälschlicherweise immer als Rechtsinstitut angesehen, das sich für beide Vertragsparteien ausschließlich vorteilhaft auswirkt. Denken Sie aber auch daran, dass ein „einvernehmlicher" Vertragsschluss oft mit Druckausübung durch den AG verbunden ist und im Ergebnis für den AN durch den Verlust des Arbeitslosengeldes, der Ansprüche aus der Alters- und Rentenversicherung und der Wartezeit in der Alters- und Arbeitslosenversicherung sehr wohl mit erheblichen sozialrechtlichen Folgen verbunden sein kann.

II. Zustandekommen und Anfechtung eines Aufhebungsvertrages

1. Abschluss eines Aufhebungsvertrages

Allgemeine Regeln bei Vertragsschluss

Der Abschluss eines Aufhebungsvertrages richtet sich nach den allgemeinen Regeln der §§ 145 ff. BGB über Angebot und Annahme.   *200*

Gem. § 623 BGB bedarf der Aufhebungsvertrag der Schriftform, § 126 BGB.

In der Rspr. erscheinen immer wieder Fälle in denen der AG dem AN bei Nichtunterzeichnung des für letzteren ungünstigen Aufhebungsvertrages mit einer sofortigen Kündigung droht und somit seine stärkere Verhandlungsposition ausnutzt.

---

[184]   **Life&Law 05/1998, 307 ff.**
[185]   Hemmer/Wüst, BGB AT II, Rn. 297 ff.

Deshalb sind bereits bei der Prüfung des wirksamen Abschlusses eines Aufhebungsvertrages Verstöße i.S.d. §§ 134, 138 und 242 BGB zu berücksichtigen.[186]

2. Anfechtung eines Aufhebungsvertrages

Besondere Bedeutung des § 123 BGB im Arbeitsrecht

Vorrangig ist bei derartigen Vorgehensweisen des AG jedoch die Frage zu klären, ob dem AN ein Anfechtungsrecht nach § 123 BGB wegen widerrechtlicher Drohung zuzusprechen sein könnte.[187]

Voraussetzung ist, dass die in Aussichtstellung der Kündigung als empfindliches Übel auch widerrechtlich gewesen ist. Die h.M. bejaht eine Widerrechtlichkeit der Drohung immer dann, wenn ein verständiger AG im konkreten Fall eine Kündigung nicht ernsthaft in Erwägung hätte ziehen dürfen.

hemmer-Methode: An dieser Stelle erwartet der Prüfer neben fundiertem Wissen zum Anfechtungsrecht nach § 123 BGB eine Auseinandersetzung mit dem Begriff der „Widerrechtlichkeit" einer Drohung im Falle eines Aufhebungsvertrages. Haben Sie diese Hürde überwunden, muss inzident eine umfassende Prüfung der Erfolgsaussichten einer Kündigung aus der Sicht des AG erfolgen.

3. Exkurs: Widerruf eines Aufhebungsvertrages nach §§ 312g, b i.V.m. § 355 BGB?

Zu denken wäre ferner an einen Widerruf des Aufhebungsvertrages nach den §§ 355 I S. 1, 312g, b BGB. Denn Aufhebungsverträge werden üblicherweise am Arbeitsplatz abgeschlossen.

Problem: AN als Verbraucher

(1) Problematisch ist aber, ob der persönliche Anwendungsbereich des § 312 BGB gegeben ist, der AN also in seiner Eigenschaft als AN Verbraucher ist. Verbraucher ist nach § 13 BGB jede natürliche Person, die ein Rechtsgeschäft zu einem Zweck abschließt, der weder ihrer gewerblichen noch ihrer selbstständigen beruflichen Tätigkeit zugerechnet werden kann.

Für die Einschlägigkeit des Verbraucherbegriffs würde daher sprechen, dass der AN nicht selbstständig ist. Nach Ansicht des BAG ist der Arbeitnehmer i.R.d. Arbeitsverhältnisses als Verbraucher anzusehen.[188]

Problem: Entgeltlichkeit

(2) Zu klären ist nun, ob der Aufhebungsvertrag selbst eine entgeltliche Leistung zum Gegenstand hatte.

---

[186]   Hemmer/Wüst, Arbeitsrecht, Rn. 297 ff.

[187]   Hemmer/Wüst, Arbeitsrecht, Rn. 353.

[188]   **BAG, Life&Law 2006, 20 ff.**; zur Begründung auch Hemmer/Wüst, Arbeitsrecht, Rn. 353b.

Nach einer Ansicht ergibt sich die Entgeltlichkeit der Leistung hier aus dem zu Grunde liegenden Arbeitsverhältnis. Schließlich bedeutete der Aufhebungsvertrag einen Verzicht auf zukünftig zu erzielendes Einkommen.

Kein Vertrag i.S.d.
§ 312 I BGB

Nach Ansicht des BAG stellt ein arbeitsrechtlicher Aufhebungsvertrag keinen Vertrag über eine entgeltliche Leistung eines Unternehmers i.S.d. § 312 I BGB dar.

Der systematische Zusammenhang des § 312 I BGB mit den übrigen Vorschriften der Kapitel 1 und 2 des Untertitels 2 spricht dafür, dass arbeitsrechtliche Aufhebungsverträge nicht dem Anwendungsbereich dieser Regelungen unterfallen sollen. Aus der inhaltlichen Ausgestaltung der §§ 312 ff. BGB kann darauf geschlossen werden, dass diese Vorschriften nach dem Willen des Gesetzgebers mangels Sinnhaftigkeit nicht auf arbeitsrechtliche Aufhebungsverträge Anwendung finden.[189]

Hemmer-Methode: Ein arbeitsrechtlicher Aufhebungsvertrag kann unabhängig vom Ort seines Abschlusses nicht gemäß §§ 312g, 355 BGB widerrufen werden!

G) Weitere Beendigungstatbestände

Auf die übrigen Gründe, die für eine Beendigung eines Arbeitsverhältnisses ausschlaggebend sein können, sei im Folgenden nur überblicksartig hingewiesen.

I. Beendigung durch Urteil

Nach § 9 I KSchG ist ein Arbeitsverhältnis aufzulösen, wenn das Gericht feststellt, dass das Arbeitsverhältnis nicht durch die bezweckte Kündigung aufgelöst worden ist und dem betroffenen AN aufgrund der dadurch entstandenen Sachlage und Situation innerhalb des Betriebes die Fortsetzung seines Arbeitsverhältnisses nicht mehr zugemutet werden kann.

201

In derartigen Fällen soll dem betroffenen AN eine Abfindung nach Maßgabe des § 10 KSchG zustehen.

II. Tod des AN

Da es sich bei der Arbeitsleistung des AN in Anlehnung an den § 613 BGB um eine höchstpersönliche Verpflichtung handelt, die grundsätzlich unübertragbar ist, endet das Arbeitsverhältnis mit dem Tode des AN. Für den AG gilt diese Regelung allerdings nicht.

202

---

[189] Lesen Sie dazu **BAG, Life&Law 07/2019, 456 ff.** = NZA 2019, 688 ff. = **juris**byhemmer.

III. Auflösung nach § 12 KSchG

Besteht nach der Entscheidung des Gerichts das Arbeitsverhält- 203
nis fort, ist der AN jedoch in der Zwischenzeit ein neues Arbeitsverhältnis eingegangen, so kann er binnen einer Woche nach der
Rechtskraft des Urteils durch Erklärung gegenüber dem alten AG
die Fortsetzung des Arbeitsverhältnisses bei diesem verweigern,
§ 12 S. 1 KSchG.

IV. Störung der Geschäftsgrundlage

Schließlich besteht in besonderen Ausnahmesituationen die Mög- 204
lichkeit, ein Arbeitsverhältnis unter Berücksichtigung der Grundsätze der Störung der Geschäftsgrundlage zu beenden.

§ 7 BEGRÜNDETHEIT DER LEISTUNGSANTRÄGE DES AN

Leistungsklage zur Durchsetzung materiell-rechtlicher Ansprüche

Macht der AN über seinen Feststellungsantrag hinaus - ggf. auch unabhängig von einem solchen - Ansprüche geltend, so wird er diese mit der Leistungsklage verfolgen. Diese stellt i.R.d. Begründetheitsstation auch für den auf prozessrechtlichem Gebiet Unerfahrenen kein echtes Problem dar. Letztlich geht es nur darum, die materielle Rechtslage sauber und umfassend zu prüfen. **205**

Als Einstieg könnten Sie etwa wie folgt formulieren:

Obersatz

Die Leistungsklage des AN ist begründet, wenn der Anspruch auf ... (hier fügen Sie das konkrete Begehren des Klägers ein) tatsächlich besteht.

Anspruchsaufbau

Jetzt können Sie auf das klassische Anspruchsschema zurückgreifen. Nach altbewährter Manier verfährt man nach Auffinden der die gewünschte Rechtsfolge gewährenden Norm in folgender Weise: **206**

> 1. Anspruch entstanden?
> 2. Anspruch untergegangen?
> 3. Anspruch durchsetzbar?

Auffinden der Anspruchsgrundlagen entscheidend!

Sowohl i.R.d. hier als Normalfall zugrunde gelegten prozessualen Klausur, wie auch bei der schlichten Frage nach der materiellen Rechtslage, ist aber der erste, oftmals klausurentscheidende Schritt, die in Betracht kommende(n) Anspruchsgrundlage(n) überhaupt zu finden. Diese schon im bürgerlichen Recht bisweilen recht diffizile Aufgabe wird im Arbeitsrecht durch dessen gesetzestechnische Zersplitterung noch erschwert. Gerade der Einsteiger in diese Rechtsmaterie fühlt sich durch das Konglomerat von Einzelgesetzen häufig überfordert. **207**

hemmer-Methode: Deshalb geben Ihnen die beiden folgenden Darstellungen einen Überblick über die in Klausuren üblicherweise auftauchenden Problemkreise. Studieren Sie diese aufmerksam und ordnen Sie das Detailwissen, das wir Ihnen im weiteren Fortgang dieses Skripts vermitteln, in diese Strukturen ein. Scheuen Sie sich nicht, immer wieder zurückzublättern, wenn sich Ihnen die Frage stellt, welche Bedeutung das betreffende Einzelelement im Gesamtzusammenhang hat.
Genauso sollten Sie übrigens das Inhaltsverzeichnis bzw. die Gliederung dieses Skripts verwenden. Wir haben es so konzipiert, dass Ihnen das Verständnis des Arbeitsrechts in seiner Gesamtstruktur und die Lösung der einzelnen Klausur erleichtert werden.

Haben Sie Ihr Wissen erst einmal derartig vernetzt, werden Ihnen bei der Falllösung die einschlägigen „Schlüsselwörter" sowie eine genaue Arbeit an Sachverhalt und Gesetz den Weg zu einer sicheren, erfolgreichen Klausur weisen.

Übersicht 1: Typische Ansprüche des AN, gegliedert nach dem Anspruchsinhalt

Vom Anspruchsinhalt her lassen sich die typischerweise vom AN   *208*
verfolgten Ziele etwa wie folgt einteilen:

Anspruchsinhalt

- ➲ Lohn- und Lohnersatzansprüche

- ➲ Ansprüche auf Sondervergütungen (Gratifikationen)

- ➲ Schadensersatzansprüche

- ➲ Sonstige Ansprüche (Beschäftigung, Aufwendungsersatz, Zeugniserteilung, etc.)

Übersicht 2: Typische Ansprüche des AN, gegliedert nach dem Zeitpunkt ihres Entstehens

Daneben ist es sinnvoll, sich die denkbaren Einzelansprüche   *209*
einmal in ihrer zeitlichen Abfolge im Hinblick auf das zugrunde liegende Arbeitsverhältnis vorzustellen. Selbstverständlich stellt auch diese Übersicht kein Prüfungsschema dar, das sie in der Klausur von Anfang bis Ende abarbeiten sollen; Ziel ist vielmehr, durch assoziative Zuordnung zu einer bestimmten Situation die in Betracht kommenden Anspruchsgrundlagen schnell zu ermitteln, bzw. ersichtlich irrelevante Normen von vornherein ausscheiden zu lassen.

Zeitliche Abfolge

- ➲ Ansprüche aus dem vorarbeitsvertraglichen Bereich

  - ▪ Vorstellungskosten: § 670 BGB

  - ▪ Entschädigung wegen Benachteiligung: § 15 I, II AGG

- ➲ Ansprüche aus einem wirksamen Arbeitsverhältnis

  - ▪ Beschäftigung: § 611a I BGB

  - ▪ Lohn: § 611a II BGB (i.V.m. Spezialnorm)

  - ▪ Entgeltfortzahlung: §§ 2 I, 3 I EFZG

  - ▪ Schadensersatz: § 280 I BGB wegen Pflichtverletzung des Arbeitsvertrages; §§ 823 ff. BGB; § 670 BGB analog

  - ▪ Aufwendungsersatz: § 670 BGB

⮞ Wirksamkeit des Arbeitsverhältnisses steht in Frage

    ▪ Weiterbeschäftigung und Lohnzahlung

⮞ Ansprüche nach Beendigung des Arbeitsverhältnisses

    ▪ Urlaubsabgeltung gem. § 7 IV BUrlG

    ▪ Rückabwicklung nach §§ 812 ff. BGB

    ▪ Zeugniserteilung: § 630 BGB

⮞ Unterlassungsansprüche

Chronologische Reihenfolge auch in Klausur sinnvoll

An dieser chronologischen Reihenfolge orientiert sich die weitere Darstellung. In vielen Fällen empfiehlt es sich auch in der Klausur bei (vermeintlicher) Einschlägigkeit verschiedener Anspruchsgrundlagen so vorzugehen. So ist z.B. die Frage, ob (noch) ein wirksamer Arbeitsvertrag besteht, häufig Vorbedingung für andere Ansprüche, und deshalb vorrangig zu untersuchen. Zudem gehen Sie auf diese Weise sicher, keine prüfungswesentlichen Punkte zu übersehen.

hemmer-Methode: Beachten Sie auch hier wieder die Bedeutung der „Klausurtaktik": So kann z.B. nur eine begründete Kündigungsschutzklage die Möglichkeit eröffnen, Lohnansprüche des AN gegen den AG ohne Hilfsgutachten zu prüfen.
Ansonsten geht es bei der Prüfung von Leistungsanträgen aber vor allem um exakte Gesetzessubsumtion. Während es bei der Frage der Wirksamkeit einer Kündigung primär darauf ankommt, alle Angaben des Sachverhalts zu verwerten und eine überzeugende Interessenabwägung vorzunehmen, ist das Auffinden der passenden Anspruchsgrundlagen hier schon „die halbe Miete". Wenn Sie jetzt noch genau subsumieren, sollte einer erfolgreichen Klausur eigentlich nichts mehr im Weg stehen!

A) Ansprüche aus dem vorarbeitsvertraglichen Bereich

Die klausurrelevanten Ansprüche des Arbeitnehmers aus dem vorarbeitsvertraglichen Bereich sind vor allem solche auf Aufwendungsersatz für Vorstellungskosten, sowie spezifisch arbeitsvertragliche Schadensersatzansprüche wegen Verstoßes gegen Diskriminierungsverbote.   210

§§ 280, 241 II, 311 II BGB denkbar, aber praktisch unbedeutend

Auch wenn deren Anwendungsbereich wegen des grundsätzlichen Vorrangs des – anschließend behandelten - § 15 I, II AGG doch recht schmal sein dürfte, gelten selbstverständlich auch im Arbeitsrecht die allgemeinen Regeln über den Schadensersatz wegen vorsätzlicher oder fahrlässiger Verletzung vorvertraglicher Pflichten bei der Aufnahme von Vertragsverhandlungen (§§ 280, 241 II, 311 II BGB).   211

I. Ersatz von Vorstellungskosten

(+) wenn Aufforde-rung durch den AG

Der Bewerber auf ein Stellenangebot hat Anspruch auf Erstattung der Vorstellungskosten, wenn er vom Arbeitgeber zur Vorstellung aufgefordert wurde. Dann sind die Vorstellungskosten auch unabhängig von der späteren Begründung eines Arbeitsverhältnisses zu erstatten.   212

Anspruchsumfang

Der Anspruch folgt aus §§ 662, 670 BGB und umfasst alle Aufwendungen, die der Bewerber den Umständen nach für erforderlich halten durfte.

II. Schadensersatz wegen Benachteiligung nach § 15 I, II AGG

§ 15 I, II AGG dient der Umsetzung der grundgesetzlichen und europarechtlichen Zielvorgaben einer allgemeinen Gleichbehandlung.   214

Der Anwendungsbereich des § 15 I, II AGG erstreckt sich auf Benachteiligungen aus Gründen der Rasse, ethnischen Herkunft, des Geschlechts, der Religion oder Weltanschauung, einer Behinderung, des Alters sowie der sexuellen Identität bezieht, vgl. § 1 AGG.

In zeitlicher Hinsicht gilt das Benachteiligungsverbot des § 7 AGG, bei dessen Verletzung § 15 AGG greift, nicht nur im vorvertraglichen Bereich (§ 2 I Nr. 1 AGG), sondern auch darüber hinaus während des Bestehens des Arbeitsverhältnisses (§ 2 I Nr. 2 AGG). Gleichwohl soll die Thematik bereits an dieser Stelle abgehandelt werden, weil sie für den AN im vorvertraglichen Sektor zum ersten Mal relevant werden kann.

1. Tatbestand

a) Verstoß gegen Benachteiligungsverbot

Das Benachteiligungsverbot des § 7 AGG untersagt jegliche Form der Benachteiligung eines AN wegen eines in § 1 AGG genannten Grundes.   215

Dabei differenziert der Gesetzgeber in § 3 AGG zwischen unmittelbaren (Abs. 1) und mittelbaren Benachteiligungen (Abs. 2).

Unmittelbar

Unmittelbare Benachteiligungen können i.R.d. §§ 8 bis 10 AGG gerechtfertigt werden, sodass eine Schadensersatzpflicht nicht in Betracht kommt.

Mittelbar

Eine mittelbare Benachteiligung liegt bereits tatbestandlich nur dann vor, wenn die betreffenden Vorschriften, Kriterien oder Verfahren durch ein rechtmäßiges Ziel sachlich gerechtfertigt und die Mittel zur Erreichung dieses Ziels angemessen und erforderlich sind. Hier erfolgt also die Rechtfertigung schon auf Tatbestandsebene, sodass eine Benachteiligung erst angenommen werden kann, wenn diese Rechtfertigung nicht gelingt.

b) Verschuldensabhängigkeit bei § 15 I AGG, aber nicht bei § 15 II AGG

§ 15 I AGG ist verschuldensabhängig

Die Haftung gem. § 15 AGG ist verschuldensabhängig. Die Beweislast ist – wie bei § 280 I BGB – umgedreht, § 15 I S. 2 AGG. Letztlich hätte es der Normierung des § 15 I AGG nicht zwingend bedurft, denn unproblematisch lässt sich eine Ungleichbehandlung als Pflichtverletzung des Schuldverhältnisses Arbeitsvertrag qualifizieren, vgl. § 7 II AGG. Insoweit muss § 15 I AGG einfach als Spezialregelung angesehen werden. § 15 V AGG hat in Bezug auf § 280 I BGB keine Bedeutung, soweit es um eine Benachteiligung als Auslöser des Anspruchs auf Schadensersatz geht.   **216**

§ 15 I AGG ist nicht verschuldensabhängig

Problematisch ist, ob auch der Anspruch aus § 15 II AGG **verschuldensabhängig** ist. Der Wortlaut des § 15 II S. 1 AGG setzt kein Verschulden voraus.

Wenn man jedoch § 15 II S. 1 AGG als Sondervorschrift zu § 15 I S. 1 AGG ansähe, dann könnte man § 15 I S. 2 AGG auch auf den in § 15 II AGG genannten Fall anwenden mit der Folge, dass auch hier Verschulden erforderlich ist. Dennoch wird von einer Ansicht der Entschädigungsanspruch des § 15 II AGG als verschuldensunabhängig angesehen.[190]

Das BAG schließt sich dieser Ansicht an. Ein Anspruch des Arbeitnehmers nach **§ 15 II AGG** gegen den Arbeitgeber auf Entschädigung wegen eines Nichtvermögensschadens **setzt kein schuldhaftes Verhalten** des Arbeitgebers voraus.[191]

c) § 15 IV AGG und § 61b I ArbGG

„Doppelte" Ausschlussfrist

In verfahrensrechtlicher Hinsicht hat der AN zwei Sondervorschriften zu beachten:

Zunächst muss er den Schadensersatzanspruch aus § 15 I, II AGG innerhalb einer zweimonatigen Ausschlussfrist schriftlich geltend machen. § 15 IV S. 2 BGB regelt die Tatbestände für den Fristbeginn.   **217**

---

[190]   Willemsen/Schweibert, NJW 2006, 2588; Richardi, NZA 2006, 887; Kamanabrou, RdA 2006, 336.

[191]   BAG, NZA 2009, 945 ff. = **juris**byhemmer.

Tut er dies nicht wird er materiell präkludiert. D.h. unabhängig davon, ob nun eine Diskriminierung vorlag oder nicht, ist dem AN die Geltendmachung der Ansprüche verwehrt.

Nach dieser Anzeige muss innerhalb von drei weiteren Monaten geklagt werden, § 61b I ArbGG.   **218**

2. Rechtsfolge

Entschädigung

Verstößt der Arbeitgeber gegen das Benachteiligungsverbot bei der Begründung des Arbeitsverhältnisses, so kann der davon nachteilig betroffene Bewerber Ersatz der materiellen bzw. immateriellen Schäden verlangen.   **219**

Begrenzung auf drei Monatsgehälter

Für Bewerber, die auch bei benachteiligungsfreier Auswahl nicht eingestellt worden wären, ist diese auf maximal drei Monatsverdienste beschränkt (§ 15 II S. 2 AGG).

Kein Anspruch auf Einstellung

Ein Anspruch auf Begründung des Arbeitsverhältnisses kann hingegen in keinem Fall geltend gemacht werden, § 15 VI AGG.

hemmer-Methode: § 15 AGG sollte Ihnen im Falle des Falles eigentlich keine Probleme bereiten. Entscheidend sind drei Faktoren:
1. **Machen Sie sich die genaue Rechtsfolge klar: Eine angemessene Entschädigung materieller Schäden nach Abs. 1 bzw. immaterieller (summenmäßig begrenzter) Schäden gem. Abs. 2. Ein Anspruch auf Begründung eines Arbeitsverhältnisses besteht aber nicht!**
2. **Subsumieren Sie genau und ziehen Sie falls nötig bei der Auslegung die hinter der Regelung stehenden Gedanken (GG, AEUV) zu Hilfe.**
3. **Beachten Sie die sich aus § 15 IV AGG i.V.m. § 61b I ArbGG ergebenden prozessualen Besonderheiten. Notieren Sie sich – soweit nach Ihrer Prüfungsordnung zulässig - § 61b I ArbGG bei § 15 IV AGG an den Rand.**

B) Ansprüche aus einem wirksamen Arbeitsverhältnis

Besteht überhaupt ein Arbeitsvertrag?

Bevor Sie daran gehen, einzelne Ansprüche aus dem Arbeitsverhältnis zu untersuchen, prüfen Sie – oft nur gedanklich –, ob im entscheidenden Zeitraum überhaupt ein wirksames Arbeitsverhältnis bestand.   **220**

Sollte dies bisher noch nicht Prüfungsgegenstand Ihrer Klausurlösung gewesen sein[192], gehen Sie systematisch vor:

---

[192] Sehr oft haben Sie diese Frage schon i.R.d. Kündigungsschutzklage entschieden; dann geht es jetzt darum, die gewonnenen Erkenntnisse aufzugreifen und - falls dies angezeigt ist - genau zwischen den verschiedenen Zeiträumen (z.B.: vor der Kündigungserklärung – zwischen Erklärung und Wirksamwerden der Kündigung – nach Erhebung der Kündigungsschutzklage – ab dem erstinstanzlichen Urteil – usw.) zu unterscheiden.

Abschluss nach all-
gemeinen Regeln

Der Arbeitsvertrag kommt durch übereinstimmende Willenserklä-rungen im Sinne der §§ 145 ff. BGB zustande. Die Wirksamkeit der Willenserklärungen von Arbeitgeber und Arbeitnehmer richtet sich grundsätzlich nach den allgemeinen Regeln. Zum Teil sind aber Besonderheiten zu beachten (z.B. §§ 112, 113, 612 BGB).

I. Anspruch auf den Arbeitslohn

Hauptpflicht des Arbeitgebers im wirksamen Arbeitsverhältnis ist die Zahlung des Arbeitslohns, § 611a II BGB.   *221*

Der Lohn setzt sich gewöhnlich aus verschiedenen Einzelfaktoren zusammen. Da deren rechtliches Schicksal getrennte Wege ge-hen kann, und in der Struktur juristischer Sachverhalte im Regel-fall auch geht, sollen diese im Folgenden gesondert betrachtet werden.

Zweckmäßig ist es, zwischen   *222*

➲   dem regelmäßigen Arbeitsentgelt,

➲   Überstundenvergütungen und

Einzelbestandteile
des Arbeitslohns

➲   Sondervergütungen

zu unterscheiden.

Regelmäßiger Lohn

Das regelmäßige Arbeitsentgelt bezeichnet die Vergütung, die der Arbeitnehmer regelmäßig jede Woche oder jeden Monat für die in dieser Zeitspanne erbrachte Arbeitsleistung erhält, § 614 S. 2 BGB.

Mindestlohn

Seit dem 01.01.2015 gilt das Mindestlohngesetz **(MiLoG)**, wonach dem AN gem. § 1 I, II S. 1 MiLoG seit dem 01.01.2019 ein **Min-destlohn von brutto 9,19 €** je Arbeitszeitstunde zusteht.[193]

hemmer-Methode: Nach § 1a) der Zweiten Verordnung zur Anpassung des Höhe des Mindestlohns vom 13.11.2018, die mit Wirkung zum 01.01.2019 in Kraft getreten ist, wird der gesetzliche Mindestlohn ab dem 01.01.2020 auf 9,35 € brutto je Zeitstunde angehoben.

Überstundenvergü-
tung

Überschreitet der AN die durch Kollektiv- (Tarifvertrag oder Be-triebsvereinbarung) oder Arbeitsvertrag festgelegte Arbeitszeit (= Überstunden), kann ihm deshalb ein Anspruch auf finanzielle Ab-geltung zustehen.

Sondervergütungen

Zusätzlich zum Lohn gewährt der Arbeitgeber seinen Arbeitneh-mern oftmals Sondervergütungen unterschiedlichster Art. Diese fallen zwar unter den Begriff des Arbeitsentgelt i.w.S., es gelten aber zahlreiche Sonderregelungen, die die Rechtsprechung in ei-ner umfangreichen Kasuistik entwickelt hat.

---

[193]   Die Fälligkeit des Mindestlohns richtet sich in Ermangelung einer besonderen Vereinbarung nach der Fälligkeit des Lohnanspruchs, § 2 I S. 2 MiLoG i.V.m. § 614 BGB.

Dementsprechend ist ihre Klausurrelevanz besonders hoch. Den Sondervergütungen ist im Folgenden ein eigener Gliederungspunkt gewidmet.[194]

1. Anspruchsgrundlage

§ 611a II BGB i.V.m. Spezialnorm

In den allermeisten Fällen, werden Höhe und Zahlungsmodalitäten des Arbeitsentgelts nicht bis ins Einzelne zwischen den Individualvertragspartnern ausgehandelt. Regelungen hinsichtlich des Arbeitsentgelts finden sich auch in Tarifverträgen[195], Betriebsvereinbarungen[196], sowie direkt im Gesetz. Auch aus dem Institut der betrieblichen Übung[197] kann sich u.U. ein Anspruch auf eine bestimmte Vergütung ergeben. Anspruchsgrundlage für den Arbeitslohn ist jeweils § 611a II BGB i.V.m. der jeweiligen Spezialnorm.

§ 612 BGB: übliche Vergütung

Fehlt eine Vergütungsvereinbarung, kommt § 612 BGB zur Anwendung, d.h. es gilt dann die übliche Vergütung als vereinbart.

Anspruch auf den Bruttolohn

Beachten Sie auch, dass der AG grundsätzlich den Bruttolohn schuldet. Freilich wird er seinen öffentlich-rechtlichen Pflichten nachkommen, und die Steuer- und Sozialabgaben leisten, bevor er an den AN den Nettolohn auszahlt. Doch kann diese Differenzierung Bedeutung haben, wenn der AG mit der Lohnzahlung in Verzug gerät. So hat das BAG entschieden, dass der Verzugszins hier aus dem Bruttolohn berechnet werden darf.

2. Überstunden

Keine gesetzliche Normierung

Die Vergütung von Überstunden wurde vom Gesetzgeber bewusst nicht geregelt, sondern der Regelung durch Arbeitsvertrag, Tarifvertrag oder Betriebsvereinbarung überlassen.

Grundvergütung für Überstunden ↔ Überstundenzuschlag

Man muss zwischen der für die Überarbeit anfallenden Grundvergütung und eventuellen Vergütungszuschlägen unterscheiden. Während eine Grundvergütung für erbrachte Mehrarbeit zumindest über § 612 BGB als stillschweigend vereinbart gilt, bedarf ein Anspruch auf einen darüber hinausgehenden Zuschlag einer gesonderten Rechtsgrundlage.

Freilich gilt auch dies nicht generell. So wird von leitenden Angestellten erwartet, dass sie ihre Arbeitskraft dem Unternehmen vollständig zur Verfügung stellen; im Rahmen ihres Aufgabenkreises ist deshalb mit dem vereinbarten Arbeitsentgelt auch etwaig anfallende Mehrarbeit abgegolten.

223

224

---

[194] Rn. 227 ff.

[195] Zu Zustandekommen und Wirkung von Tarifverträgen vgl. Hemmer/Wüst, Arbeitsrecht, Rn. 390 ff.

[196] Zur Betriebsvereinbarung sogleich Rn. 231 ff.

[197] Dazu eingehend Rn. 231 ff.

3. Fälligkeit, § 614 BGB

Vorleistungspflicht des AN

§ 614 BGB bestimmt, dass die Vergütung erst nach der Leistung der Dienste zu entrichten ist. Nach der gesetzlichen Grundkonzeption ist also der Arbeitnehmer vorleistungspflichtig. Doch sind abweichende Vereinbarungen möglich und auch üblich.   225

4. Verjährung

Verjährung, § 195 BGB

Für Lohnansprüche gilt die dreijährige Verjährungsfrist gemäß § 195 BGB. Gemäß § 199 BGB beginnt die Verjährung mit dem Schluss des Jahres, in dem der Anspruch entstanden bzw. fällig (§ 614 BGB) geworden ist und der AN von den Anspruch begründenden Umständen Kenntnis erlangt.   226

Keine Hemmung oder Neubeginn durch Erhebung der Kündigungsschutzklage

Beachten Sie in diesem Zusammenhang, dass die Erhebung der Kündigungsschutzklage alleine keine Auswirkung auf den Lauf der Verjährung der Lohnansprüche hat; es tritt also weder eine Hemmung noch ein Neubeginn ein. Der AN, der dem vorbeugen will, muss zusätzlich Klage auf Lohnzahlung erheben, um die Verjährung seiner Ansprüche zu verhindern, §§ 204 I Nr. 1, 209 BGB.

Exkurs: AGB und Arbeitsrecht

An dieser Stelle sei kurz darauf hingewiesen, dass die Schuldrechtsreform noch in einem anderen Bereich erheblichen Einfluss auf das Arbeitsrecht nimmt bzw. bereits genommen hat.

Gem. § 310 IV BGB sind neuerdings Arbeitsverträge nicht mehr von der Anwendbarkeit der §§ 305 ff. BGB ausgenommen. Daher kommt es jetzt zur Überprüfung von Klauseln in Formulararbeitsverträgen anhand der §§ 307 bis 309 BGB. Insbesondere AG mit vielen AN werden in der Regel Standardformulierungen verwenden, die dann unter die Vorschriften der §§ 305 ff. BGB fallen. Relevant für die Klausur dürften hier insbesondere §§ 307, 308 Nr. 4 und 6, 309 Nr. 6 und 12 BGB sein.

Wichtige BAG-Rechtsprechung

An dieser Stelle kann lediglich auf einige BAG-Entscheidungen hingewiesen werden, die auch z.T. schon Gegenstand des Ersten und Zweiten Staatsexamens waren:[198]

⮕ **Vertragsstrafe** im Formulararbeitsvertrag (BAG, Life&Law 2004, 671 ff., sowie BAG, NZA 2005, 1053 ff.)

⮕ **Änderungs- bzw. Widerrufsvorbehalt** im Formulararbeitsvertrag (BAG, NZA 2005, 465 ff.; BAG, Life&Law 08/2012, 569 ff.; LAG Hamm, Life&Law 08/2012, 612 f.)

---

[198] Eine ausführliche Darstellung zur Problemvertiefung finden Sie in Hemmer/Wüst, Arbeitsrecht, Rn. 409 ff., sowie Tyroller, Auswirkungen der Schuldrechtsreform auf das Arbeitsrecht, **Life&Law 2006, 140 ff.**

➲ **Verfallfristen** im Formulararbeitsvertrag
(Lesen Sie hierzu den Aufsatz von **Tyroller**, Zusammenfassung der Rechtsprechung des BAG zur arbeitsvertraglichen Ausschluss- bzw. Verfallfrist, **Life&Law 08/2019, 567 ff.**)

 hemmer-Methode: Nach § 3 S. 1 MiLoG greifen Ausschlussfristen aber nicht für den Anspruch auf den Mindestlohn. Lesen Sie dazu BAG, Life&Law 12/2015, 891 ff. Nimmt die Klausel den Anspruch auf Zahlung des Mindestlohnes nicht ausdrücklich aus, so ist diese nach Ansicht des BAG wegen Verstoßes gegen das Tranzparenzgebot nach § 307 I S. 2 BGB unwirksam.[199]

➲ **Befristung einzelner Arbeitsbedingungen** (Achtung: TzBfG gilt nur für Befristung des gesamten Vertrages):
BAG, Life&Law 2006, 176 ff.; 2008, 455 ff.

➲ **Bonuszahlungsklauseln**: BAG, Life&Law 2008, 97 ff.; vgl. auch Tyroller, Entgeltflexibilisierung, Life&Law 2009, 702 ff.; zu sog. Stichtagsklauseln vgl. BAG, NZA 2014, 368 ff.

➲ Doppelte Schriftformklausel: BAG, BB 2008, 2242

➲ Rechtsprechungsänderung zur gegenläufigen betrieblichen Übung: BAG, Life&Law 2009, 458 ff.

Exkurs Ende

II. Anspruch auf Sondervergütungen (Gratifikationen)

Neben dem regelmäßigen Arbeitslohn gewährt der AG oft weitere geldwerte Leistungen, die man unter dem Begriff der Sondervergütung zusammenfasst. Die rechtliche Einordnung ist uneinheitlich und z.T. höchst umstritten. Folglich sind sie immer wieder geprüfter, für den vorbereiteten Bearbeiter aber nicht undankbarer Klausurgegenstand.   227

1. Begriff

§ 4a EFZG   Im Gesetz findet sich der Begriff der Sondervergütung in § 4a EFZG. Charakteristisches, einheitliches Merkmal aller Arten von Sondervergütungen ist demnach, dass sie nur zu bestimmten Anlässen und Terminen gewährt werden. Entscheidend ist also, dass der Anspruch auf sie anders als der „normale" Arbeitslohn nicht in jedem Abrechnungszeitraum (§ 614 S. 2 BGB) fällig werden.   228

---

[199]   **BAG, Life&Law 03/2019, 162 ff.** = NJW 2019, 456 ff. = **juris**byhemmer.

Z.B. Weihnachts-
geld, Prämien, etc.

Beispiele für Sonderzuwendungen sind die Zahlung eines Weih-
nachts- oder Urlaubsgeldes, finanzielle Zuwendungen anlässlich
eines Jubiläums oder Prämien aufgrund langer Betriebszugehörigkeit bzw. besonderer Verdienste für das Unternehmen.

2. Problematik

Sondervergütungen sind zwar kein Bestandteil des regelmäßigen   *229*
Arbeitsentgelts, dennoch sind sie keine Schenkungen. Deshalb
stellt sich in Klausuren häufig die Frage, ob und unter welchen
Voraussetzungen ein AN einen klagbaren Anspruch auf sie er-
wirbt.

Im Überblick handelt es sich um die folgenden Streitfragen:

- ⮞ Auf welche Rechtsgrundlagen lässt sich der Anspruch auf
  Sondervergütungen stützen?

- ⮞ Kann er von bestimmten Bedingungen (z.B. dem Bestehen
  des Arbeitsverhältnisses zu einem bestimmten Zeitpunkt)
  abhängig gemacht werden?

- ⮞ Wie ist die Zulässigkeit von Klauseln zu beurteilen, die den
  Anspruch bei Fehlzeiten des AN ausschließen bzw. kürzen?

a) Rechtsgrundlage

Keine gesetzliche
Normierung

Eine ausdrückliche gesetzliche Verpflichtung des AG seinen Ar-   *230*
beitnehmern Sondervergütungen neben dem Lohn zu gewähren
besteht nicht. Damit bedarf es – wie für jede andere Entgeltleis-
tung auch – einer besonderen Grundlage.

V.a. arbeitsvertrag-
liche Ebene rele-
vant

In der Praxis wie in der Klausur sind neben Tarifverträgen und
Betriebsvereinbarungen primär Regelungen auf arbeitsvertrag-
licher Ebene relevant. Dabei kann sich ein Anspruch auf Zahlung
einer Sondervergütung aus einer ausdrücklichen Parteivereinbarung im Arbeitsvertrag ergeben, oder aufgrund einer Gesamtzusage entstehen. In Einzelfällen kann sich der AN zur Begründung
seiner Forderung auf Zahlung einer Sondervergütung auf den allgemeinen Gleichbehandlungsgrundsatz berufen.

Die wohl (fall-)wichtigste Anspruchsgrundlage für Sondervergütungen ist aber das Rechtsinstitut der betrieblichen Übung.[200]

---

[200]   Zwar können durch betriebliche Übung vertragliche Rechte jeglichen Inhalts begründet – und nach neuerer Rspr. auch
aufgehoben – werden, vorrangiger Anwendungsfall ist aber eindeutig der Anspruch auf Gratifikationen.

aa) Ansprüche aus betrieblicher Übung

Begriff

Mit dem Begriff der betrieblichen Übung beschreibt man eine be- **231** sondere, gewohnheitsrechtlich anerkannte Form der Begründung (arbeits-)vertraglicher Pflichten.

Durch eine mehrfach erfolgte, vorbehaltlose Gewährung freiwilliger Leistungen durch den Arbeitgeber erwächst dem Arbeitnehmer ein Anspruch auf diese Begünstigung.

Dogmatische Herleitung: h.M. konkludente vertragliche Vereinbarung

Die dogmatische Herleitung der Lehre von der betrieblichen **232** Übung ist nicht ganz klar; nach der herrschenden Vertragstheorie beruht der Anspruch auf einer konkludenten vertraglichen Vereinbarung zwischen Arbeitgeber und Arbeitnehmer. Das Angebot des Arbeitgebers liegt in der mehrfachen vorbehaltlosen Gewährung der betreffenden Leistung, die Annahme des AN erfolgt stillschweigend.

Hier ist dann § 151 S. 1 BGB zu beachten. Nach a.A. soll die Begründung eines Vertrauenstatbestandes durch den AG entscheidend sein.

(1) Voraussetzungen

Durch die verschiedenen Begründungsansätze ergeben sich keine Unterschiede hinsichtlich der Voraussetzungen eines Anspruchs aus betrieblicher Übung:

Mehrmalige tatsächliche Übung

Der AG hat eine freiwillige Leistung wissentlich (bzw. zumindest **233** zurechenbar) mehrfach gewährt. Bezüglich der Häufigkeit der Übung, gibt es keine festen Bezugsgrößen, es sind sämtliche Umstände des Einzelfalls zu berücksichtigen.

Lediglich für den Fall des jährlichen Weihnachtsgeldes hat das BAG eine Konkretisierung vorgenommen; demnach soll eine dreimalige (vorbehaltlose) Leistung einen Anspruch aus betrieblicher Übung begründen.

Verpflichtungswille (§§ 133, 157 BGB)

Aus der Sicht des Arbeitnehmer muss das Verhalten des AG un- **234** ter Berücksichtigung aller Begleitumstände (§§ 133, 157 BGB) einen Verpflichtungswillen des AG erkennen lassen. Dieser fehlt z.B. bei einem ausdrücklichen oder konkludenten Vorbehalt der Freiwilligkeit.

Widerrufsvorbehalt

Auch kann sich der Arbeitgeber den Widerruf der Leistung vorbe- **235** halten. Im Unterschied zum Fehlen des Verpflichtungswillens wird hier zwar eine Betriebsübung begründet, doch hat der Arbeitgeber eine Lösungsmöglichkeit für die Zukunft.

(2) Rechtsfolge

Einbeziehung des nun Üblichen in Individualvertrag

Rechtsfolge ist die Verpflichtung des AG auf das nun Übliche. Der Anspruch des AN wird Bestandteil des individuellen Arbeitsvertrags, und ist auf Gewährung der Leistung für die Zukunft gerichtet.   **236**

Keine Anfechtung

Zu beachten ist, dass, unabhängig davon, welcher dogmatischen Grundlage man den Vorzug gibt, eine Anfechtung des AG, weil er die Konsequenz der betrieblichen Übung nicht gekannt habe, ausgeschlossen ist. Ein solcher Irrtum ist als bloßer Rechtsfolgenirrtum zu qualifizieren, und grundsätzlich unbeachtlich.

Wurde ein Anspruch daher erst einmal Vertragsbestandteil, gelten für ihn auch die allg. Vorschriften bzgl. Vertragsänderungen; d.h. soweit nicht ein ausdrücklicher Widerrufsvorbehalt vereinbart ist, kommt nur eine Änderungskündigung in Betracht.

(3) Widerruf

Wenn kein Widerrufsvorbehalt: nur Änderungskündigung möglich

Hat der AG erkennbar (!) unter Freiwilligkeitsvorbehalt geleistet, so bedarf es keiner gesonderten Handlung, um die Begünstigung für die Zukunft einzustellen.   **237**

Die Überschrift „Freiwillige soziale Leistungen" alleine ergibt u.U. noch nicht deutlich genug, dass damit ein Rechtsanspruch ausgeschlossen sein soll.[201]

Dementsprechend müsste schon ein ausdrücklicher Widerrufsvorbehalt in den Arbeitsvertrag mit aufgenommen werden. **Aber Achtung:** widerrufen muss man nur Ansprüche! Es soll aber gerade ein Anspruch ja nicht zur Entstehung gelangen (der AG will ja das Entstehen einer betrieblichen Übung gerade verhindern). Dann muss er eigentlich auch nichts widerrufen! Dementsprechend hat das BAG eine Klausel im Arbeitsvertrag als widersprüchlich und damit wegen Verstoßes gegen das Transparenzgebot für unwirksam gem. § 307 I S. 2 BGB gehalten! Daher sollte man eine entsprechende Klausel mit „Freiwilligkeitsvorbehalt" bezeichnen. Aber auch insoweit muss der AG aufpassen. Erweckt er mit den sonstigen Formulierungen den Eindruck beim AG, es solle ein Anspruch bestehen, kann ein Freiwilligkeitsvorbehalt wiederum dazu in Widerspruch stehen.[202]

hemmer-Methode: Diese Thematik ist schon sehr speziell. Sie ist aber ein gutes Beispiel dafür, wie wichtig es ist, bei der Vertragsgestaltung (aus Anwaltssicht) auf richtige und widerspruchsfreie Formulierungen zu achten. Die Fähigkeit, derartige Widersprüche erkennen zu können (insbesondere in den Kerngebieten des Zivilrechts), zeichnet den guten Juristen aus und kann im Examen sehr punkteträchtig sein!

---

[201]   Vgl. BAG, NZA 2003, 557 ff. = **juris**byhemmer.
[202]   Vgl. BAG, NZA 2008, 1173 = **juris**byhemmer.

Schriftformklausel

Auch eine vereinbarte Schriftformklausel kann die dauerhafte Übernahme einer Verpflichtung durch eine betriebliche Übung ausschließen. Wie eine Schriftformklausel auszulegen ist, ergibt sich aus dem Zweck, den die Vertragsparteien mit ihr verfolgen.

- einfache Schrift-
formklausel

Eine einfache Schriftformklausel, nach der Änderungen und Ergänzungen des Vertrages der Schriftform bedürfen, verhindert nicht, dass eine betriebliche Übung entsteht. Nach allgemeinen Grundsätzen kann eine so vereinbarte Schriftform auch ohne Einhaltung der Schriftform abbedungen werden. Das gilt sogar dann, wenn die Parteien bei Abschluss der an sich formbedürftigen Vereinbarung nicht an die Schriftform gedacht haben.

- doppelte Schrift-
formklausel

Anders verhält es sich dagegen bei einer Schriftformklausel, die nicht nur Vertragsänderungen von der Schriftform abhängig macht, sondern auch die Änderungen der Schriftformklausel ihrerseits einer besonderen Form unterstellt, indem sie die mündliche Aufhebung der Schriftformklausel ausdrücklich ausschließt, sog. doppelte Schriftformklausel.

Eine so formulierte doppelte Schriftformklausel kann dann nicht durch eine die Schriftform nicht wahrende Vereinbarung abbedungen werden. In der Verwendung gerade der doppelten Schriftformklausel wird nämlich deutlich, dass die Vertragsparteien auf die Wirksamkeit ihrer Schriftformklausel besonderen Wert legen.

Dagegen kann nicht angeführt werden, eine Schriftformklausel müsse schon wegen des Grundsatzes der Vertragsfreiheit immer auch mündlich abbedungen werden können.[203] Ansonsten würde § 125 S. 2 BGB immer leer laufen.

hemmer-Methode: Eine doppelte Schriftformklausel schließt demnach das Entstehen eines Anspruches aus betrieblicher Übung grds. aus.[204]

Da Klauseln in Arbeitsverträgen der AGB-Kontrolle unterliegen, ist fraglich, ob eine doppelte Schriftformklausel einer derartigen Kontrolle standhalten kann. Nach der Rechtsprechung des BAG ist sie zumindest dann zulässig, wenn sie sich nur auf die Verhinderung einer betrieblichen Übung bezieht. Der Vorrang der Individualabrede, § 305b BGB, erfasse nicht eine betriebliche Übung.[205]

Achtung: Ist die doppelte Schriftformklausel nicht auf die Verhinderung einer betrieblichen Übung beschränkt, kann sie an § 307 BGB scheitern. Denn eine solche Klausel erweckt beim AN den Eindruck, jede spätere vom Arbeitsvertrag abweichende mündliche Vereinbarung sei gem. § 125 S. 2 BGB nichtig.

---

[203] So aber Palandt, § 125 BGB, Rn. 14.
[204] BAG, NZA 2003, 1145 = NJW 2003, 3725 ff. (wichtig !) = **juris**byhemmer.
[205] BAG, BB 2008, 2242.

Konsequenz: Scheitert eine derartige doppelte Schriftformklausel an § 307 I BGB, kann sie auch nicht dahingehend aufrechterhalten werden, eine (konkludente) betriebliche Übung zu verhindern (Verbot der geltungserhaltenden Reduktion)![206]

Nach Rspr. auch betriebliche Übung zu Lasten des AN

Nach alter Rspr. des BAG war eine betriebliche Übung auch zu Lasten des Arbeitnehmers möglich. Die dogmatische Konstruktion einer solchen abändernden betrieblichen Übung folgte den gleichen Grundsätzen, wie sie oben dargestellt wurden. Nach der Vertragstheorie musste dem Verhalten des Arbeitnehmers mithin eine Unterwerfung unter die neue Übung entnommen werden können.   238

Eine Gratifikation, die zunächst mehrere Jahre vorbehaltlos, dann aber nur noch unter einem Freiwilligkeitsvorbehalt gewährt wird, verlor nach altem Ansatz des BAG dann ihren verbindlichen Charakter. Für eine derartige Vertragsänderung durch **„gegenläufige betriebliche Übung"** war aber zudem erforderlich, dass neben dem Freiwilligkeitsvorbehalt eine klare und unmissverständliche Erklärung des Arbeitgebers erfolgt, dass die bisherige Betriebsübung durch eine Leistung ersetzt werden sollte, auf die in Zukunft kein Rechtsanspruch mehr bestehe.[207]   239

Eine erste Einschränkung erfolgte dann 2004 durch eine Entscheidung, nach der die gegenläufige betriebliche Übung nur dann in Betracht kam, wenn der Anspruch, der geändert bzw. aufgehoben werden sollte, seinerseits auf einer betrieblichen Übung beruhte.[208]

Diese Rechtsprechung hat das BAG 2009 vollständig aufgegeben.[209] Der Anspruch aus betrieblicher Übung sei kein solcher minderer Qualität. Der Arbeitgeber könne ihn daher nicht unter leichteren Voraussetzungen aufheben als einen Anspruch, der ausdrücklich im Arbeitsvertrag festgelegt wurde.

Das BAG begründet die Änderung auch damit, dass eine gegenläufige betriebliche Übung in Abhängigkeit von einer dreimaligen widerspruchslosen Verhaltensweise des AN mit § 308 Nr. 5 BGB nicht in Einklang zu bringen sei.[210]

bb) Ansprüche aus dem allgemeinen arbeitsrechtlichen Gleichbehandlungsgrundsatz

Ein Anspruch auf Auszahlung von Gratifikationen kann sich auch aus dem arbeitsrechtlichen Gleichbehandlungsgrundsatz ergeben: Ein AN verlangt vom AG eine Leistung, die der AG bisher nur einer Gruppe anderer AN gewährt.   240

---

[206]   BAG, a.a.O.

[207]   BAG, NZA 1999, 1162 = **juris**byhemmer.

[208]   BAG, NZA 2005, 349 ff. = **juris**byhemmer.

[209]   **BAG, Life&Law 2009, 459 ff.**

[210]   Vgl. Sie ausführlich dazu Hemmer/Wüst, Arbeitsrecht, Rn. 413c.

Spezielle Gleich-
heitsgrundsätze

Im Arbeitsrecht besteht eine Reihe von besonderen Gleichheitssätzen, die z.T. an bestimmte, begrenzte Lebenssachverhalte, z.T. an eine bestimmte Arbeitnehmerqualität anknüpfen.

Zu nennen sind v.a. die Regelungen des § 8 II AGG sowie § 4 TzBfG. Einflüsse durch das grundsätzlich vorrangige Europarecht[211] können sich aus Art. 157 AEUV (Grundsatz der Lohngleichheit zwischen Mann und Frau) ergeben.

Grundsätzlich sollte im Bereich spezieller arbeitsrechtlicher Diskriminierungsverbote eine solide Subsumtion unter die einschlägigen Normen ausreichend sein. Wichtig für deren korrekte Anwendung ist aber, dass sie das Grundprinzip kennen, nach dem man eine Ungleichbehandlung auf ihre Rechtmäßigkeit hin prüft. Deshalb, und seines breiten Anwendungsbereiches wegen, wird der allgemeine, arbeitsrechtliche Gleichbehandlungsgrundsatz im Folgenden ausführlicher dargestellt.

(1) Voraussetzungen

Arbeitsverhältnis

Zunächst muss ein (auch ein fehlerhaftes) Arbeitsverhältnis zwischen den Parteien bestehen.   **241**

Kollektiv wirksame
Maßnahmen

Entscheidend ist dann, dass der AG bei einer kollektiv wirksamen **242** Maßnahme eine Differenzierung vornimmt, d.h. es muss ein bestimmtes generalisierendes Prinzip vorhanden sein, das die Ungleichbehandlung vorgibt. Hier erfolgt also die Abgrenzung zu einzelvertraglichen Maßnahmen, bei denen der AG gemäß des Prinzips der Vertragsfreiheit auch einzelne AN begünstigen kann.

Typische Fälle kollektiv wirksamer Maßnahmen sind die Ausübung des Direktionsrechts, freiwillige Versorgungsleistungen (z.B. Ruhegelder) und eben Gratifikationen.

Willkürliche
Ungleichbehandlung

Eine Ungleichbehandlung einzelner Arbeitnehmer oder Gruppen ist dann zulässig, wenn sie auf einem sachlichen Grund basiert. Hier ist dem AG ein gewisser Ermessensspielraum zuzubilligen.

Privatautonomie
des AG beachten!

Im Kern geht es um einen gerechten Ausgleich zwischen der Pri **243** vatautonomie des AG und den Interessen der Arbeitnehmer an einer „gerechten" Behandlung. Schöpfen Sie die Angaben des Sachverhaltes aus, hier können Sie Argumentationsvermögen beweisen!

(2) Rechtsfolge

Rechtsfolge: An-
spruch auf Gleich-
behandlung

Rechtsfolge eines Verstoßes gegen den arbeitsrechtlichen **244** Gleichbehandlungsgrundsatz ist ein Anspruch auf Gleichbehandlung.

---

[211]   Siehe „Die arbeitsrechtlichen Gestaltungsfaktoren", Rn. 17.

hemmer-Methode: Hat eine Anzahl von Arbeitnehmern eine Gehaltserhöhung erhalten, so kann der hiervon ausgenommene Arbeitnehmer vom Arbeitgeber Auskunft über die hierfür verwendete Regeln verlangen. Anderenfalls wäre ihm der Nachweis der Anwendbarkeit des Gleichbehandlungsgrundsatzes unmöglich.[212]

Leistungen, die einer Gruppe in der Vergangenheit ungerechtfertigt gewährt wurden, sind dem benachteiligten AN zu erstatten - eine Rückforderung von den anderen AN kommt schon wegen deren regelmäßig schützenswerten Vertrauens auf den Bestand der Bereicherung nicht in Betracht. Probleme könnten sich für die Realisierung der Gleichbehandlung für die Zukunft ergeben: Grundsätzlich steht es dem AG frei, auf welchem Wege er diese erreicht, doch hat er dabei die allgemeinen Anforderungen an eine Änderung des Arbeitsvertrags zu beachten (⇨ Änderungskündigung).

Keine Gleichheit im Unrecht!

Beachten Sie auch: Der geltend gemachte Anspruch, muss rechtmäßig sein: es gibt keine Gleichheit im Unrecht!

(3) Sonderfall: § 4 I S. 2, II S. 2 TzBfG bzw. § 8 II AGG

Hier gilt: Gleicher Lohn für gleiche Arbeit

§ 4 I S. 2, II S. 2 TzBfG gebietet, den Teilzeitbeschäftigten mindestens entsprechend des Anteils seiner Arbeitszeit an einer vergleichbaren Vollzeitstelle zu entlohnen. Die grundsätzlich zwingende Bezahlung (vgl. § 22 I TzBfG) pro rata temporis ist insoweit problematisch, da kein allgemeiner Grundsatz „Gleicher Lohn für gleiche Arbeit" existiert. Dies sollte zu einer restriktiven Auslegung von § 4 I S. 2, II S. 2 TzBfG führen.

Gemäß § 8 II AGG darf bei einem Arbeitsverhältnis für **gleiche** oder **gleichwertige Arbeit** nicht wegen des Geschlechts oder der sonstigen in § 1 AGG genannten Diskriminierungsmerkmale eine geringere Vergütung vereinbart werden als bei anderen AN. In der Praxis betrifft dies vor allem die häufig geringere Entlohnung von Frauen. Eine geringere Vergütung kann auch nicht damit gerechtfertigt werden, dass wegen eines solchen Grundes besondere Schutzvorschriften gelten.

Gleiche Arbeit i.d.S. bedeutet, dass AN an verschiedenen oder nacheinander an denselben technischen Arbeitsplätzen identische oder gleichwertige Tätigkeiten ausüben. Von **gleichwertiger Arbeit** spricht man dabei, soweit Tätigkeiten nach objektiven Maßstäben der Arbeitsbewertung denselben Arbeitswert haben.

---

[212]   BAG, NZA 2005, 289 ff. = **juris**byhemmer.

b) Zulässigkeit von Verfallklauseln

Ergibt sich nach bisher Gesagtem, dass eine taugliche Rechts-grundlage für den begehrten Anspruch auf eine bestimmte Lohn-zusatzleistung vorhanden ist, kann sich die Frage stellen, ob der Arbeitnehmer diese auch dann, wenn er vorzeitig aus dem Be-trieb ausscheidet, verlangen kann.

Rechtliche Qualifi-kation der Klausel

Die Antwort auf diese Frage ist abhängig von der rechtlichen Qualifizierung der jeweiligen Klauseln.

Rechtsnatur ab-hängig vom verfolg-ten Zweck

Ausgangspunkt ist der vom AG mit der Zahlung der Sondervergü-tung konkret verfolgte Zweck. Handelt es sich nämlich um eine freiwillige Zahlung, kann der AG grundsätzlich frei bestimmen, unter welchen Voraussetzungen diese erfolgt. Maßgeblich ist al-lerdings nicht sein innerer Wille, es ist vielmehr entsprechend §§ 157, 133 BGB darauf abzustellen, wie der AN die Zahlung nach Treu und Glauben verstehen darf.

aa) Sonderzahlungen mit reinem Entgeltcharakter

Die erste Gruppe erfasst Sonderzahlungen, die der Belohnung der tatsächlich erbrachten Arbeitsleistung im Bezugszeitraum dienen.

Teil des Arbeitsent-gelts, nur Fälligkeit hinausgeschoben

Hier verdient der AN die Vergütung i.R.d. normalen Arbeitsleis-tung mit; die Fälligkeit wird jedoch hinausgeschoben und die Auszahlung erfolgt erst zu einem bestimmten Stichtag (z.B. „13. Monatsgehalt"). Diese Form der Sonderzahlung steht als Teil des Arbeitsentgelts im Gegenseitigkeitsverhältnis zur Arbeitsleistung. Typische Erscheinungsform ist das dreizehnte Monatsgehalt.

Anspruch pro rata temporis wenn AN vorzeitig ausschei-det

Wegen der synallagmatischen Verknüpfung hängt das Bestehen eines Anspruchs des ausgeschiedenen Arbeitnehmers also da-von ab, inwieweit er seine Gegenleistung bereits erbracht, die Sonderzahlung als normales Arbeitsentgelt also schon verdient hat. Man wird ihm, wenn er vor dem jeweiligen Stichtag aus dem Arbeitsverhältnis ausscheidet, also regelmäßig einen Anspruch pro rata temporis zu gewähren haben.

bb) Gratifikationen i.e.S.

Echte Gratifikatio-nen: Kein Synal-lagma zur Arbeits-leistung

Sonderzahlungen, mit denen die vergangene oder die zukünftige Betriebstreue des Arbeitnehmers belohnt werden soll, bezeichnet man als Gratifikationen. Der Anspruch knüpft hier gerade nicht an die Arbeitsleistung des AN an, steht demnach auch nicht im Sy-nallagma zu dieser.

Da deren Anspruchsvoraussetzungen entfallen, scheidet ein An-spruch bei einer Sondervergütung, mit der allein die Betriebstreue belohnt werden soll, aus, wenn am maßgeblichen Stichtag kein Arbeitsverhältnis mehr besteht.

246

247

248

cc) Gratifikationen mit Mischcharakter müssen einer der beiden Kategorien zugeordnet werden

Sonderzahlungen mit Mischcharakter

Daneben existieren Sonderzahlungen mit Mischcharakter, die sowohl der Honorierung der Betriebsbindung als auch einer Prämierung der erbrachten Arbeitsleistung dienen.   249

Bislang hatte das BAG die kumulative Verfolgung beider Zwecke (Entlohnung und Betriebstreuehonorierung) als Regelfall angesehen. Bei einem solchen „Mischcharakter" wurde dann eine synallagmatische Leistung verneint (s.o.).

Zweiteilung

Mit zwei Urteilen vom 18.01.2012 hat das BAG diese Dreiteilung aufgegeben. Es wird nur noch zwischen der Sonderzahlungen Sonderzahlung mit reinem Entgeltcharakter („arbeitsleistungsbezogene Sonderzahlung") und der Sonderzahlung mit anderer Zweckrichtung („**echte** Gratifikationen") unterschieden.[213]

Sonderzahlungen mit Mischcharakter muss einer der beiden Gruppen zugeordnet werden

Nach Ansicht des BAG muss eine Sonderzuwendung mit Mischcharakter einer der beiden vorgenannten Fallgruppen zugeordnet werden. Entweder ist die Sonderzuwendung trotz ihres „Mischcharakters" eine synallagmatische Gegenleistung (arbeitsleistungsbezogene Sondervergütung) oder es handelt sich um eine nicht synallagmatische Gratifikation.

Ob der Arbeitgeber erbrachte Arbeitsleistung zusätzlich vergüten oder sonstige Zwecke verfolgen will, ist durch Auslegung der vertraglichen Bestimmungen zu ermitteln. Entscheidendes Abgrenzungskriterium ist der nach außen erkennbar gewordene Grund des Zahlungsversprechens, §§ 133, 157 BGB.

Die Sonderzuwendung mit Mischcharakter wird nach neuer Rechtsprechung des BAG als synallagmatische Gegenleistung eingeordnet, **wenn** jedenfalls **überwiegend** die **Leistung** im Bezugszeitraum **honoriert werden soll**.

(1) Macht die Sonderzuwendung einen **wesentlichen Anteil der Gesamtvergütung** des Arbeitnehmers aus, handelt es sich regelmäßig um Arbeitsentgelt, das als Gegenleistung zur erbrachten Arbeitsleistung geschuldet wird.

Gratifikationscharakter können nur die Sonderzuwendungen haben, die sich im üblichen Rahmen reiner Treue- und Weihnachtsgratifikationen bewegen und keinen wesentlichen Anteil an der Gesamtvergütung des Arbeitnehmers ausmachen.[214]

(2) Der Vergütungscharakter ist eindeutig, wenn die Sonderzahlung an das **Erreichen quantitativer oder qualitativer Ziele** geknüpft ist.

---

[213]   BAG, NZA 2012, 620 ff. = **juris**byhemmer.
[214]   BAG, NZA 2012, 620 ff. = **juris**byhemmer.

Fehlt es hieran und sind auch weitere Anspruchsvoraussetzungen nicht vereinbart, spricht dies ebenfalls dafür, dass die Sonderzahlung als Gegenleistung für die Arbeitsleistung geschuldet wird.

Zusammenfassung

> **Zusammenfassung:**
>
> **I. Es gibt nur noch zwei Arten von Sondervergütungen:**
>
> **1.** Sonderzahlungen mit reinem Entgeltcharakter, die im Synallagma stehen
>
> und
>
> **2.** „Echte" Gratifikationen, die nicht im Synallagma stehen
>
> **II. Sonderzahlungen „mit Mischcharakter" müssen einer der beiden Sondervergütungstypen zugeordnet werden:**
>
> **1.** Sonderzahlungen „mit Mischcharakter" werden als synallagmatische arbeitsleistungsbezogene Sonderzuwendung behandelt, wenn **überwiegend** die Leistung im Bezugszeitraum honoriert werden soll.
>
> **2.** Bei Zahlungen in beträchtlicher Höhe und/oder Zahlungen zur Honorierung individueller Leistung oder kollektiver Leistung (Betriebsergebnis im Geschäftsjahr) sprechen die Indizien für eine Gegenleistung zur Arbeit.

dd) Zulässigkeit von Stichtagsklauseln

Differenzierung nach Art der Gratifikation

Umstritten ist, ob auch Arbeitnehmer in gekündigter Stellung von den Gratifikationen ausgenommen werden können. Nach Ansicht des BAG ist zwischen den beiden Fallgruppen der Sonderzahlungen zu unterscheiden.

251

hemmer-Methode: Lesen Sie hierzu ausführlich Tyroller, Die Neuregelung des Systems der Sondervergütungen durch das BAG und Auswirkung der Rechtsprechungsänderung auf sog. „Stichtagsklauseln", Life&Law 2012, 757 ff.[215]

Bei Sonderzahlung mit reinem Entgeltcharakter ist Stichtagsklausel unzulässig

Eine Stichtagsklausel ist bei rein arbeitsleistungsbezogenen Sonderzuwendungen, die im Synallagma zur Arbeitsleistung stehen, jedenfalls dann nach § 307 I S. 1 BGB unwirksam, wenn der Stichtag - wie hier - **außerhalb des Bezugszeitraumes liegt**, für den die Sonderzuwendung gezahlt wird. Eine solche Klausel benachteiligt den Arbeitnehmer unangemessen.[216]

251a

---

[215] Vgl. dazu auch BAG, NZA 2014, 368 ff.

[216] Ob eine Stichtagsregelung mit einem Zeitpunkt im oder am Ende des Bezugszeitraumes zulässig ist, hat das BAG bislang offen gelassen.

Die Stichtagsklausel steht im Widerspruch zum Grundgedanken des § 611a II BGB, indem sie dem Arbeitnehmer bereits erarbeiteten Lohn entzieht. Sie verkürzt außerdem in nicht zu rechtfertigender Weise die nach Art. 12 I GG geschützte Berufsfreiheit des Arbeitnehmers, weil sie die Ausübung seines Kündigungsrechts unzulässig erschwert.

Ein berechtigtes Interesse des Arbeitgebers, dem Arbeitnehmer Lohn für geleistete Arbeit gegebenenfalls vorenthalten zu können, ist nicht ersichtlich. Eine derartige faktische Einschränkung des Kündigungsrechts ist nicht durch den Zweck der Belohnung von Betriebstreue gedeckt. Das Arbeitsverhältnis dient dem Austausch von Arbeitsleistung und Arbeitsvergütung. Der Wert der Arbeitsleistung für den Arbeitgeber hängt von ihrer Qualität und vom Arbeitserfolg ab, regelmäßig jedoch nicht von der reinen Verweildauer des Arbeitnehmers im Arbeitsverhältnis.

Bei echten Gratifikationen kann Stichtagsklausel zulässig sein

Dient eine Sonderzuwendung – wie im Ausgangsfall – nicht der Vergütung erbrachter Arbeitsleistungen, sondern verfolgt der Arbeitgeber damit sonstige Zwecke, kann eine Klausel, wonach die Zahlung den ungekündigten Bestand des Arbeitsverhältnisses zum Auszahlungstag voraussetzt, einer Inhaltskontrolle nach § 307 I S. 1 BGB standhalten. Entscheidend ist, dass nicht in das Synallagma eingegriffen und dem Arbeitnehmer verdientes Entgelt entzogen wird. Eine Stichtagsklausel weicht daher nicht von der gesetzlichen Grundkonzeption des § 611a II BGB ab, wenn die Sonderzahlung nicht im Synallagma zur erbrachten Arbeitsleistung steht. Ihre Zahlung kann deshalb grundsätzlich an den Eintritt weiterer Bedingungen geknüpft werden. **251b**

Eine Klausel, die eine Sonderzuwendung in diesem Sinne allein an das Bestehen eines ungekündigten Arbeitsverhältnisses knüpft, ist nach Ansicht des BAG auch dann zulässig, wenn der Grund für die Beendigung des Arbeitsverhältnisses nicht in der Sphäre des Arbeitnehmers liegt, sondern auf einer betriebsbedingten Kündigung des Arbeitgebers beruht. Der Arbeitgeber darf unabhängig vom Verhalten des Arbeitnehmers allein die fortdauernde Betriebszugehörigkeit über den Stichtag hinaus zur Voraussetzung der Sonderzahlung machen, weil ihre motivierende Wirkung sich nur bei den Arbeitnehmern entfalten kann, die dem Betrieb noch - oder noch einige Zeit - angehören.

c) Kürzung von Sondervergütungen bei Fehlzeiten des AN

Grundsätzliche Zulässigkeit

Die früher heftig umstrittene Frage, ob der Anspruch eines AN auf Gratifikationen auch abhängig von seinen krankheitsbedingten Fehlzeiten gestaltet werden könne, ist durch den neuen § 4a EFZG im Sinne prinzipieller Zulässigkeit entschieden worden. Dabei gilt aber, dass die Kürzung für jeden Fehltag ein Viertel des Arbeitsentgeltes, das im Jahresmittel auf einen Arbeitstag entfällt, nicht überschreiten darf. So soll vermieden werden, dass der AN unter Druck gesetzt wird, trotz Krankheit zu arbeiten. **252**

Damit ist aber noch keine endgültige Entscheidung über die Wirksamkeit einer bestimmten Kürzungsklausel gefallen.

Aber Einzelfallprü-fung entsprechend obiger Grundsätze

Entscheidend ist nämlich auch hier wieder die Rechtsnatur der Arbeitgeberleistung im Einzelfall, also die konkrete objektivierte Zwecksetzung. Die oben ausgeführten Grundsätze zu den Verfallklauseln bei Ausscheiden des AN aus dem Betrieb gelten entsprechend.

Daraus ergibt sich:

Sonderzahlung mit reinem Entgeltcha-rakter

Bei Zahlungen mit reinem Entgeltcharakter entsteht schon gar kein Anspruch, wenn der Arbeitnehmer seine Arbeitsleistung nicht erbracht hat, §§ 320, 326 I S. 1, 614 BGB.[217]   **253**

Dies hat zur Konsequenz, dass in entgeltfreien Zeiten eine Sonderzahlung mit Mischcharakter, die aufgrund des überwiegenden Vergütungscharakters als arbeitsleistungsbezogene Sonderzuwendung einzuordnen ist, ipso iure gekürzt wird, § 326 I S. 1 HS 1 BGB.

Echte Gratifikationen

Bei echten Gratifikationen muss eine Kürzungsklausel vereinbart werden, um eine Kürzung der Gratifikation zu rechtfertigen. Fehlt es hingegen an einer ausdrücklichen Kürzungsklausel, ist die Gratifikation selbst dann vollumfänglich zu gewähren, wenn der AN im Abrechnungszeitraum überhaupt keine Arbeitsleistung erbracht hat.   **254**

Im Übrigen muss die Kürzungsklausel einer Inhaltskontrolle standhalten. Dies scheitert häufig daran, dass die Kürzung intransparent ausgestaltet ist (§ 307 I S. 2 BGB) oder gegen das Klauselverbot des § 308 Nr. 4 BGB verstößt.   **255**

hemmer-Methode: Lesen Sie hierzu ausführlich Tyroller, Vertragliche Möglichkeiten des Arbeitgebers zur Entgeltflexibilisierung, Life&Law 10/2009, 702 ff.

III. Zahlungsansprüche des AN trotz Nichterbringung seiner Arbeitspflicht

Allgemeines Schuldrecht ⇨ §§ 275 ff., 326 ff. BGB

Im Laufe dieses Skripts haben wir sie ja schon mehrfach darauf hingewiesen, dass es sich beim Arbeitsvertrag um einen gegenseitigen, entgeltlichen Schuldvertrag handelt. Dabei steht die Lohnzahlungspflicht des AG zur Arbeitsleistung des AN im Synallagma. In Konsequenz heißt das, dass bei Leistungsstörungen grundsätzlich die §§ 275 ff., 326 ff. BGB Anwendung finden.   **256**

---

[217]   Zum Grundsatz „Ohne Arbeit kein Lohn" und seinen Ausnahmen siehe Rn. 257 ff.

Allerdings ist zu berücksichtigen, dass der AN gem. § 614 BGB *257*
vorleistungspflichtig ist: Die Vergütung wird erst nach Erbringung
der Arbeitsleistung fällig. Daraus resultiert der für das Verständnis
der Zahlungsansprüche wichtige Grundsatz „ohne Arbeit kein
Lohn".

Soziale Schutzbe-
dürftigkeit des AN

Dass die Regelungen des allgemeinen Schuldrechts im Arbeits- *258*
recht nicht immer zu befriedigenden Lösungen führen, wissen Sie
bereits. Das Arbeitseinkommen ist für den AN meist einzige Ein-
kommensquelle, ein ersatzloser Wegfall, könnte ihn in seiner
wirtschaftlichen Existenz selbst dann treffen, wenn dies nur zeit-
weilig erfolgte (denken Sie an § 320 I BGB!).

**hemmer-Methode: Arbeiten Sie die den jeweiligen Kapi-
teln/Problemkreisen vorangestellten Einführungen noch
einmal durch.**
**Wir geben Ihnen hier in knappster Form wertvolle Hinter-
grundinformationen, die sich in fast jeder Klausur nutzbar
machen lassen. Dies kann eine Hilfe zur Auslegung proble-
matischer Tatbestandsmerkmale, ein wichtiges Argument
i.R.e. Interessenabwägung, oder ein Aufbauhinweis sein.**
**Nur dann, wenn Sie die hinter dem Gesetz stehenden Wer-
tungen verstanden haben, können Sie selbiges souverän auf
den Sachverhalt anwenden. Legen Sie frühzeitig die Grundlagen hierzu!**

Sonderregelungen
für Lohn ohne Ar-
beit = lohnerhalten-
den Normen

Um der besonderen Schutzbedürftigkeit des AN gerecht zu werden, existieren im Arbeitsrecht auch im Bereich der Leistungsstörungen zahlreiche Regelungen, die den Grundsatz: „Lohn gegen
Arbeit" aufweichen. Die wichtigsten „lohnerhaltenden Normen"
finden Sie in der folgenden Übersicht dargestellt:

Im BGB finden sich: *259*

⊃ § 615 S. 1 BGB, der den Lohnanspruch während des Annahmeverzugs des AG erhält, ohne den AN zur Nachleistung
   zu verpflichten.

aus dem BGB

⊃ § 616 BGB. Hiernach verliert der AN bei einer nur vorübergehenden Verhinderung dann seinen Lohnanspruch nicht,
   wenn der Grund der Verhinderung in seiner Person liegt, sofern ihn daran kein Verschulden trifft

Regelungen mit der gleichen Rechtsfolge existieren u.a. in folgenden arbeitsrechtlichen Gesetzen:

⊃ § 3 EFZG, der dem AN seinen Lohn auch im Krankheitsfall
   garantiert.

⊃ § 2 EFZG hat die gleiche Wirkung während Feiertagen.

aus arbeitsrechtli-
chen Sondergeset-
zen

⊃ für die Zeit des Erholungsurlaubs (§ 3 BUrlG) gewährt § 1
   BUrlG i.V.m. § 11 BUrlG dem AN sein regelmäßiges Entgelt
   der letzten dreizehn Wochen.

⊃ Zugunsten der Mutter wirken § 18 S. 1 MuSchG („Mutterschutzlohn") sowie §§ 19 f. MuSchG (Mutterschaftsgeld sowie Zuschuss zum Mutterschaftsgeld).

➲ Daneben hat die Rechtsprechung die Lehre vom Betriebs- und Wirtschaftsrisiko entwickelt. In diesen Fällen besteht der Anspruch auf Lohn gem. §§ 615 S. 3, 611a II BGB.

hemmer-Methode: Nicht eindeutig gesetzlich geregelt ist die Frage, ob in Entgeltfortzahlungszeiträumen auch der Anspruch auf den Mindestlohn besteht. Nach Sinn und Zweck der gesetzlichen Regelung und der Regelung des § 3 S. 1 MiLoG, wonach Vereinbarungen, die den Mindestlohn beschränken oder unterschreiten, unwirksam sind, wird man diese Frage bejahen müssen.[218]

1. Annahmeverzug des AG

Lohnerhaltende Norm

Nach § 615 S. 1 BGB behält der AN seinen Lohnanspruch unabhängig von der Frage eines Verschuldens seitens des AG, solange sich dieser im Annahmeverzug befindet. Dabei regelt § 615 BGB selbst nur die Rechtsfolgen des Annahmeverzugs, die Voraussetzungen ergeben sich aus den §§ 293 ff. BGB.   *260*

a) Anspruchsvoraussetzungen

Anspruchsgrundlage für den Verzugslohn ist § 611a II BGB i.V.m. § 615 S. 1 BGB.   *261*

Für die Falllösung heißt das, dass Sie zunächst den „normalen" Lohnanspruch des AN aus § 611a II BGB untersuchen. Dort stellen Sie fest, dass dieser zwar entstanden, aber wegen § 614 S. 1 BGB nicht durchsetzbar ist. In einem zweiten Schritt erfolgt die Prüfung von § 611a II BGB i.V.m. § 615 S. 1 BGB.   *262*

aa) Keine Unmöglichkeit

Grundvoraussetzung des Annahmeverzugs ist, dass dem Schuldner die Leistung überhaupt noch möglich ist. Nach h.M. schließen sich nämlich Annahmeverzug und Unmöglichkeit aus (Alternativität von Unmöglichkeit und Verzug). Dies hat für das Dauerschuldverhältnis Arbeitsvertrag erhebliche Konsequenzen.   *263*

Fixschuldcharakter der Arbeitsleistung

Der AN schuldet die Arbeitsleistung regelmäßig innerhalb einer fest bestimmten Zeit. Daraus folgt die Grundannahme, dass es sich bei seiner Leistungsverpflichtung um eine absolute Fixschuld handelt. In der Konsequenz tritt Unmöglichkeit immer schon dann ein, wenn der Arbeitnehmer seine Leistungshandlung nicht innerhalb des fest bestimmten Zeitraums vornimmt.   *264*

---

[218]   Vgl. **BAG, Life&Law 12/2015, 891 ff.**; Boemke, Lohnanspruch und Mindestlohn, JuS 2015, 385 (389).

Vermeidung von Unbilligkeiten

Das wäre aber in Fällen unbillig, in denen der AN arbeitswillig und arbeitsfähig ist und die Nichterbringung der Arbeitsleistung auf Gründen beruht, die er nicht beeinflussen kann. **265**

Insoweit stellt man für die Abgrenzung zwischen Annahmeverzug und Unmöglichkeit im Arbeitsrecht darauf ab, ob die Arbeitsleistung rein tatsächlich nachholbar wäre: **266**

⇨ Ist demnach der einzige Grund für die Nichterbringung der Arbeitsleistung der, dass der AG die Arbeitsleistung nicht entgegennimmt, liegt Annahmeverzug vor.

⇨ Könnte aber die Arbeitsleistung auch unabhängig von der Nichtentgegennahme durch AG nicht erbracht werden, liegt Unmöglichkeit vor.[219]

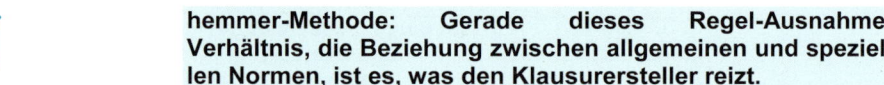

hemmer-Methode: Gerade dieses Regel-Ausnahme-Verhältnis, die Beziehung zwischen allgemeinen und speziellen Normen, ist es, was den Klausurersteller reizt.

bb) Angebot

Tatsächliches Angebot, § 294 BGB

Grundsätzlich ist die Leistung so, wie sie zu bewirken ist tatsächlich anzubieten, § 294 BGB. D.h. der AN muss seine Arbeitskraft dem AG in eigener Person, zur rechten Zeit, am rechten Ort und in der rechten Art und Weise anbieten. Zur Bestimmung des „rechten" Leistungsinhalts dienen neben den getroffenen Vereinbarungen die §§ 269, 271, 613 BGB. **267**

Typischerweise tritt Annahmeverzug ein, wenn der AG eine unwirksame Kündigung ausgesprochen hat. Hielte man hier am Erfordernis eines tatsächlichen Angebots fest, müsste der gekündigte AN täglich arbeitsbereit und arbeitswillig an seinem Arbeitsplatz antreten, um sich dann vom AG wieder nach Hause schicken zu lassen.

Wörtliches Angebot, § 295 BGB

Dem Missstand hilft § 295 BGB ab. Demnach genügt ein wörtliches Angebot, wenn der AG erklärt hat, die Leistung nicht anzunehmen. Diese Ablehnungserklärung hat die Rspr. schon früh der arbeitgeberseitigen Kündigung entnommen. **268**

Fraglich ist nun, worin das wörtliche Angebot des AN zu sehen sein könnte. Große Anforderungen sind dabei nicht zu stellen. Jegliche Form des Protests gegen die Kündigung genügt, um ein konkludentes wörtliches Angebot des AN zu begründen. In der Regel werden diese Voraussetzungen durch die Erhebung der Kündigungsschutzklage erfüllt.

---

[219]   Vgl. dazu **BAG, Life&Law 06/2016, 309 ff.** = NZA 2016, 293 ff. = **juris**byhemmer.

Drei-Wochen Frist nach § 4 KSchG

Das wörtliche Angebot des AN kann als geschäftsähnliche Handlung seine Rechtsfolgen aber erst mit dem Zugang beim AG auslösen. Der Annahmeverzug tritt demnach auch erst ex-nunc mit diesem Zeitpunkt ein. Nutzt der Arbeitnehmer die Drei-Wochen-Frist nach § 4 KSchG für die Erhebung der Kündigungsschutzklage aus, so hat dies zur Folge, dass er den Lohnanspruch für diesen Zeitraum verliert. **269**

Um diese Problematik zu lösen, wendet das das BAG bei einer unwirksamen Arbeitgeberkündigung § 296 BGB an und verzichtet auch auf das wörtliche Angebot.

Entbehrliches Angebot, § 296 BGB

Diese Norm verzichtet gänzlich auf ein Angebot des Schuldners, wenn der Gläubiger eine kalendermäßig bestimmte Mitwirkungshandlung nicht rechtzeitig vornimmt. **270**

Die nach dem Kalender bestimmte Mitwirkungshandlung des AG liegt darin, dem Arbeitnehmer jeden Tag erneut einen funktionsfähigen Arbeitsplatz zur Verfügung zu stellen und ihm die Arbeit zuzuweisen. Erfüllt der AG diese Pflicht nicht, kommt er nach § 296 S. 1 BGB in Gläubigerverzug, ohne dass es irgendeines Angebots seitens des AN bedarf.

hemmer-Methode: Auch wenn die Lösung über § 296 BGB bei einer unwirksamen Arbeitgeberkündigung mittlerweile ganz allgemein anerkannt ist, empfiehlt es sich doch, in der Klausur den klassischen Aufbau anzuwenden. Gehen Sie also von § 294 BGB aus, prüfen Sie anschließend § 295 BGB, und geben letztlich zu erkennen, dass jedenfalls wegen § 296 BGB Annahmeverzug eintritt. Durch die Retardierung der Lösung zeigen Sie dem Korrektor, dass sie die Entwicklung der Rechtsprechung, und die dahinter stehenden Denkansätze kennen und verstanden haben.

cc) Unvermögen des AN?

Leistungsfähigkeit und Leistungsbereitschaft

Nach § 297 BGB kommt der AG nicht in Verzug, wenn der AN im betreffenden Zeitraum zur Leistung außerstande ist. Deshalb tritt z.B. kein Annahmeverzug ein, wenn der AN arbeitsunfähig krank ist. Gleichzustellen ist der Fall, dass der AN leistungsunwillig ist. **271**

Anzeigepflicht hinsichtlich des Wiedereintritts der Leistungsfähigkeit?

Probleme kann die Frage bereiten, wann die Verzugsfolgen nach dem Wiedereintritt der Leistungsfähigkeit des AN eingreifen. Fraglich ist v.a., ob dem AN eine besondere Anzeigepflicht hinsichtlich seiner Genesung obliegt. Die Antwort steht und fällt damit, welche Voraussetzungen man an das annahmeverzugsbegründende Angebot stellt.

Vertritt man die Auffassung, dass (zumindest) ein wörtliches Angebot nach § 295 S. 1 BGB nötig sei, um den Gläubigerverzug zu begründen, so wird man auch gemäß § 295 S. 2 BCB eine Anzeige des AN, dass er wieder arbeitsfähig sei, zu fordern haben.

Nach st. Rspr. des BAG bedarf es keiner besonderen Anzeige der Genesung. In konsequenter Fortführung des Gedankens aus § 296 S. 1 BGB reicht es demnach aus, dass der AN seine grundsätzliche Leistungsbereitschaft in irgendeiner Weise (z.B. durch die Kündigungsschutzklage oder einen sonstigen Widerspruch gegen die Kündigung) nach außen zu erkennen gibt.

Letztlich ist die gesetzliche Systematik entscheidend. § 297 BGB stellt nur auf die objektive Leistungsfähigkeit ab. Ob der AG Kenntnis von der wieder eingetretenen Arbeitsfähigkeit hat, ist irrelevant. Ein wörtliches Angebot ist nach § 296 S. 1 BGB zur Verzugsbegründung überflüssig, folglich kann es auch nicht zur Klarstellung des erneuten Verzugsbeginns gefordert werden.

dd) Nichtannahme der Leistung

Nichtannahme

Der Grund, aus dem die Annahme unterbleibt, ist gleichgültig, insbesondere besteht kein Verschuldenserfordernis. Die Tatsache der Nichtannahme genügt. 272

ee) Beendigung des Annahmeverzuges

Entfallen einer Voraussetzung

Der Annahmeverzug endet, wenn eine seiner Voraussetzungen entfällt. Der AG kann den Annahmeverzug also beenden, indem er die Arbeitsleistung des AN annimmt oder das Arbeitsverhältnis wirksam beendet. 273

(P) bedingte Rücknahme der Kündigung

Fraglich ist, ob auch die „bedingte Rücknahme"[220] der Kündigung im Kündigungsschutzprozess den Annahmeverzug entfallen lässt.

Entgegen einer teilweise in der Literatur vertretenen Ansicht, verlangt das BAG hingegen eine Annahme der Arbeitsleistung als Erfüllung des Vertrags. Für diese Ansicht spricht, dass das finanzielle Risiko des Kündigungsschutzverfahrens grundsätzlich der Arbeitgeber zu tragen hat.

Macht der AG aber ein zumutbares befristetes Weiterbeschäftigungsangebot und lehnt der AN ab, so kann darin aber eine böswillige Unterlassung i.S.v. § 615 S. 2 BGB zu sehen sein.[221]

b) Rechtsfolgen

Ursprünglicher Lohnanspruch

§ 615 BGB bewirkt, dass abweichend vom Grundsatz „Lohn nur gegen geleistete Dienste" dem AN der ursprüngliche Vergütungsanspruch erhalten bleibt. Anspruchshöhe und Fälligkeit entsprechen deshalb dem des Entgeltanspruchs aus § 611a II BGB. 274

---

[220] Die Kündigung ist als Gestaltungsrecht bedingungsfeindlich. Dogmatisch korrekt handelt es sich in den zugrunde liegenden Fällen um ein durch die richterliche Entscheidung auflösend bedingtes Weiterbeschäftigungsangebot.
[221] Dazu sogleich, Rn. 274.

Anrechnung

Da der AN durch den Annahmeverzug nicht schlechter, aber auch nicht besser als im Falle tatsächlicher Arbeitsleistung gestellt werden soll, muss er sich nach § 615 S. 2 BGB das anrechnen lassen, was er durch den Annahmeverzug erspart oder durch anderweitige Verwendung seiner Arbeitskraft erworben oder zu erwerben böswillig unterlassen hat.

Findet das KSchG Anwendung, geht § 11 KSchG als spezielle Regelung vor.

Bei der Anrechnung ist der gesamte anzurechnende Betrag in Verhältnis zur Gesamtdauer des Annahmeverzugs zu setzen, eine Anrechnung pro rata temporis findet nicht statt.

2. Lehre vom Betriebs- und Wirtschaftsrisiko

Auch die Lehre vom Betriebs- und Wirtschaftsrisiko stellt eine Ausnahme vom Grundsatz „Ohne Arbeit kein Lohn" nach § 614 S. 1 BGB dar. Gesetzlich verankert sind die Grundsätze über das Betriebs- und Wirtschaftsrisiko in § 615 S. 3 BGB.[222]   **275**

a) Anwendungsbereich

Störung der betrieblichen Produktion durch von keiner Seite zu vertretende Umstände

Die betriebliche Produktion kann durch Umstände gestört werden, die weder eindeutig der AG- noch der AN-Sphäre zugerechnet werden können. Beispiele für solche externen Störfaktoren sind: Naturkatastrophen, zufällige Maschinenschäden, Unterbrechung der Strom- oder Materialversorgung etc.   **276**

Wer trägt das Lohnrisiko?

Hier fragt sich, wer das Lohnrisiko zu tragen hat. Verliert der AN seinen Lohnanspruch, wenn er aufgrund obiger Umstände seine Arbeitsleistung nicht erbringt, oder bleibt der AG dennoch zur Zahlung verpflichtet?

Um die damit verbundenen Schwierigkeiten zu umgehen, entwickelte die Rspr. ein eigenständiges, heute gewohnheitsrechtlich legitimiertes Rechtsinstitut, das unabhängig von der dogmatischen Einordnung in Unmöglichkeit oder Verzug eine billige, sozial angemessene Verteilung des Lohnrisikos bei zufälligen Betriebsstörungen sucht. Der Gesetzgeber hat diese Rechtsprechung aufgegriffen und in § 615 S. 3 BGB gesetzlich verankert. Demnach besteht in den Fällen des Betriebsrisikos gemäß § 615 S. 3 BGB eine Lohnfortzahlungspflicht des AG.   **277 - 278**

---

[222]   Vgl. dazu auch Luke, „§ 615 S. 3 BGB – Neuregelung des Betriebsrisikos?", in NZA 2004, 244 ff.

b) Voraussetzungen

Von keiner Seite zu vertreten

Zunächst muss es sich um eine zufällige Betriebsstörung handeln. Ist sie vom AG oder AN zu vertreten, gelten §§ 280 I, III, 283 BGB bzw. § 326 II S. 1 Alt. 1 BGB.   **279**

Betriebsrisiko

Erforderlich ist weiter, dass es sich um Umstände handelt, die unmittelbar auf den Betrieb als solchen einwirken, abzugrenzen ist also zum allgemeinen Lebensrisiko - Standardbeispiel ist der vereiste Arbeitsweg. Solche Fälle werden von § 326 I BGB geregelt.

Wirtschaftsrisiko

Der Parallelbegriff des Wirtschaftsrisikos erfasst die Situation, in der die Erbringung der Arbeitsleistung zwar betriebstechnisch möglich, wirtschaftlich aber sinnlos ist. Das Risiko der mangelnden Verwendbarkeit ist selbstverständlich auch vom AG zu tragen – hier wären eigentlich schon die allgemeinen schuldrechtlichen Lösungen ausreichend.   **280**

hemmer-Methode: In Grenzfällen können Ihnen folgende Gedanken weiterhelfen: I.S.e. natürlichen Verständnisses von Verantwortung muss derjenige, der den Nutzen aus einer Sache zieht, auch die damit verbundene Risiken tragen. Der AG hat die Organisationsgewalt in seinem Betrieb inne, nur er kann gegen Schäden vorbeugen, bzw. sich durch Rücklagen und Versicherungen absichern. Er zieht den Gewinn. Für eine Beteiligung des AN am Betriebsrisiko bedarf es deshalb besonderer Umstände.

Dispositivität

Die Betriebsrisikotragung ist dispositiv; durch Tarifvertrag, Betriebsvereinbarung oder Arbeitsvertrag kann eine andere Verteilung des Betriebsrisikos vereinbart werden.

c) Rechtsfolgen

Der Arbeitnehmer behält in Betriebsstörungsfällen gemäß § 615 S. 3 BGB den Anspruch auf Lohnzahlung. Er muss sich aber anderweitigen Verdienst anrechnen lassen, § 615 S. 2 BGB analog.   **281**

d) Ausnahme: Arbeitskampfrisiko

Verlagerung des Lohnrisikos auf AN

Von dem Prinzip, dass der AG das Lohnrisiko wegen Störungen des Betriebsablaufs zu tragen hat, gibt es eine bedeutende Ausnahme: Während der Dauer von Arbeitskampfmaßnahmen (Streik, Aussperrung) wird das Lohnrisiko grds. auf die AN verlagert.   **282**

*Materielle Kampf-
parität*

Der in der Tarifautonomie (Art. 9 III GG) wurzelnde Grundsatz der **283** materiellen Kampfparität verlangt, dass zwischen den AG und den AN als Kollektiv ein annäherndes Verhandlungs- und Kampfgleichgewicht gewahrt sein muss. Ausschlaggebend ist dabei eine längerfristige, abstrakte Beurteilung des materiellen Kräfteverhältnisses der Arbeitskampfparteien. Will die Gewerkschaft für alle Beschäftigten eine Verbesserung der Arbeitsbedingungen erreichen, dann muss sie dies durch den Einsatz des Arbeitskampfmittels auch ausdrücken. Einzelne wichtige Positionen zu bestreiken, die Streikkasse zu schonen und den Arbeitgeber bei fortbestehender Zahlungspflicht hinsichtlich der anderen AN zu belasten, wäre mit der Arbeitskampfparität nicht vereinbar. Die AN-Seite hätte ein viel „schärferes Schwert" als der AG mit dem Arbeitskampfmittel der Aussperrung.

*AN tragen das
Lohnrisiko*

Aus diesem Grund entfällt der Lohnanspruch der nicht streikenden Arbeitnehmer. Sie tragen also das finanzielle Risiko des Arbeitskampfes.

*Suspendierung der
Hauptleistungs-
pflichten*

Die streikenden AN selbst verlieren ihren Lohnanspruch nämlich schon durch die Suspendierung ihres Arbeitsverhältnisses für die Dauer des Arbeitskampfes.[223]

*Reichweite bei
Fernwirkungen*

Fraglich ist, ob die AN auch dann das Lohnrisiko zu tragen haben, wenn der Streik betriebsfremder AN zu Störungen im Betriebsablauf führt. **284**

Ob hier eine Risikoverlagerung zu Lasten der AN eintritt, ist nach genau den gleichen Erwägungen zu beurteilen. Ist die Lohnfortzahlung in einem nur mittelbar betroffenen Betrieb in der Lage, die Kampfparität maßgeblich zu beeinflussen, entfällt auch der Lohnanspruch der Arbeitnehmer in dem anderen Betrieb. Sind solche Auswirkungen nicht zu befürchten, behalten die AN des drittbetroffenen Betriebs ihren Lohnanspruch.

*Fernwirkung (+)
wenn Zurechenbar-
keit*

Für eine Fernwirkung spricht z.B., wenn die AN-Vertretung des mittelbar betroffenen Betriebes mit den unmittelbar kampfführenden Verbänden identisch oder zumindest organisatorisch eng verbunden ist. Auch wenn die AN typischerweise von den errungenen Vorteilen profitieren, liegt es nahe, ihnen das Lohnrisiko aufzubürden.

3. Verhinderung aus persönlichen Gründen, § 616 S. 1 BGB

*Lohnerhaltende
Norm*

Auch § 616 S. 1 BGB modifiziert den Grundsatz „Ohne Arbeit **285** kein Lohn". Kennzeichnend ist, dass der AN durch ein vorübergehendes, subjektives Leistungshindernis nicht in der Lage ist, seine Leistung zu erbringen.

---

[223]   Hierzu und zu den Grundzügen des Arbeitskampfrechts näher Hemmer/Wüst, Arbeitsrecht, Rn. 457 ff.

a) Anwendungsbereich

§ 616 S. 1 BGB erfasst nicht nur Arbeitsverträge, sondern gilt   *286*
ebenso für Verträge mit arbeitnehmerähnlichen Personen, sowie
für freie Dienstverträge. Für diese Personengruppen hat die Norm
eigenständige Bedeutung, im Rahmen von Arbeitsverträgen wird
der häufigste Fall subjektiver vorübergehender Leistungsverhinderung – Krankheit – nämlich durch das EFZG spezialgesetzlich
geregelt.

Fallgruppen

Damit verbleiben im Arbeitsrecht für § 616 S. 1 BGB v.a. folgende
Fälle:

➲   Behörden- und Gerichtstermine, die zu einer bestimmten Ta-
     geszeit zu erledigen sind.

➲   Persönliche Unglücksfälle und andere besondere familiäre
     Ereignisse.

➲   Arzttermine. Hier ist die Abgrenzung zu § 3 EFZG zu beach-
     ten; ist der AN schon beim Arztbesuch arbeitsunfähig krank,
     greift die lex specialis.

b) Tatbestand

Subjektives
Leistungshindernis

Die Verhinderung des AN muss gerade durch einen in seiner   *287*
Person liegenden Umstand bedingt werden. Nicht erfasst werden
also Fälle, die größere Personengruppen betreffen.

Nicht unbedingt notwendig ist hingegen, dass die Arbeitsleistung
tatsächlich unmöglich ist, subjektive Unzumutbarkeit, die durch
eine wertende Interessenabwägung zu bestimmen ist, reicht aus.

hemmer-Methode: Das Freiwerden von der Leistungspflicht
des AN ist in diesen Fällen in § 275 III BGB bzw. in
§ 2 I PflegeZG geregelt.

Kausalität

Das persönliche Ereignis muss kausal für die Nichtleistung sein –
soweit die Leistung schon aus anderen Gründen (Streik, Feiertag,
Urlaub etc.) nicht erbracht werden kann, greift § 616 S. 1 BGB
nicht.

Kurzfristige Verhin-
derung

Ob die Dauer der Verhinderung i.S.v. § 616 S. 1 BGB nicht erheblich ist, bestimmt sich nach den Umständen des Einzelfalls,
entscheidend ist v.a. die bisherige und die voraussichtliche Dauer
des Arbeitsverhältnisses selbst. Grundsätzlich gilt aber ein enger
Maßstab: Regelmäßig werden nur wenige Tage erfasst. Überschreitet die Leistungsverhinderung diese Zeitspanne, entfällt der
Anspruch auf Entgeltfortzahlung für den gesamten Zeitraum.

Kein Verschulden

§ 616 S. 1 BGB gilt nicht, wenn der AN die Verhinderung verschuldet hat. Auch hier geht es um den Begriff des Verschuldens gegen sich selbst. Man versteht darunter einen groben Verstoß gegen das von einem verständigen Menschen im eigenen Interesse zu erwartende Verhalten.

c) Rechtsfolge

Lohnausfallprinzip

Nach § 616 S. 1 BGB behält der AN seinen ursprünglichen Lohnanspruch, es gilt das Lohnausfallprinzip. Satz 2 begründet eine Anrechnungsbefugnis des AG für bestimmte Versicherungsleistungen, deren praktische Bedeutung aber gering ist. 288

4. Entgeltfortzahlung im Krankheitsfall, § 3 EFZG bzw. bei Organspende, § 3a EFZG

Kommt der AN seiner Leistungspflicht krankheitsbedingt nicht nach, so bleibt ihm unter den Voraussetzungen des § 3 EFZG[224] sein Lohnanspruch für die Dauer von sechs Wochen erhalten. Danach greift die subsidiäre Haftung der Krankenkasse nach §§ 44 ff. SGB V. 289

§ 3a EFZG

Ist ein Arbeitnehmer durch Arbeitsunfähigkeit infolge der Spende von Organen oder Geweben, die nach den §§ 8 und 8a des Transplantationsgesetzes erfolgt, an seiner Arbeitsleistung verhindert, so hat er gem. § 3a I EFZG Anspruch auf Entgeltfortzahlung durch den Arbeitgeber für die Zeit der Arbeitsunfähigkeit bis zur Dauer von sechs Wochen. § 3 I S. 2 EFZG gilt entsprechend.[225]

a) Tatbestand

Zunächst muss im entscheidenden Zeitraum ein Arbeitsverhältnis bestehen. 290

Dem Schutzzweck des EFZG entsprechend ist ein fehlerhaftes Arbeitsverhältnis ausreichend.

aa) Wartezeit nach § 3 III EFZG

Vier Wochen Karenz

Der Anspruch auf Entgeltfortzahlung entsteht § 3 III EFZG zufolge erst nach vierwöchigem ununterbrochenem Bestand des Arbeitsverhältnisses. 291

---

[224] Verwechseln Sie das EntgeltfortzahlungsG nicht mit dem LohnfortzG! Während ersteres das Verhältnis zwischen AN und AG im Krankheitsfalle regelt, finden sich im – klausurmäßig unbedeutenden - LohnfortzG Erstattungsansprüche kleiner AG gegen die Krankenkassen für den an die AN weiterbezahlten Krankenlohn. Früher waren die Regelungen des EFZG noch im LohnfortzG geregelt.

[225] Vgl. dazu auch Knorr, „Organlebendspende und Entgeltfortzahlung", NZA 2012, 1132 ff.

Entscheidend ist der Zeitpunkt, zu dem der AN seine Arbeit aufnehmen sollte.

hemmer-Methode: Hier versteckt sich oft der erste kleine „Knackpunkt": Beachten Sie, dass der Anspruch selbst dann entstehen kann, wenn der AN nie gearbeitet hat, der Wortlaut der Norm ist insoweit eindeutig. Entscheidend ist der rechtliche Bestand des Arbeitsverhältnisses.

bb) Arbeitsunfähigkeit aufgrund Krankheit

Nach § 3 I EFZG muss der AN infolge Krankheit verhindert sein, seine Arbeitsleistung zu erbringen.   292

Das Gesetz unterscheidet also zwischen der Krankheit selbst, und der dadurch verursachten Arbeitsunfähigkeit.

Krankheit

Mit Krankheit beschreibt man körperliche oder geistige, objektiv regelwidrige Zustände, die eine Heilbehandlung erforderlich machen.

Konkrete Arbeitsunfähigkeit

Ob Arbeitsunfähigkeit vorliegt ist anhand der konkret geschuldeten Leistung zu bestimmen. Maßgeblich ist, ob der AN faktisch außerstande ist, die ihm vertraglich obliegende Leistung vorzunehmen, bzw. ob er dies nur unter der hinreichend konkreten Gefahr tun könnte, seinen derzeitigen Zustand zu verschlimmern.

cc) Kausalität zwischen krankheitsbedingter Arbeitsunfähigkeit und Nichtarbeit

Die Krankheit muss Ursache für die Nichterbringung der Arbeit sein. Fraglich ist, wie sich das Verhältnis von § 3 I EFZG zu anderen gleichzeitig auftretenden Leistungshindernissen darstellt.   293

Ausgangspunkt: Prinzip der alleinigen Ursache

Als Ausgangspunkt gilt das Prinzip der alleinigen Ursache. Gemäß des Wortlauts der Norm („infolge") gewährt § 3 III EFZG nur dann einen Anspruch auf Entgeltfortzahlung, wenn die Arbeitsleistung ohne die Krankheit erbracht worden wäre. Andere gleichzeitig auftretende Leistungshindernisse wie Streiks, Aussperrungen, Betriebsstörungen etc. sind demnach vorrangig zu prüfen.   294

(P) Arbeitsunfähigkeit während eines Arbeitskampfes

Wird ein Arbeitnehmer während einer Beteiligung an einem Streik krank, so steht ihm kein Anspruch aus § 3 I EFZG zu. Ein Anspruch aus § 3 EFZG besteht nur, wenn die Krankheit alleinige Ursache für die Nichtarbeit des F war. Das Arbeitsverhältnis ist aber bereits durch den Streik suspendiert worden, sodass die Arbeit auch ohne Krankheit ausgefallen wäre.   295

Ausdrückliche Sonderregelungen

Z.T. trifft das Gesetz aber andere, dem Prinzip der alleinigen Ursache vorgehende Regelungen.   296

Feiertage

So geht die Entgeltfortzahlung wegen Krankheit nach § 4 I EFZG dem Anspruch auf Entgeltfortzahlung an Feiertagen, § 2 EFZG[226], vor. Die Höhe der Vergütung richtet sich jedoch nach § 2 EFZG, d.h. nach der Feiertagsvergütung.

Erkrankung während des Urlaubs

Gem. § 9 BUrlG werden durch ärztliches Attest nachgewiesene Krankheitstage während des Urlaubs nicht auf die Urlaubszeit angerechnet, sodass auch hier § 3 EFZG anwendbar ist.

Kurzarbeit

Nach § 4 III EFZG behält der arbeitsunfähig erkrankte Arbeitnehmer bei einer Verkürzung der täglichen Arbeitszeit den Anspruch auf Vergütungsfortzahlung (§ 4 III EFZG).

Als Bemessungsgrundlage der Anspruchshöhe dient der entsprechende Kurzarbeitslohn (§ 4 III i.V.m. I EFZG). Fällt im entscheidenden Zeitraum aber die Arbeit wegen Kurzarbeit vollständig aus, so entfällt der Anspruch aus § 3 I EFZG – hier ist die Krankheit eben nicht alleinige Ursache der Nichtarbeit.

dd) Verschulden des AN

Verschulden des AN

§ 3 I EFZG schließt den Anspruch bei eigenem Verschulden des Arbeitnehmers aus. Dabei gilt nicht der technische Verschuldensbegriff aus § 276 I S. 1 BGB; es bedarf vielmehr eines Verschuldens gegen sich selbst.   **297**

Verstoß gegen Eigeninteresse

Dieses nimmt das BAG an, wenn der Arbeitnehmer gröblich gegen das von einem verständigen Menschen im eigenen Interesse zu erwartende Verhalten verstößt.

Sachverhaltsverwertung!

In der Klausur wird sich hier oft ein vorläufiger Schwerpunkt finden. Halten Sie sich aber bei der Argumentation mit vorschnellen Billigkeitsurteilen zurück[227] – entscheidend ist, dass Sie sämtliche Angaben des Sachverhalts entschlüsseln und verwerten. Zumeist wird der Aufgabenersteller durch mehr oder weniger deutliche Hinweise zu erkennen geben, welcher Lösung er den Vorzug zu geben gedachte.

Als Orientierungspunkt für eigene Erwägungen mögen Ihnen die folgenden Entscheidungen des BAG dienen:[228]

➲ Schuldhaft ist eine Verletzung durch einen Verkehrsunfall, wenn der Fahrer eines Kfz den Sicherheitsgurt nicht angelegt hatte.   **298**

---

[226]   Dazu sogleich, Rn. 307.

[227]   Zu bedenken ist stets, dass grundsätzlich zwischen privater und arbeitsrechtlicher Sphäre zu trennen ist. Nicht jedes Verhalten des AN, das dieser in seiner arbeitsfreien Zeit an den Tag legt, kann ihm deshalb arbeitsrechtliche Nachteile bringen – letztlich geht es auch hier um die angemessene Verteilung des Lohnrisikos.

[228]   Vgl. auch unser Skript Hemmer/Wüst, Arbeitsrecht, Rn. 498 ff.

➲ Ein missglückter Suizidversuch wird nicht als schuldhaft i.S.v. § 3 I S. 1 EFZG aufgefasst. Umstritten ist hingegen die Behandlung von Fällen des Alkoholmissbrauchs.

➲ Schuldhaft i.S.d. § 3 EFZG kann eine Verletzung sein, die bei Ausübung einer besonders gefährlichen Sportart entsteht; dies hat das BAG aber für das Drachenfliegen verneint!

ee) Einrede nach § 5 I S. 1 EFZG

Pflicht des AN -
Anzeige der
Arbeitsunfähigkeit

Nach § 5 I S. 1 EFZG ist der AN gehalten, seinem AG Arbeitsunfähigkeit und voraussichtliche Dauer unverzüglich (⇨ auch hier - BGB AT: § 121 I S. 1 BGB) anzuzeigen.   *299*

Dauert die Arbeitsunfähigkeit länger als drei Tage, so ist eine sog. AU-Bescheinigung vorzulegen, § 5 I S. 2 EFZG.[229]

Solange er dieser Pflicht nicht nachkommt, ist der AG gemäß § 7 I Nr. 1 EFZG berechtigt, die Entgeltfortzahlung zu verweigern.

Es handelt sich also um eine dilatorische Einrede, ein vorläufiges Leistungsverweigerungsrecht. Bei Erfüllung erlischt es. Dem Arbeitnehmer steht dann ein fälliger Entgeltfortzahlungsanspruch für den gesamten Zeitraum der Erkrankung zu.

b) Rechtsfolgen

aa) Lohnerhaltung

Die wichtigste Rechtsfolge des EFZG normiert § 3 I S. 1 EFZG.   *300*

Ausnahme zu
§§ 326 I, 614 BGB

Danach behält der AN seinen ursprünglichen Vergütungsanspruch auch für die Zeit während der er keine Arbeitsleistung erbringt. Es handelt sich also auch hier um eine Ausnahme von §§ 326 I, 614 BGB - ohne Arbeit kein Lohn.

Anspruchshöhe:
Lohnausfallprinzip

Daraus folgt denn auch die anzusetzende Anspruchshöhe: Der AN ist prinzipiell so zu stellen, als ob er gearbeitet hätte. Allerdings existieren einzelne Ausnahmen.   *301*

Ausnahme: Leistungen, die an tatsächlich erbrachte Arbeit anknüpfen

§ 4 Ia EFZG ist zu entnehmen, dass Entgeltbestandteile, die an die tatsächlich erbrachte Arbeitsleistung anknüpfen unberücksichtigt bleiben. Dies betrifft das zusätzliche Überstundenentgelt ebenso wie Ersatz für gemachte Aufwendungen. Wird in dem betroffenen Betrieb Kurzarbeit erbracht, ist dessen Gegenleistung auch Bemessungsgrundlage für den Anspruch auf Entgeltfortzahlung, § 4 III EFZG.

---

[229]   Zum Beweiswert einer solchen AU-Bescheinigung vgl. Hemmer/Wüst, Arbeitsrecht, Rn. 492.

In Zweifelsfällen ist auf die Rechtsnatur des Lohnbestandteils abzustellen: Knüpft dieser an die tatsächliche Leistung des AN an oder ist Grundlage lediglich das Bestehen eines wirksamen Arbeitsverhältnisses? Für die Abgrenzung können Sie sich die oben gemachten Ausführungen zur Rechtsnatur von Gratifikationen dienlich machen.

Beachten Sie schließlich, dass durch Tarifvertrag abweichende Regelungen getroffen werden können, § 4 IV EFZG.

bb) Dauer der Entgeltfortzahlung

sechs Wochen Entgeltfortzahlung durch den AG, dann Krankengeld von der Krankenkasse

Die Höchstdauer des Entgeltfortzahlungsanspruchs im Krankheitsfall beträgt nach § 3 I S. 1 EFZG sechs Wochen. Dauert die Arbeitsunfähigkeit länger an, hat der AN nach § 44 I SGB V einen Anspruch auf Krankengeld gegen die gesetzliche Krankenkasse. Dessen Höhe erreicht aber nur 70 % des bisherigen regelmäßigen Arbeitsentgeltes (§ 47 I S. 1 SGB V).   **302**

Bei der Bestimmung der Sechs-Wochen-Frist für den Anspruch aus § 3 I EFZG müssen Sie folgende Aspekte besonders beachten: **303**

Beginn der Frist

Die Frist beginnt erst zu laufen, sobald der AG tatsächlich leisten muss, d.h. entsteht der Entgeltfortzahlungsanspruch wegen der Wartefrist des § 3 III EFZG erst nach Eintritt der Arbeitsunfähigkeit, so sind die sechs Wochen auch erst ab diesem Zeitpunkt zu berechnen. (Dabei gelten übrigens die §§ 186 ff. BGB.)

Dieselbe Krankheit - neue selbstständige Erkrankung

Wie sich mittelbar aus § 3 I S. 2 EFZG entnehmen lässt, gilt die Ausschlussfrist nur für den Fall, dass der AN wegen einer bestimmten Krankheit länger als sechs Wochen arbeitsunfähig ist. Treten hingegen hintereinander mehrere Krankheiten mit der Folge jeweils erneuter Arbeitsunfähigkeit auf, entsteht für jede Erkrankung ein selbstständiger Anspruch auf Entgeltfortzahlung für die Dauer von jeweils sechs Wochen.   **304**

Die Gretchenfrage für die Praxis ist demzufolge, ob eine neue, selbstständige Erkrankung oder eine Folgeerkrankung vorliegt. In der Klausur des Ersten Staatsexamens sollte der Sachverhalt insoweit eindeutig sein.

Dort stellt sich aber ein weiteres Problem: Es existieren nämlich zwei gesetzliche Ausnahmen von dem Grundsatz, dass der Arbeitnehmer beim Vorliegen einer Fortsetzungserkrankung nur einmal für die Dauer von sechs Wochen einen Anspruch auf Vergütungsfortzahlung hat, und zwar § 3 I S. 2 Nr. 1 und Nr. 2 EFZG:

§ 3 I S. 2 Nr. 1 EFZG

Gemäß § 3 I S. 2 Nr. 1 EFZG entsteht der Anspruch auf Lohnfortzahlung neu, wenn der AN während sechs Monaten nicht wegen dieser Krankheit arbeitsunfähig war. M.a.W. der AN war also entweder arbeitsfähig, oder aber aufgrund einer anderen Erkrankung arbeitsunfähig.

§ 3 I S. 2 Nr. 2 EFZG	§ 3 I S. 2 Nr. 2 EFZG stellt klar, dass die zeitliche Begrenzung des Entgeltfortzahlungsanspruchs bei Arbeitsunfähigkeit aufgrund einer Fortsetzungskrankheit nur innerhalb eines Zeitraums von zwölf Monaten gilt. Nach Ablauf dieser Zeit hat der AN in jedem Fall einen weiteren sechswöchigen Entgeltfortzahlungsanspruch.

c) Regress des AG gegen Drittschädiger

Ersatzanspruch des AN gegen Dritten	Beruht die Arbeitsunfähigkeit des AN darauf, dass er durch einen Dritten verletzt wurde, so hat er gegen diesen dem Grunde nach einen Schadensersatzanspruch (z.B. aus § 823 I BGB).	305

Differenzhypothese	Nun stellt sich ein (kleines) Problem: Bei strikter Anwendung der Differenzhypothese des Schadensrechts käme man zu dem Ergebnis dass der AN wegen der Lohnfortzahlung durch den AG gar keinen Schaden erlitten hätte. Dass dies nicht zum Untergang des Anspruchs aus § 823 I BGB führen kann, zeigt die Existenz von § 6 I EFZG.

Normativer Schaden und Legalzession	Der Schaden des AN wird zunächst im Wege der versagten Vorteilsausgleichung fingiert (sog. normativer Schaden). Danach geht der Anspruch des AN gegen den Drittschädiger auf den AG über, wenn dieser Entgeltfortzahlung leistet. Es findet also eine Legalzession statt.
	Abschließend zum Themenkreis Entgeltfortzahlung im Krankheitsfall noch der Hinweis, nicht die Besonderheiten des konkreten Falles zu übersehen: § 3 I S. 1 EFZG gilt (ebenso wie alle anderen bisher besprochenen lohnerhaltenden Normen) nur dann, wenn die Arbeitsunfähigkeit weder vom AN noch vom AG zu vertreten ist. Hat der AG nämlich den AN schuldhaft geschädigt, so greift der insoweit vorrangige § 326 II BGB ein. Dies gilt allerdings nur dann, wenn die Schädigung nicht durch einen Arbeitsunfall verursacht wurde.[230]

5. Weitere lohnerhaltende Normen

Problembewusstsein und saubere Subsumtion	Neben den bisher behandelten Regelungen, die Ausnahmen von §§ 326 I, 614 BGB („ohne Arbeit kein Lohn") statuieren, existieren noch weitere weniger klausurrelevante Normen mit der gleichen Rechtsfolge. Hier ist der Korrektor oft schon dankbar, wenn der Bearbeiter etwas Problembewusstsein zeigt, die einschlägigen Vorschriften auffindet, in ihrer Bedeutung richtig einordnet und zuletzt sauber anhand des Gesetzestextes subsumiert.	306

Rechtsfolge immer „Lohn ohne Gegenleistung"	Als Orientierungshilfe sollen die folgenden Ausführungen dienen. Lesen Sie den Gesetzestext aufmerksam durch und behalten Sie v.a. immer die grundlegende Rechtsfolge „Lohn ohne Gegenleistung" im Hinterkopf.

---

[230]   Dazu sogleich Rn. 335 ff.

a) § 2 EFZG

Sonn- und Feiertage

§ 2 EFZG stellt eine unmittelbare gesetzliche Freistellung des AN von der Arbeitspflicht für Sonn- und Feiertage dar. Im Wesentlichen gilt das oben zu § 3 I EFZG Ausgeführte[231] entsprechend, insbesondere sind auch hier das Prinzip der alleinigen Kausalität sowie das Lohnausfallprinzip zu beachten.

307

b) § 18 MuSchG

Zwingende Schutz-normen

Das Mutterschutzgesetz enthält eine Vielzahl von Schutzvorschriften für die Mutter und das werdende Leben. Zu diesem Zweck sind im MuschG verschiedene Beschäftigungsverbote normiert.

308

Darf eine Frau aus diesen Gründen nun nicht oder nur eingeschränkt arbeiten und erhält sie auch kein Mutterschaftsgeld (vgl. § 19 MuSchG), so gewährt ihr § 18 MuSchG den Anspruch auf den in den letzten dreizehn Wochen durchschnittlich erzielten Lohn (sog. „Mutterschutzlohn").

Auch hier gilt also das übliche Lohnausfallprinzip.

IV. Urlaub

Selbst unter Examenskandidaten treten immer wieder begriffliche Unsicherheiten hinsichtlich der verschiedenen Ansprüche aus dem Regelungskomplex Urlaub auf. Um Ihnen diese – einfachen! – Fehler zu ersparen, folgende Übersicht:

309

1. Klärung wichtiger Begriffe

1. Gemäß § 1 BUrlG hat jeder Arbeitnehmer einen Anspruch auf Erholungsurlaub, d.h. auf bezahlte Freistellung von der Arbeitspflicht. § 1 BUrlG statuiert also eine weitere Ausnahme von „ohne Arbeit kein Lohn".

310

2. Wegen dieser lohnerhaltenden Funktion behält der AN während seines Erholungsurlaubs seinen gewöhnlichen Lohnanspruch gem. § 1 BUrlG i.V.m. § 611a II BGB, das nun Urlaubsentgelt genannt wird, vgl. § 11 BUrlG.

3. Oftmals zahlt der AG zusätzlich ein so genanntes Urlaubsgeld aus; dieses hat zumeist Gratifikationscharakter.

4. Ist der Anspruch des AN wegen Beendigung des Arbeitsverhältnisses nicht mehr erfüllbar, so gewährt § 7 IV BUrlG dem AN einen Ersatzanspruch in Geld, sog. Urlaubsabgeltung.

---

[231] Siehe dazu unter Rn. 293 ff.

2. Anspruch auf Erholungsurlaub

§ 1 BUrlG

Nach § 1 BUrlG hat jeder AN in jedem Kalenderjahr Anspruch auf   *311*
bezahlten Erholungsurlaub. Damit wird die gesetzliche Verpflichtung für den AG begründet, seine AN von ihren arbeitsvertraglichen Pflichten freizustellen.

Zweck: Erholung

Zweck des Urlaubs ist, dem AN Zeit zur Regeneration seiner Arbeitskraft sowie Freizeit und Privatsphäre zur Selbstverwirklichung zu gewähren. Deshalb kann er nicht abgetreten, verpfän-
det, gepfändet oder vererbt werden; es handelt sich um einen
sog. höchstpersönlichen Anspruch.

Mindestanforde-
rungen

Beachten Sie, dass das BUrlG nur Mindestbedingungen festlegt,
zu Ungunsten des AN kann in den Grenzen von § 13 I BUrlG nur
durch Tarifvertrag abgewichen werden. Ansonsten gilt das Günstigkeitsprinzip.[232]

a) Tatbestand

aa) Anwendbarkeit des BUrlG

Arbeitnehmer und
gleichgestellte
Personen

Das BUrlG beschränkt seinen persönlichen Anwendungsbereich   *312*
auf Arbeitnehmer und diesen gleichgestellte Personen (§§ 1, 2
BUrlG). Sonderregelungen gelten nach § 19 JArbSchG für Min-
derjährige und gemäß § 208 SGB IX für schwerbehinderte Arbeitnehmer.

bb) Bestehen eines Arbeitsverhältnisses

Zwischen den Parteien muss ein Arbeitsverhältnis bestehen. Aus-   *313*
reichend sind auch ein fehlerhaftes sowie ein bereits gekündigtes
Arbeitsverhältnis.

cc) Erfüllung der Wartezeit

Wartefrist von
sechs Monaten

Wurde ein neues Arbeitsverhältnis begründet, so entsteht nach   *314*
§ 4 BUrlG der volle Urlaubsanspruch erst nach einer Wartefrist
von sechs Monaten. Maßgeblich ist dabei der rechtliche Bestand
des Arbeitsverhältnisses. Ohne Bedeutung ist hingegen der Zeitpunkt des Vertragsschlusses. Irrelevant ist auch, ob der Arbeitnehmer seine Arbeit zu dem vereinbarten Zeitpunkt tatsächlich
aufnimmt.

---

[232]   Vgl. Sie hierzu insbesondere die Problematik des sogenannten kollektiven Günstigkeitsvergleichs, Rn. 19.

b) Rechtsfolge

Anspruch auf Urlaub

Liegen die dargestellten Voraussetzungen vor, so entsteht der Anspruch auf Urlaub. Fraglich ist dann aber immer noch, wann der AN diesen eigentlich antreten kann. **315**

aa) Zeitpunkt

Vereinbarung

Falls vorhanden, sind einschlägige Bestimmungen des Arbeitsvertrages vorrangig. Aber auch in Betriebsvereinbarungen (Denken Sie an Betriebsferien, etc.) kann die zeitliche Festlegung des Urlaubs erfolgen. **316**

Ansonsten: Direktionsrecht des AG

Existiert keine derartige Regelung unterliegt der Urlaubsanspruch dem Direktionsrecht des AG gem. § 7 I BUrlG (lex specialis zu § 106 GewO). D.h. der Arbeitgeber legt den Urlaub einseitig fest, ist dabei aber an Wünsche des AN sowie die Grenzen des billigen Ermessens gebunden.

In keinem Fall ist der AN berechtigt, den Urlaub eigenmächtig anzutreten. Tut er dies dennoch, so kann dies einen Grund zur außerordentlichen Kündigung nach § 626 BGB darstellen.

hemmer-Methode: Daran, dass der genaue Zeitpunkt des Urlaubs in vielen Fällen noch nicht konkretisiert ist, scheitert dann auch eine unmittelbare Leistungsklage auf Urlaubsgewährung.[233] In diesen Fällen ist die (allgemeine) Feststellungsklage gemäß § 46 II S. 1 ArbGG i.V.m. §§ 495, 256 ZPO das prozessuale Mittel des AN, seine Interessen durchzusetzen.

bb) Dauer des Urlaubs

Mindestens 24 Werktage

Der gesetzliche Mindesturlaub beträgt nach § 3 I BUrlG jährlich mindestens 24 Werktage. Nach Abs. 2 dieser Norm sind Werktage alle Tage, die nicht Sonn- oder Feiertag sind. Das BUrlG geht also davon aus, dass auch der Samstag ein gewöhnlicher Arbeitstag ist, und steht damit heute, nach mehrmaliger Verringerung der wöchentlichen Regelarbeitszeit, zur gesellschaftlichen Realität in Widerspruch. **317**

BUrlG geht von Sechs-Tage-Woche aus

Konsequenz ist, dass es einer Umrechnung der Werk- in Arbeitstage bedarf, wenn deren Zahl von den gesetzlichen sechs Tagen abweicht.

Umrechnung

Man teilt dann die Gesamtdauer des Urlaubs durch die Zahl sechs und multipliziert das Ergebnis mit der Zahl der Arbeitstage einer Woche. Besteht für den Arbeitnehmer also eine Fünf-Tage-Arbeitswoche, so beträgt der gesetzliche Mindesturlaub zwanzig Arbeitstage.

---

[233] Der Antrag nach § 253 II Nr. 2 ZPO setzt immer einen hinreichend bestimmten Klagegegenstand voraus.

hemmer-Methode: Macht der Klausursachverhalt Aussagen wie „Der in einer Fünf-Tage-Arbeitswoche beschäftigte AN ...", kann es eigentlich nur auf diese Umrechnung ankommen.
Diese Fähigkeit, den Sachverhalt durch das Erkennen und richtige Einordnen von Schlüsselwörtern zu verstehen – die Assoziationsmethode –, können Sie unter professioneller Anleitung in unserem Hauptkurs entwickeln und vervollkommnen.

cc) Sonderproblem: Teilurlaub

Bei Nichterfüllung der sechsmonatigen Wartefrist

§ 4 BUrlG verknüpft die Entstehung des vollen Urlaubsanspruchs mit dem Ablauf einer sechsmonatigen Wartezeit. Wird diese nicht oder nicht im jeweiligen Kalenderjahr erfüllt, so gewährt § 5 BUrlG einen Anspruch auf je ein Zwölftel des Jahresurlaubs für jeden vollen Monat, in dem das Arbeitsverhältnis bestand, wenn: *318*

1. das Arbeitsverhältnis insgesamt weniger als sechs Monate besteht (§ 5 Ib BUrlG), oder

2. der AN ab dem 01.07. eines Jahres eingestellt wurde[234] und das Arbeitsverhältnis im Ganzen länger als sechs Monate besteht, § 5 Ia BUrlG (in diesem Fall kann die Wartezeit im jeweiligen Kalenderjahr gar nicht mehr erfüllt werden), oder

3. das Arbeitsverhältnis vor dem 01.07. eines Jahres beendet wird, insgesamt aber länger als sechs Monate besteht, § 5 Ic BUrlG.

c) Erlöschen nach Ablauf des Kalenderjahres

aa) Verfall nach § 7 III BUrlG

Ablauf des Kalenderjahres

Gemäß § 7 III S. 1 BUrlG muss der Urlaub im laufenden Kalenderjahr gewährt und auch genommen werden. Geschieht dies nicht, hat der AN am Ende eines Jahres noch (Rest-)Urlaub, so verfällt dieser.   *319*

Übertragung ins erste Quartal des Folgejahres

Lediglich unter den Voraussetzungen des § 7 III S. 2 BUrlG ist eine Übertragung in das nächste Kalenderjahr möglich. Die Übertragung vollzieht sich kraft Gesetzes, d.h. eine besondere Geltendmachung durch den AN ist nicht nötig. Sind die tatbestandlichen Voraussetzungen von § 7 III S. 2 BUrlG (dringende betriebliche oder in der Person des Arbeitnehmers liegende Gründe) gegeben, tritt eine neue Befristung bis zum 31.03. ein.   *320*

---

[234] Eine Einstellung zum 01.07. löst nur einen Anspruch auf Teilurlaub aus, vgl. **BAG, Life&Law 04/2016, 251** = NZA 2016, 309 f. = **juris**byhemmer.

Mit Ablauf dieses sog. Übertragungszeitraumes erlischt der Anspruch endgültig, und zwar unabhängig davon, weshalb der Urlaub nicht genommen wurde.

Problem: Verfall
auch bei Krankheit
des Arbeitnehmers

Diese sog. Verfallsrechtsprechung des BAG galt bislang auch in den Fällen, in denen ein Arbeitnehmer seinen Urlaub aufgrund von Krankheit bis zum Ablauf des Verfallsdatums nicht nehmen konnte.

War der Arbeitnehmer bis zum Ende dieses Übertragungszeitraums, also bis zum 31.03. des Folgejahres arbeitsunfähig, so verfällt nach deutschem Recht der Anspruch auf den Jahresurlaub aus dem Vorjahr ersatzlos. Der nicht genommene Jahresurlaub war nach bisheriger gefestigter Rechtsprechung des BAG in diesem Fall auch nicht finanziell abzugelten, sodass der AN damit den Anspruch auf Urlaub ersatzlos verloren hatte.

Achtung: Recht-
sprechungsände-
rung bei Krankheit
aufgrund EuGH-
Urteil (Sache
Schultz-Hoff)

Nach Ansicht des EuGH verstößt diese Regelung bzw. deren Handhabung durch die Rechtsprechung gegen Gemeinschaftsrecht (Sache „Schultz-Hoff").[235] Wenn ein AN seinen Urlaub während einer Krankheit nicht nehmen kann, so ist dies nur dann mit Art. 7 I der RL 2003/88/EG („Arbeitszeitrichtlinie") vereinbar, sofern der betroffene Arbeitnehmer seinen Urlaubsanspruch während eines anderen Zeitraums ausüben kann.[236]

ersatzloser Verfall
ist europarechts-
widrig

Der Verlust des Anspruchs auf bezahlten Jahresurlaub darf also bei einem ordnungsgemäß krankgeschriebenen Arbeitnehmer nur unter der Voraussetzung vorgesehen werden, dass der betroffene AN tatsächlich die Möglichkeit gehabt hat, seinen Urlaubsanspruch auszuüben.

Einem Arbeitnehmer, der während des gesamten Bezugs- und Übertragungszeitraums hinaus krankgeschrieben ist, ist aber jede Möglichkeit genommen, in den Genuss seines bezahlten Jahresurlaubs zu kommen. Der EuGH kommt für diesen Fall zu dem Ergebnis, dass der Anspruch auf bezahlten Jahresurlaub bei Ablauf des Bezugs- und Übertragungszeitraums nicht erlöschen darf.

Mit Urteil vom 22.03.2009 hat das BAG diese Rechtsprechung des EuGH übernommen.[237] Der Verlust des Anspruchs auf bezahlten Jahresurlaub gem. § 7 III BUrlG darf bei einem ordnungsgemäß krankgeschriebenen Arbeitnehmer nur unter der Voraussetzung vorgesehen werden, dass der betroffene AN tatsächlich die Möglichkeit gehabt hat, seinen Urlaubsanspruch auszuüben.

---

[235]   EuGH, **Life&Law 03/2009, 210 f.** = NZA 2009, 135 ff. = **juris**byhemmer.

[236]   **Art. 7 I der RL 2003/88/EG lautet:**
   (1)   Die Mitgliedstaaten treffen die erforderlichen Maßnahmen, damit jeder Arbeitnehmer einen bezahlten **Mindestjahresurlaub von <u>vier Wochen</u>** nach Maßgabe der Bedingungen für die Inanspruchnahme und die Gewährung erhält, die in den einzelstaatlichen Rechtsvorschriften und/oder nach den einzelstaatlichen Gepflogenheiten vorgesehen sind.
   (2)   Der bezahlte Mindestjahresurlaub darf außer bei Beendigung des Arbeitsverhältnisses nicht durch eine finanzielle Vergütung ersetzt werden.

[237]   BAG, **Life&Law 07/2009, 499** = NZA 2009, 538 ff. = **juris**byhemmer.

aber: Verfall möglich bei Langzeiterkrankten!

In einer erneuten Entscheidung zu diesem Thema hat der EuGH in der Sache KHS seine Schlussfolgerung im „Schultz-Hoff-Urteil" für den Fall eines tariflich und /oder vertraglich vereinbarten Verfalls der Urlaubsansprüche Langzeiterkrankter ausdrücklich „nuanciert".[238]

Die Schlussfolgerung, dass nationale Bestimmungen nicht das Erlöschen des Urlaubsanspruchs vorsehen können, wenn der Arbeitnehmer infolge einer Krankheit nicht die Möglichkeit hatte, diesen Anspruch tatsächlich auszuüben, muss unter besonderen Umständen eingeschränkt werden.

unbegrenztes Anhäufeln von Urlaub entspricht nicht dem Erholungszweck

Anderenfalls wäre nämlich ein **Arbeitnehmer**, der während mehrerer Bezugszeiträume in Folge arbeitsunfähig ist, **berechtigt, unbegrenzt** alle während des Zeitraums seiner Abwesenheit von der Arbeit erworbenen **Ansprüche anzusammeln**. Ein derartiges unbegrenztes Ansammeln von Jahresurlaubsansprüchen würde nicht mehr dem Zweck des Anspruchs auf bezahlten Jahresurlaub entsprechen. Würde der Jahresurlaub zeitlich unbegrenzt übertragen, könnte er seinen Erholungszweck nicht mehr entfalten.

Nach welcher Dauer der Urlaub für den Arbeitnehmer keine positive Wirkung als Erholungszeit mehr hat, lässt sich nicht generell sagen. Ein Übertragungszeitraum muss in jedem Fall die Dauer des Bezugszeitraums, für den er gewährt wird, deutlich überschreiten.

Übertragung von 15 Monaten nach Ablauf des Urlaubsjahres reicht aus

Der EuGH ist der Ansicht, dass ein Zeitraum von bis zu fünfzehn Monaten nach Ablauf des Urlaubsjahres die positive Wirkung für den Arbeitnehmer als Erholungszeit noch gewährleistet und damit dem Zweck des Anspruchs auf Jahresurlaub nicht zuwider läuft.

Umsetzung dieser Rechtsprechung durch das BAG beim Fehlen einer vertraglichen oder tariflichen Regelung

Nach Ansicht des BAG gilt der vom EuGH bei langzeiterkrankten Arbeitnehmern als angemessen angesehene Übertragungszeitraum von fünfzehn Monaten auch dann, wenn keine tarifliche oder vertragliche Verfallfrist vereinbart wurde.[239] § 7 III S. 3 BUrlG ist unionsrechtskonform so auszulegen, dass gesetzliche Urlaubsansprüche vor Ablauf eines Zeitraums von fünfzehn Monaten nach dem Ende des Urlaubsjahres nicht erlöschen, wenn der Arbeitnehmer aus gesundheitlichen Gründen an seiner Arbeitsleistung gehindert war.

Urlaubsansprüche Langzeiterkrankter verfallen fünfzehn Monate nach Ablauf des Urlaubsjahres

Sie gehen jedoch mit Ablauf des 31. März des zweiten Folgejahres unter. Dies gilt auch bei fortdauernder Arbeitsunfähigkeit. Ein solcher Übertragungszeitraum von fünfzehn Monaten wurde vom EuGH als unionsrechtskonform gebilligt, sodass es keiner Einleitung eines Verfahrens nach Art. 267 AEUV bedarf. Dabei ist klarzustellen, dass sich die Länge des Übertragungszeitraums von fünfzehn Monaten nicht zwingend aus dem Unionsrecht ergibt.

---

[238]   EuGH, NZA 2011, 1333 ff. = **juris**byhemmer.
[239]   BAG, **Life&Law 02/2013, 101 ff.** = NZA 2012, 1216 ff. = **juris**byhemmer.

Eine solche unionsrechtskonforme Auslegung entspricht dem vom Gesetzgeber mit der Regelung in § 7 III S. 3 BUrlG verfolgten Zweck, wenn die Ziele des Art. 7 I der Arbeitszeitrichtlinie und der regelmäßig anzunehmende Wille des nationalen Gesetzgebers zur ordnungsgemäßen Umsetzung von Richtlinien berücksichtigt werden.[240]

Geht der aus dem Vorjahr übertragene Urlaubsanspruch trotz Ablaufs des Übertragungszeitraums - etwa wegen andauernder krankheitsbedingter Arbeitsunfähigkeit des Arbeitnehmers - nicht unter, ist dieser Teil des Urlaubsanspruchs gegenüber dem Teil, den der Arbeitnehmer zu Beginn des aktuellen Urlaubsjahres erworben hat, nicht privilegiert. Er unterliegt vielmehr dem Fristenregime des § 7 III BUrlG.

Der auf das gesamte nächste Jahr übertragene Urlaubsanspruch geht daher nicht bereits am Ende dieses Jahres im Falle fortbestehender Arbeitsunfähigkeit unter. Dies ergibt sich zum einen bereits aus der Anwendbarkeit des § 7 III BUrlG - insbesondere des Satzes 2 - auf den übertragenen Urlaub.[241]

Wegen des (weiterhin) vorliegenden Grundes in der Person des Arbeitnehmers wird der Urlaubsanspruch (erneut) übertragen, diesmal in das - vom Urlaubsjahr aus betrachtet - übernächste Kalenderjahr.

Besteht die Arbeitsunfähigkeit auch am 31. März des zweiten auf das Urlaubsjahr folgenden Jahres fort, so verfällt allerdings der Urlaubsanspruch gemäß § 7 III S. 3 BUrlG. Der in das Folgejahr übertragene Urlaub unterliegt - wie bereits erwähnt - dem Fristenregime des § 7 III BUrlG.[242] Eine erneute Privilegierung des bereits einmal übertragenen Urlaubs ist europarechtlich nicht geboten.

Aus § 7 III S. 3 BUrlG ergibt sich insofern das Gebot der zeitnahen Erfüllung des Urlaubsanspruchs.[243] Das Bedürfnis nach urlaubsgemäßer Erholung verringert sich auch, je mehr sich der zeitliche Abstand zum Entstehungsjahr des Urlaubs vergrößert. Darüber hinaus ist das Interesse des Arbeitgebers an einer zeitlichen Begrenzung der Urlaubsansprüche anzuerkennen. Eine solche Begrenzung kann auch im Interesse des Arbeitnehmers liegen. Muss ein Arbeitgeber im Falle einer Dauererkrankung des Arbeitnehmers nicht mit einer unbegrenzten Ansammlung von Urlaubsansprüchen rechnen, wird er in aller Regel trotz der lang anhaltenden Arbeitsunfähigkeit des Arbeitnehmers eher zur Fortsetzung des Arbeitsverhältnisses bereit sein und von einer Kündigung des Arbeitsverhältnisses Abstand nehmen.

---

[240] BAG, NZA 2009, 538 f. = **juris**byhemmer.

[241] Vgl. Bauer/von Medem, NZA 2012, 113, 116 unter Hinweis auf § 7 III S. 4 BUrlG.

[242] BAG, NZA 2012, 29 ff. = **juris**byhemmer.

[243] BAG, NZA 2006, 232 ff. = **juris**byhemmer.

bb) <u>Aber</u>: Nach neuer Rechtsprechung kein Verfall nach § 7 III BUrlG, wenn AG seine Obliegenheit zur Mitwirkung verletzt

EuGH ⇨ Verfall nur dann, wenn AG den AN aufgefordert hat, Urlaub zu nehmen

Durch Urteil vom 06.11.2018[244] hat der EuGH auf Vorlage des BAG entschieden, dass Art. 7 der Arbeitszeitrichtlinie (vgl. Fußnote 7), der wie § 3 BUrlG einen Mindesturlaub von 4 Wochen vorsieht, einer nationalen Regelung entgegensteht, wonach der AN, der im betreffenden Bezugszeitraum keinen Antrag auf Wahrnehmung seines Anspruchs auf bezahlten Jahresurlaub gestellt hat, am Ende des Bezugszeitraums die ihm zustehenden, aber noch nicht genommenen Urlaubstage automatisch verliert.

321

Eine nationale Regelung wie § 7 I und III BUrlG falle zwar in den Bereich der Modalitäten für die Wahrnehmung des Anspruchs auf bezahlten Jahresurlaub i.S.v. Art. 7 I der Arbeitszeitrichtlinie. Die Grenzen, die von den Mitgliedstaaten bei der Festlegung dieser Modalitäten zwingend einzuhalten seien, würden jedoch verkannt, wenn die Vorschriften des nationalen Rechts dahingehend ausgelegt würden, dass der Arbeitnehmer seinen Urlaubsanspruch am Ende des Bezugszeitraums und entsprechend seinen Anspruch auf eine Vergütung für den bei Beendigung des Arbeitsverhältnisses nicht genommenen Urlaub automatisch verlöre, auch wenn er nicht in die Lage versetzt wurde, den Anspruch wahrzunehmen.

BAG 2019 ⇨ Änderung der Rechtsprechung

Mit zwei Urteilen vom 19.02.2019[245] hat das BAG die Vorgaben des EuGH umgesetzt und die jahrzehntelange Rechtsprechung zum Verfall geändert.[246] Nach Ansicht des BAG lässt das BUrlG eine richtlinienkonforme Auslegung von § 7 BUrlG zu.

322

Nach § 7 I S. 1 BUrlG trifft den AG die Initiativlast bei der Verwirklichung des Urlaubsanspruchs, da er die zeitliche Festlegung des Urlaubs grds. dem AG vorbehält. Das BUrlG regelt die Mitwirkungsobliegenheiten der Arbeitsvertragsparteien und die Folgen deren Nichtbeachtung nicht ausdrücklich. Dies gestattet es, § 7 I S. 1 BUrlG richtlinienkonform dahingehend auszulegen, dass der AG bei der ihm durch das Bundesurlaubsgesetz zugewiesenen Festlegung des Urlaubs die vom Gerichtshof aus Art. 7 der Arbeitszeitrichtlinie abgeleiteten Mitwirkungsobliegenheiten zu beachten hat.

Der nicht erfüllte Anspruch auf bezahlten Jahresurlaub erlischt i.d.R. daher nur dann am Ende des Kalenderjahres, wenn der Arbeitgeber den AN zuvor in die Lage versetzt hat, seinen Urlaubsanspruch wahrzunehmen, und der AN den Urlaub dennoch aus freien Stücken nicht genommen hat.

---

[244]   EuGH, NZA-RR 2019, 12 ff. = **juris**byhemmer.

[245]   BAG, NZA 2019, 977 ff. = **juris**byhemmer sowie BAG, NZA 2019, 982 ff. = **juris**byhemmer.

[246]   Lesen Sie hierzu ausführlich **Tyroller**, Die Änderung der BAG-Rechtsprechung zum Verfall und zur Vererblichkeit des Urlaubsanspruches, **Life&Law 09/2019, 641 ff.**

Bei einem richtlinienkonformen Verständnis des § 7 III BUrlG ist die Erfüllung der Mitwirkungsobliegenheiten des Arbeitgebers damit grundsätzlich Voraussetzung für das Eingreifen des urlaubsrechtlichen Fristenregimes.

Ob der AG das Erforderliche getan hat, um seinen Mitwirkungsobliegenheiten zu genügen, ist unter Berücksichtigung aller Umstände des Einzelfalls festzustellen. Die Erfüllung seiner Mitwirkungsobliegenheiten hat der AG darzulegen und gegebenenfalls zu beweisen, weil er hieraus eine für sich günstige Rechtsfolge ableitet.

Der AG muss konkret und in völliger Transparenz dafür sorgen, dass der AN tatsächlich in der Lage ist, seinen bezahlten Jahresurlaub zu nehmen. Der AG muss den AN aus Gründen der Beweislast förmlich dazu auffordern, Urlaub zu nehmen, und ihm klar und rechtzeitig mitteilen, dass der Urlaub verfällt, wenn er ihn nicht nimmt.

Verfall (-), wenn AG die Mitwirkungsobligenheit verletzt

(1) Hat der AG seinen Mitwirkungsobliegenheiten **nicht** entsprochen, tritt der am 31.12. des Urlaubsjahres nicht verfallene Urlaub zu dem Urlaubsanspruch hinzu, der am 01.01. des Folgejahres entsteht. Dieser Teil des Urlaubsanspruchs ist gegenüber dem Teil, den der Arbeitnehmer zu Beginn des aktuellen Urlaubsjahres erworben hat, nicht privilegiert. Für ihn gelten, wie für den neu entstandenen Urlaubsanspruch, die Regelungen des § 7 I S. 1, III S. 1 BUrlG.

Verletzt der AG im Folgejahr seine Obliegenheit zur Mitwirkung erneut, so kommt es zu einem weiteren Kumulieren von Urlaubsansprüchen! Der AG kann deshalb das **uneingeschränkte Kumulieren von Urlaubsansprüchen** aus mehreren Jahren **dadurch vermeiden**, dass er seine Mitwirkungsobliegenheiten für den Urlaub aus zurückliegenden Urlaubsjahren im aktuellen Urlaubsjahr nachholt.

hemmer-Methode: Ob der Urlaubsanspruch verjähren kann, ist umstritten. Gegen eine Verjährung Bayreuther, NZA 2019, 945 (947). Vom BAG wurde diese Frage zuletzt ausdrücklich offengelassen.[247]

Verfall (+), wenn konkret belehrter AN den Urlaub aus freien Stücken nicht nimmt

(2) Hat der AG durch Erfüllung seiner Mitwirkungsobliegenheiten den Urlaubsanspruch an das Urlaubsjahr gebunden und verlangt der AN dennoch nicht, ihm Urlaub zu gewähren, so verfällt sein Anspruch nach Maßgabe von § 7 III S. 1 BUrlG mit Ablauf des Urlaubsjahres.

Liegen allerdings die Voraussetzungen einer Übertragung des Urlaubs nach § 7 III S. 2 BUrlG vor, wird der Urlaub „von selbst" auf die ersten drei Monate des Folgejahres übertragen, § 7 III S. 3 BUrlG.

---

[247]   BAG, NZA 2019, 1046 ff. (Rn. 28) = **juris**byhemmer.

Der Urlaubsanspruch kann in diesem Fall grds. nur dann mit Ablauf des Übertragungszeitraums untergehen, wenn der AG den AN auffordert, seinen Urlaub noch innerhalb des Übertragungszeitraums zu nehmen, und ihn darauf hinweist, dass der Urlaubsanspruch anderenfalls erlischt.

Entsprechendes gilt im Falle einer Übertragung nach § 7 III S. 4 BUrlG.

hemmer-Methode: Ungeklärt ist bislang, wie sich die Rechtsprechung zur Hinweisobliegenheit auf die 15-monatige Verfallfrist bei den langzeiterkrankten AN verhält.
Ein Verfall von Urlaub kommt ja nur dann in Betracht kommt, wenn der AN bewusst darauf verzichtet hat, seinen Anspruch auf bezahlten Jahresurlaub wahrzunehmen, obwohl er dies während des Arbeitsverhältnisses hätte tun können.
Da im Falle einer Dauererkrankung der AN jedoch den Urlaub nicht nehmen und daher auch nicht – in aufgeklärter Weise – darauf verzichten kann, ist zumindest fraglich, ob diese Rechtsprechung nach wie vor Geltung beansprucht. Wenn § 7 III BUrlG erst eingreifen soll, wenn der AG seiner Hinweisobliegenheit nachgekommen ist, spricht einiges dafür, dies auch bei dauerhaft erkrankten AN anzunehmen, allein vor dem Hintergrund, dass der AG zum Zeitpunkt des – rechtzeitigen – Hinweises nicht weiß, oder der AN wieder arbeitsfähig wird und damit den Urlaub noch nehmen könnte.[248] Damit dürfte der 15-monatige Verfall auch bei durchgehend arbeitsunfähigen AN erst dann in Betracht kommen, wenn der AG seiner Hinweisobliegenheit nachgekommen ist.

cc) Umwandlung in einen Schadensersatzanspruch nicht mehr denkbar

Anspruch auf Schadensersatz nicht mehr denkbar

In Folge dieser Rechtsprechung erscheint eines sicher: Zu einem Anspruch auf Ersatzurlaub unter dem Gesichtspunkt des Schadensersatzes statt der Leistung gem. §§ 275 IV, 280 I, III, 283 S. 1 BGB kann es jetzt nicht mehr kommen.   *323*

Hat der AG seine Mitwirkungsobliegenheiten nicht erfüllt, so verfällt der Anspruch des AN auf den Jahresurlaub nicht. Es tritt daher zum einen keine Unmöglichkeit ein, zum anderen erleidet der AN auch keinen Schaden.

Hat der AG seine Mitwirkungsobliegenheiten hingegen erfüllt, so hat der AN aus freien Stücken und in voller Kenntnis der sich daraus ergebenden Konsequenzen seinen Urlaub nicht genommen.

Der dann eintretende Verfall und die damit einhergehende Unmöglichkeit der Urlaubsgewährung hat der AG dann aber nicht mehr zu vertreten, da ihm die Exkulpation gem. § 280 I S. 2 BGB gelingt.

---

[248] So BeckOK, § 7 BUrlG, Rn. 19d.

> **hemmer-Methode: Mit der Rechtsprechungsänderung des BAG zum Verfall ist daher auch die Rechtsprechung zum „Ersatzurlaub" als Schadensersatz statt der Leistung „gestorben"![249]**

3. Urlaubsentgelt

Gesetzlicher Freistellungsanspruch

Festgestellt wurde bisher, dass der Anspruch aus § 1 BUrlG ein gesetzlicher Freistellungsanspruch von der Leistungspflicht des AN aus § 611a I BGB ist. Nun normiert § 1 BUrlG i.V.m. § 11 I BUrlG, dass während dieser Zeit das gewöhnliche Arbeitsentgelt weiter zu entrichten ist – auch der Erholungsurlaub ist also eine Ausnahme vom Grundsatz „Ohne Arbeit kein Lohn". Dieses Arbeitsentgelt wird als Urlaubsentgelt bezeichnet.   **324**

4. Urlaubsabgeltung

Grundsatz: Urlaub muss in natura gewährt werden

Auf Zweck und Grundgedanken des gesetzlichen Mindesturlaubs wurde bereits hingewiesen.[250] Deshalb ist es grundsätzlich unzulässig, den Urlaubsanspruch mit Geld abzugelten.   **325**

Ausnahme:
§ 7 IV BUrlG

Etwas anderes gilt nur dann, wenn das Arbeitsverhältnis bereits beendet ist, und der Urlaub deshalb nicht mehr in natura gewährt werden kann. Dann hat der AN nach § 7 IV BUrlG einen Anspruch auf Ersatz in Geld.   **326**

a) Anspruch auf Erholungsurlaub

BAG früher:
Abgeltung Surrogat für Urlaub

Aus dem Umstand, dass ein Anspruch auf Urlaubsabgeltung das Bestehen eines Urlaubsanspruchs voraussetzt, hat das BAG seit vielen Jahren die Auffassung vertreten, dass es sich hierbei nicht um einen ganz normalen Geldanspruch, sondern um ein Erfüllungssurrogat des Urlaubsanspruchs handelt.   **327**

BAG seit 2011:
Abgeltung ist kein Surrogat, sondern Geldanspruch

Das BAG hat mit Urteil vom 09.08.2011 seine Rechtsprechung zum Charakter des Abgeltungsanspruchs als Surrogat des Urlaubsanspruchs insgesamt aufgegeben. Der Abgeltungsanspruch ist ein Geldanspruch, dessen Erfüllbarkeit nicht von der Arbeitsfähigkeit des Arbeitnehmers abhängt und der nicht dem Fristenregime des BUrlG unterliegt.[251]   **328**

§ 7 III BUrlG gilt nicht

Damit unterliegt der Abgeltungsanspruch auch nicht der Verfallfrist des § 7 III BUrlG.

---

[249]   So zutreffend auch Bayreuther, NZA 2019, 945 (947 f.).

[250]   Rn. 311.

[251]   BAG, **Life&Law 03/2012, 172 ff.** = NZA 2012, 166 ff. = **juris**byhemmer; BAG, **Life&Law 12/2012, 872 ff.** = NZA 2012, 1087 ff. = **juris**byhemmer.

Der Verfall des Urlaubsanspruchs gem. § 7 III BUrlG soll einer nicht gewollten „Urlaubshortung" entgegenwirken. Dieser Gesichtspunkt passt nicht zum Urlaubsabgeltungsanspruch, da diesbezüglich von vornherein nicht die Gefahr der Hortung besteht. Der Anspruch entsteht erst mit der Beendigung des Arbeitsverhältnisses, und nach Beendigung des Arbeitsverhältnisses können keine weiteren abzugeltenden Urlaubsansprüche mehr entstehen.

Einzig und allein entscheidend ist daher, ob in dem Moment, in dem das Arbeitsverhältnis endet, dem Arbeitnehmer ein Freistellungsanspruch zusteht. Ist dies der Fall, so hat der Arbeitnehmer einen Anspruch auf Abgeltung dieses Urlaubs in Geld.

b) Beendigung des Arbeitsverhältnisses

Zudem muss das Arbeitsverhältnis wirksam beendet worden sein.[252]

329

hemmer-Methode: Da der Urlaubsabgeltungsanspruch kein Surrogat des Urlaubsanspruchs, sondern einen reiner Geldanspruch darstellt, ist dieser auch vererblich.
Dies gilt nach neuer Rechtsprechung des BAG auch dann, wenn der AN zu einer Zeit stirbt, zu welcher das Arbeitsverhältnis noch besteht. In diesem Fall entsteht durch den Tod des AN unmittelbar in der Person des Erben der Anspruch auf Urlaubsabgeltung.[253]

c) Rechtsfolge

Anspruchshöhe:
§ 11 BUrlG

Rechtsfolge von § 7 IV BUrlG ist ein Anspruch in Geld, dessen Höhe sich nach den für das Urlaubsentgelt maßgeblichen Grundsätzen i.S.v. § 11 BUrlG richtet.

330

hemmer-Methode: Der Abgeltungsanspruch unterliegt als reiner Geldanspruch einer tariflichen oder vertraglichen[254] Ausschlussfrist.
Unabdingbar gem. § 13 I S. 1 und S. 3 BUrlG ist lediglich der Freistellungsanspruch zum Zweck des Urlaubs als solcher. Mit Aufgabe der Surrogatsrechtsprechung gilt diese Unabdingbarkeit aber nicht (mehr) für den Abgeltungsanspruch. Da nach der neuen Rechtsprechung des BAG die Abgeltung kein Surrogat des Freistellungsanspruchs mehr ist, sondern ein reiner Geldanspruch, gilt für diesen auch die Ausschlussfrist.

---

[252] Sie könnten diese Gelegenheit nutzen, die tatbestandlichen Voraussetzungen der wichtigsten Beendigungsgründe zu rekapitulieren. Siehe dazu die Übersicht in Rn. 58.

[253] BAG, NZA 2019, 829 ff. = jurisbyhemmer sowie die Parallelentscheidungen BAG, NZA 2019, 832 ff. = jurisbyhemmer und BAG, NZA 2019, 835 ff. = jurisbyhemmer; vgl. dazu auch EuGH, NZA 2018, 1467 ff. = NJW 2019, 495 ff. und 499 ff. = jurisbyhemmer; ausführlich dazu auch **Tyroller**, Die Änderung der BAG-Rechtsprechung zum Verfall und zur Vererblichkeit des Urlaubsanspruches, **Life&Law 09/2019, 641 (649 f.).**

[254] In Formularverträgen darf diese nicht kürzer als drei Monate sein!

V. Schadensersatzansprüche des AN

Das auf Dauer angelegte Schuldverhältnis Arbeitsverhältnis *331*
bringt vielfältigen sozialen Kontakt und damit einhergehend die
Gefährdung von Rechten und Rechtsgütern beider Vertragsparteien, wie auch dritter Personen mit sich. Zum einen kann durch
das Verhalten des AN der AG oder ein außenstehender Dritter
geschädigt werden.[255]

Aber auch der AN kann Sach- oder Personenschäden erleiden,
für die der AG einstehen muss. Um die Sache übersichtlich zu
gestalten, ist es sinnvoll, zwischen einer verschuldensunabhängigen Haftung und der Verschuldenshaftung des AG zu unterscheiden.

☑ **hemmer-Methode: Diese Systematisierung ist, wie so oft,
kein Selbstzweck; wir möchten Ihnen damit eine Anleitung
an die Hand geben, mit der Sie den unbekannten Sachverhalt
entschlüsseln und dabei alle relevanten Problemkomplexe
erkennen. Im Ernstfall werden die schon mehrfach angesprochenen Schlüsselwörter bei Ihnen Assoziationen we-
cken, die Sie dann „wie von selbst" zu den einschlägigen
Vorschriften führen.**

1. Haftung für Verschulden

a) Anspruchsgrundlage

Alle allgemeinen
Anspruchsgrundla-
gen für Schadens-
ersatz

Als Haftungsgrundlage kommen zunächst alle allgemeinen Scha- *332*
densersatzansprüche in Betracht. Zu denken ist also v.a. an
§§ 280 I, II, 286, 288 I BGB wegen Nichtleistung und Schadensersatz wegen Nebenpflichtverletzung i.R.d. Arbeitsvertrages gemäß § 280 I BGB, sowie §§ 823 I und II, 831 I S. 1 BGB. Hier,
i.R.d. Haftungsbegründung, ergeben sich nahezu keine spezifisch
arbeitsvertraglichen Probleme.

§ 618 BGB enthält keine eigenständige Anspruchsgrundlage,
sondern konkretisiert nur die allgemeinen vertraglichen Schutz-
pflichten des AG. Eine diesbezügliche Verletzung führt also zu
einem Anspruch aus § 280 I BGB.

§ 628 II BGB

Eine eigenständige Schadensersatzgrundlage im Dienst- und *333*
damit auch im Arbeitsvertragsrecht ist § 628 II BGB. Voraussetzung ist, dass das Vertragsverhältnis nach § 626 BGB gekündigt
wurde, und der Gekündigte die Kündigung durch vertragswidriges
schuldhaftes Verhalten verursacht hat.

---

[255]   Diese werden später unter Rn. 373 ff. behandelt, da sie sich nicht in den hier gewählten prozessualen Aufbau einfügen.

Schutzzweck der Norm: Nur Verfrühungsschaden	Gerade bei § 628 II BGB ist aber genau zu prüfen, ob der konkrete Schaden überhaupt unter den Schutzzweck der verletzten Norm fällt. Der Schutzzweck der Haftungsnorm umfasst nämlich keine Schäden, die der Schädiger auch rechtmäßig herbeiführen hätte können. Ersatzfähig sind so nur Schäden, die in der Zeitspanne zwischen der außerordentlichen Kündigung und dem der frühestmöglichen ordentlichen Kündigung auflaufen (Verfrühungsschaden). 334

b) Haftungsausschluss für Arbeitsunfälle

Kein Schadensersatz für Arbeitsunfälle	Abweichungen von den allgemeinen Regeln ergeben sich jedoch dann, wenn die Pflicht-/Rechtsgutsverletzung durch den AG zugleich einen Arbeitsunfall darstellt. Dann sind nämlich die §§ 104 ff. SGB VII zu beachten, die zu einem Ausschluss der Haftung führen können. 335

aa) Voraussetzungen

Persönlicher Anwendungsbereich	Zunächst muss der Geschädigte in der gesetzlichen Sozialversicherung versichert sein. Wer das ist, bestimmt § 2 SGB VII, wobei der Nr. 1 („Beschäftigte") natürlich überragende Bedeutung zukommt. 336

> **hemmer-Methode: Achtung: Die Formulierung spricht aber auch von „Angehörigen und Hinterbliebenen". Dieser Personenkreis wird aber nur dann erfasst, wenn ein AN geschädigt wurde und Dritten dadurch (z.B. entgangener Unterhalt) ein Schaden entsteht.**
> **Dafür würde die gesetzliche Unfallversicherung ebenfalls einstehen. Nicht erfasst werden von dem Ausschlusstatbestand aber Fälle, in denen nahe Angehörige unmittelbar selbst verletzt werden. Da die Unfallversicherung für die AN derartige Schäden nicht abdeckt, greift auch der Ausschlusstatbestand des § 104 SGB VII dann nicht ein.[256]**

Arbeitsunfall	Entscheidend ist dann, dass ein Arbeitsunfall vorliegt. Diesen definiert § 8 I SGB VII als jedes plötzlich wirkende, körperlich schädigende Ereignis, das mit der unfallversicherten Tätigkeit in einem ursächlichen Zusammenhang steht. Dabei muss der Arbeitsunfall gerade durch die betriebliche Tätigkeit des Anspruchsgegners und nicht nur bei Gelegenheit dieser verursacht worden sein. Sie können hier auf die zu § 278 S. 1 BGB entwickelten Grundsätze zurückgreifen.
Kein Vorsatz, kein Wegeunfall i.S.v. § 8 II Nr. 1 – 4 SGB VII	§ 104 SGB II führt dann nicht zu einem Haftungsausschluss, wenn der AG entweder vorsätzlich gehandelt hat oder der Unfall auf einem bestimmten Weg (§ 8 II Nr. 1 - 4 SGB VII) stattfindet.

---

[256] Vgl. für einen Anspruch auf Schmerzensgeld wegen eines Schocks, den ein naher Angehöriger erlitten hat: **BAG, Life&Law 2007, 452 ff.**

bb) Wirkung

Haftungsaus-
schluss nur für Per-
sonenschäden

Liegen diese Voraussetzungen vor, so sind alle vertraglichen und **337**
gesetzlichen Ersatzansprüche wegen Personenschäden gegen
den AG ausgeschlossen. Stattdessen trifft die Einstandspflicht die
gesetzliche Unfallversicherung. Dies mag auf den ersten Blick
unbillig für den AN sein. Bedenkt man aber, dass der AG die Bei-
träge zur gesetzlichen Unfallversicherung zu 100 % zahlt, kann
man auch mit dem allgemeinen Gedanken der Vorteilsanrech-
nung die Entlastung des AG rechtfertigen.

(P) Schmerzens-
geld

Hier stellt sich nun die Frage, wie mit dem Anspruch auf Schmer- **338**
zensgeld, §§ 823 I, 253 II BGB zu verfahren ist. Der Anspruch
gegen die Versicherung umfasst nämlich grundsätzlich nur die
materiellen Schäden, die dem AN durch den Unfall tatsächlich
entstanden sind, eine Parallelnorm zu § 253 II BGB existiert hingegen nicht.

Krankenkasse =
solventer Schuldner

Diesem Nachteil stehen aber praktisch wichtige Vorteile gegenüber, die der AN dadurch erhält, dass ein zuverlässiger, solventer
Schuldner die Wiederherstellungskosten übernimmt.

Zweck: Betriebs-
frieden

Zudem könnte der Zweck von § 104 SGB VII, den Betriebsfrieden
zu wahren kaum erreicht werden, wenn der AN zwar die Kosten
für die Heilbehandlung von der Krankenkasse ersetzt bekäme, für
den Anspruch auf Schmerzensgeld dann aber doch einen Rechtsstreit mit seinem AG führen müsste. Im Ergebnis ist dann auch
weitgehend anerkannt, dass der Haftungsausschluss des § 104
SGB VII auch § 253 II BGB erfasst.

**hemmer-Methode: Achten Sie darauf: § 104 I SGB gilt nur für
Personenschäden. Hat der AN einen Sachschaden erlitten,
kann er diesen von § 104 I SGB VII unbeeinträchtigt geltend
machen.**

cc) Erweiterung des privilegierten Personenkreises durch §§ 105, 106 SGB VII

Arbeitskollegen

Nach dem bisher zu § 104 I SGB VII Gesagten greift der Haf- **339**
tungsausschluss also immer dann, wenn ein AG einen seiner AN
verletzt. Sie haben auch schon erfahren, dass Hauptzweck die
Wahrung des Betriebsfriedens ist. Deshalb erweitert § 105
SGB VII den privilegierten Personenkreis auch auf Arbeitskollegen.

Sogar bestimmte
betriebsfremde
Personen

In letzter Konsequenz werden schließlich sogar betriebsfremde **340**
Personen, die den Unfall verursachen, während sie dort wie ein
Beschäftigter tätig sind, und Personen, die als Angehörige verschiedener Unternehmen gemeinsame Arbeiten auf einer Betriebsstätte verrichten, durch den Haftungsausschluss begünstigt,
§ 106 III SGB VII. Unter die erste Alternative fällt etwa der Liefe-
rant, der beim Ausladen seines Kfz hilft, und dabei einen Angehö-
rigen des belieferten Unternehmens verletzt.

Klassischer Fall der gemeinsamen Betriebsstätte ist die Baustelle, auf der mehrere Baufirmen tätig sind.

Diese Erweiterung gilt aber nicht nur zugunsten außenstehender, aber in das Unternehmen eingegliederter Personen, sondern auch zu deren Lasten. (Lesen Sie §§ 104 I und 2 II SGB VII noch einmal genau!)

dd) Vorgehen bei der Falllösung

Abschließend noch einige Ratschläge zum klausurmäßigen Umgang mit schadensrechtlichen Ansprüchen des AN: *341*

1. Anspruchsgrundlage?

2. TB erfüllt?

3. §§ 104 ff. SGB VII

Ermitteln Sie zunächst alle in Betracht kommenden Anspruchsgrundlagen. Benutzen Sie dabei das übliche Verfahren (Assoziationsmethode, Anspruchsmethode, ...). Sind die tatbestandlichen Voraussetzungen der Haftungsnorm gegeben, ist zu untersuchen, ob Anspruchsteller und Anspruchsgegner zu dem in §§ 104 ff. SGB VII genannten Personenkreis gehören. Liegt auch ein Arbeitsunfall vor, so gilt grundsätzlich ein Haftungsausschluss, soweit nicht (Ausnahme von der Ausnahme) ein Wegeunfall vorliegt, oder der Beklagte vorsätzlich gehandelt hat.

Rechtsfolge

Sind diese Prämissen erfüllt, haftet der Schädiger nicht, die Heilbehandlungskosten trägt die gesetzliche Krankenkasse.

hemmer-Methode: Hat an der Schadensverursachung noch eine dritte, nicht nach §§ 104 ff. SGB VII privilegierte Person mitgewirkt, so stellt sich das – klausurtypische – Problem der gestörten Gesamtschuld. Dies ist keine spezifisch arbeitsrechtliche Problematik, deshalb soll an dieser Stelle auch der Hinweis genügen; falls Sie allerdings bei der rechtlichen Behandlung der gestörten Gesamtschuld nicht bombensicher sind, arbeiten Sie unbedingt Hemmer/Wüst, Schadensersatzrecht III, Rn. 267 ff. nach!

2. Haftung des AG für (typische Sach-)Schäden, § 670 BGB analog

Zwei Fallkonstellationen:

1. Ersatz für echte Aufwendungen

2. Ersatz typischer Schäden

§ 670 BGB hat im Arbeitsrecht in zwei verschiedenen Fallkonstellationen Relevanz: Da der AN im fremden Interesse tätig wird, kann er die dafür erforderlichen Aufwendungen beim Geschäftsherrn liquidieren. Zum zweiten, und dies stellt den sowohl praktisch als auch in der Klausur weitaus wichtigeren Anwendungsfall dar, dient § 670 BGB in analoger Anwendung als Rechtsgrundlage für einen verschuldensunabhängigen Ersatzanspruch des AN wegen erlittener Sachschäden.   *342*

a) § 670 BGB analog

Aufwendungsersatz

Hinsichtlich der dogmatischen Herleitung ist man sich zwar nicht ganz einig[257], doch besteht Übereinkunft dahingehend, dass der AN Ersatz seiner freiwilligen Vermögensopfer (= Aufwendungen), die er im Interesse seines AG gemacht hat, von diesem liquidieren kann.

Subjektiv notwendig

Ersatzfähig sind Aufwendungen dann, wenn sie der Arbeitsausführung dienen, er sie nach verständigem Ermessen subjektiv für notwendig halten durfte, und sie nicht schon mit dem normalen Arbeitslohn abgegolten sind.

b) „Doppelte" Analogie zu § 670 BGB

Ersatz typischer Eigenschäden des AN

Auf welcher Grundlage der AG Sachschäden ersetzen muss, die der AN an eigenen Rechtsgütern erleidet, während er im Interesse seines AG tätig ist, war lange Gegenstand juristischer Diskussion. Heute plädiert das BAG für die Anwendung des § 670 BGB. Schäden sind zwar grundsätzlich von Aufwendungen zu unterscheiden.[258]   **343**

Doch stellt man schon im allgemeinen Zivilrecht risikotypische Schäden den Aufwendungen i.R.d. § 670 BGB gleich.

Dogmatische Begründung

Durch einen doppelten Analogieschluss kommt man also zu einer tragfähigen Haftungsgrundlage des AG für Eigenschäden des AN.

aa) Voraussetzungen

§ 280 I BGB vorrangig

Basis dieser Haftung ist, dass der Arbeitnehmer bei der Erbringung der Arbeitsleistung ein Schaden erlitten hat, an dessen Entstehung den AG kein Verschulden trifft (ansonsten wäre nämlich § 280 I BGB einschlägig, der als gesetzliche Regelung das Bedürfnis für die analoge Anwendung von § 670 BGB beseitigt).   **344**

bb) Ersatzfähige Schäden

Während die haftungsbegründenden Voraussetzungen regelmäßig einfach abgehandelt werden können, ist oft strittig, welche Schäden denn nun konkret ersatzfähig sind.   **345**

---

[257] Während ein Teil der Lit. § 675 BGB, und damit § 670 BGB direkt anwendet, sehen die Rspr. und die wohl h.M. § 670 BGB analog als taugliche Rechtsgrundlage an.

[258] Aufwendungen sind freiwillige, Schäden unfreiwillige Vermögensopfer.

Nicht Personen-schäden	Unzweifelhaft nicht ersatzfähig sind zunächst Personenschäden. Hier gehen die §§ 104 ff. SGB VII als abschließende Spezialregelung vor.[259]
Sachschäden: nur risikotypische Begleitschäden	Bei Sachschäden ist zwischen den risikotypischen Begleitschäden und dem allgemeinen Lebensrisiko zu unterscheiden. Es kommt also darauf an, ob sich gerade das Risiko verwirklicht hat, das der AN im Interesse seines AG eingegangen ist, oder ob sich hier eine andere Gefahr realisiert hat, die den AN jederzeit hätte treffen können. Letztlich geht es darum, dass derjenige, der den Vorteil einer Handlung hat, auch das damit verbundene Risiko tragen soll. Sie müssen also, sollte es einmal auf diese Frage ankommen, eine an den Aussagen des Sachverhalts orientierte Wertung treffen. *346*
Risikoprämie	Nicht ersatzfähig sind aber Schäden, die mit dem Arbeitsentgelt von vornherein abgegolten sind. Hier erhält der AN sozusagen eine Gefahrenprämie.

cc) Kürzung nach § 254 II BGB analog?

§ 254 BGB gilt direkt nur für Schäden	Es erscheint offensichtlich, dass ein etwaiges Mitverschulden des AN anspruchsmindernd berücksichtigt werden muss. Allerdings kann dies nicht in direkter Anwendung des § 254 BGB geschehen, weil diese Vorschrift nur für Schäden, nicht aber für Aufwendungsersatzansprüche gilt. *347*

c) Freistellungsanspruch gegen den AG bei Schädigung eines Dritten

	Der Schaden des AN kann auch darauf beruhen, dass er bei Ausführung seiner arbeitsvertraglichen Tätigkeiten einen Dritten verletzt hat. *349*
Parallelproblematik zu risikotypischen Eigenschäden ⇨ Freistellungsanspruch	Würde man hier nur die allgemeinen – d.h. verschuldensabhängigen – Ersatzansprüche des AN gegen seinen AG prüfen, so bliebe der AN letztlich auf einem Schaden sitzen, der eigentlich dem Risikobereich des AG zuzuordnen ist. Die Gemeinsamkeiten zu der eben dargestellten analogen Anwendung von § 670 BGB bei Eigenschäden des AN, die aus der Risikosphäre des AG stammen, liegt aber auf der Hand. Deshalb besteht ein Freistellungsanspruch des AN gegen den AG hinsichtlich der Schäden, die Dritte durch ein Verhalten des AN im Interesse des AG erlitten haben.
Herleitung	Auch hier erfolgt die dogmatische Herleitung über eine Analogie zu § 670 BGB. Der Freistellungsanspruch resultiert dann aus § 257 BGB.

---

[259]   Siehe unten Rn. 335 ff.

Umfang

Die Voraussetzungen des Freistellungsanspruchs sind denjenigen des Ersatzanspruchs wegen Eigenschäden parallel.[260] Er besteht also hinsichtlich aller Schäden, die durch den Arbeitnehmer bei betrieblicher Tätigkeit verursacht wurden.

350

Die Reichweite des Freistellungsanspruchs bestimmt sich nach der Verteilung des Schadens im Innenverhältnis zwischen Arbeitgeber und Arbeitnehmer.[261]

> Wegen des Schadensersatzanspruchs der W gegen B, hat Bodo demnach einen Freistellungsanspruch aus § 670 BGB analog gegen seinen AG. Die Beschädigung der Rohrleitung ist eine Realisierung des typischen Risikos der Bauarbeiten, und damit dem Verantwortungsbereich des AG zuzurechnen.

hemmer-Methode: Beachten Sie aber, dass der Freistellungsanspruch keine unmittelbare Außenwirkung entfaltet, d.h. wenn W gegen Bodo vorgeht, ist und bleibt er Anspruchsgegner. Das Insolvenzrisiko des AG trägt also der AN.

C) Ansprüche, nach (wirksamer oder zweifelhafter) Beendigung des Arbeitsverhältnisses

Sie kennen nun die wichtigsten Ansprüche des AN gegen seinen AG während eines bestehenden Arbeitsverhältnisses.

351

Typische „Abwicklungs"-ansprüche

Selbstverständlich führt die Beendigung des Arbeitsverhältnisses (Dauerschuldverhältnis!) aber nicht zu einer sofortigen und vollständigen Suspendierung aller wechselseitigen Rechte und Pflichten.

Vielmehr ergeben sich dann typische Anspruchskonstellationen, die gerade darauf abstellen, dass das Arbeitsverhältnis wirksam beendet wurde, oder dessen Bestand in Frage steht.

Ansprüche strittig

Hier soll entsprechend des bisher verfolgten zeitlichen Aufbaus zunächst auf Rechtsgrundlagen eingegangen werden, die dann in Betracht kommen, wenn AN und AG über die Wirksamkeit des Arbeitsverhältnisses im Streit lagen.

352

I. Anspruch auf Weiterbeschäftigung

Logische Abfolge

Wichtig ist zunächst der Anspruch auf Weiterbeschäftigung. Ist dieser nämlich gegeben, so begründet das natürlich weitere Folgeprobleme und –ansprüche (arbeitet der AN, möchte er hierfür natürlich auch Lohn, etwaige Gratifikation, ggf. Entgeltfortzahlung im Krankheitsfall usw.). Deshalb müssen Sie den Beschäftigungsanspruch vorrangig prüfen.

353

---

[260]   Arbeiten Sie hierzu Rn. 343 f. nach.

[261]   Entscheidend sind hier die Grundsätze der beschränkten Arbeitnehmerhaftung. Diese werden eingehend unter Rn. 375 ff. behandelt.

1. Allgemeines

Beschäftigungsan-spruch während eines Arbeitsverhält-nisses

Während des (unstreitigen) Bestandes eines Arbeitsverhältnisses hat der AN einen Anspruch auf Beschäftigung gegen seinen AG. Das ist zwar nicht gesetzlich normiert. Da nach Auffassung der Rspr. die Selbstverwirklichung eines Menschen ganz wesentlich in seinem beruflichen Tätigsein realisiert wird, ergibt sich dieser Anspruch aber aus dem Grundrecht auf freie Entfaltung der Persönlichkeit, Art. 1, 2 I GG i.V.m. §§ 611a I, 242 BGB.   *354*

Nach erfolgter Kündigung

Doch auch nach erfolgter Kündigung kann ein Anspruch auf Weiterbeschäftigung bestehen.   *355*

Ein gerichtliches Kündigungsschutzverfahren führt nämlich nur zu einer nachträglichen Wirksamkeitskontrolle.

Zunächst scheidet der AN in jedem Fall aus dem Arbeitsverhältnis aus. Dem Zweck des KSchG, bei Unwirksamkeit der Kündigung dem AN seinen alten Arbeitsplatz zu erhalten, kann so verständlicherweise nicht Genüge getan werden. Deshalb wurde schon früh ein Anspruch des AN auf Weiterbeschäftigung entwickelt.

2. Rechtsgrundlagen

Hier ist zwischen dem betriebsverfassungsrechtlichen Weiterbeschäftigungsanspruch aus § 102 V BetrVG und dem allgemeinen Anspruch auf Weiterbeschäftigung zu unterscheiden.

a) Betriebsverfassungsrechtlicher Weiterbeschäftigungsanspruch nach § 102 V BetrVG

Anwendungsbereich

Grundvoraussetzung ist, dass das BetrVG überhaupt Anwendung findet. Dabei sind persönlicher (§ 5 BetrVG) und sachlicher (§§ 114 - 116, 117, 118, 130 BetrVG) Anwendungsbereich zu prüfen.[262]   *356*

Widerspruch des Betriebsrats

Widerspricht der Betriebsrat dann einer ordentlichen Kündigung durch den AG, kann der Arbeitnehmer unter den Voraussetzungen des § 102 V BetrVG Weiterbeschäftigung für die Zeit des Kündigungsschutzprozesses verlangen. Wichtig ist, dass § 102 V BetrVG nicht gilt, wenn der AG außerordentlich gekündigt hat.

Weiterhin muss der Widerspruch des Betriebsrats frist- und ordnungsgemäß erfolgen[263], der AN innerhalb von drei Wochen nach Zugang der Kündigung Kündigungsschutzklage zum Arbeitsgericht erheben und die Weiterbeschäftigung ausdrücklich verlangen.

---

[262] Vgl. Sie dazu die Ausführungen zu Rn. 75.

[263] Auch hier gelten die oben dargestellten Grundsätze: Ein wirksamer Widerspruch setzt eine wirksame Beschlussfassung voraus, hier ist wieder nach Risikobereichen zu differenzieren usw., siehe Rn. 77 ff.

Rechtsfolge: Beschäftigungsanspruch zu unveränderten Bedingungen

Rechtsfolge ist, dass das Arbeitsverhältnis auflösend bedingt **357** durch die rechtskräftige Abweisung der Kündigungsschutzklage weiter besteht. Der AG muss seinen AN für die Zeit des Prozesses zu unveränderten Bedingungen weiterbeschäftigen. Deshalb hat der AN dann auch alle weiteren Ansprüche, die ein wirksames Arbeitsverhältnis hervorbringen kann, also z.B. Entgeltfortzahlung im Krankheitsfall, Urlaub, etc. Insoweit ergeben sich also keine Unterschiede zum Bestand eines Arbeitsverhältnisses, ein solches wird eben umfassend fingiert.

b) Allgemeiner Weiterbeschäftigungsanspruch

§§ 611a I, 242 BGB

Neben § 102 V BetrVG kann sich ein Anspruch des AN auf Wei- **358** terbeschäftigung für die Dauer eines Kündigungsschutzprozesses aus allgemeinen vertraglichen Grundsätzen gem. §§ 611a I, 242 BGB i.V.m. Art. 2 I, 1 I GG ergeben (vgl. dazu schon Rn. 354).

aa) Voraussetzungen

Interessenabwägung

Entscheidend ist hier die Abwägung zwischen dem Beschäfti- **359** gungsinteresse des AN und den gegenläufigen Interessen des Arbeitgebers. Im Regelfall wird das Interesse des AG, seinen AN nach erfolgter Kündigung nicht mehr beschäftigen zu müssen, überwiegen, doch haben sich Fallgruppen gebildet, in denen diese Vermutung umgekehrt wird.

Fallgruppen

Zu nennen ist vor allem die offensichtlich unbegründete Kündigung. Ebenso besteht ein Beschäftigungsanspruch für die Dauer des Prozesses in der Rechtsmittelinstanz, wenn der AN in der ersten Instanz obsiegt hat.

Liegt keiner dieser beiden typisierten Fälle vor, so muss der AN ein besonderes, einzelfallabhängiges Beschäftigungsinteresse (z.B. Flug eines Piloten) nachweisen.

Rechtsfolge: vorläufige Weiterbeschäftigung

Überwiegen nach all dem die Interessen des AN, so ist dieser bis zum Ende des Kündigungsschutzprozesses vorläufig[264] unter gleichen Bedingungen weiter zu beschäftigen.

bb) Prozessuale Durchsetzung

Objektive Klagehäufung

Den Antrag auf Weiterbeschäftigung kann der AN im Wege der **360** objektiven Klagehäufung, § 260 ZPO, mit der Kündigungsschutzklage verbinden. Das Gericht wird dann durch Teilurteil nach § 46 II S. 1 ArbGG i.V.m. §§ 301, 495 ZPO vorab über die Weiterbeschäftigung entscheiden.

---

[264]   Siehe sogleich Rn. 361 ff.

cc) Rückabwicklung

Ob die eben dargestellten Rechtsfolgen aber endgültig Bestand haben, hängt vom Ausgang des Kündigungsschutzprozesses ab: *361*

Hat der AN mit seiner Klage Erfolg, so stellt das Gericht fest, dass das Arbeitsverhältnis nicht aufgelöst wurde, mithin auch während des Prozesses wirksam bestand. Die Rechtsfolgen ergeben sich demgemäß unmittelbar aus § 611a I BGB. *362*

Ist die Kündigungsschutzklage aber unbegründet, stellt sich das Problem, ob und ggf. wie die wechselseitig erbrachten Leistungen rückabzuwickeln sind. Wurde das Arbeitsverhältnis im Einvernehmen von AN und AG fortgesetzt, so führen die Grundsätze des fehlerhaften Arbeitsverhältnisses zu sachgerechten Ergebnissen. Hat sich der AN seine Weiterbeschäftigung aber durch eine gerichtliche Entscheidung erstritten, so muss eine bereicherungsrechtliche Rückabwicklung erfolgen. *363*

Also Wertersatz, d.h. nur für tatsächlich erbrachte Arbeit

AN und AG haben also wechselseitige Bereicherungsansprüche, die der Saldotheorie entsprechend ipso iure verrechnet werden. Der Bereicherungsanspruch des AN gegen seinen AG bemisst sich gemäß § 818 II BGB nach dem Wert der geleisteten Arbeit, als Maßstab wird meist der einschlägige Tariflohn herangezogen. Wichtigste Konsequenz der Bereicherungsabwicklung ist aber, dass das Arbeitsverhältnis als solches gerade nicht fingiert wird, sodass auch keine Ansprüche aus dem EFZG etc. entstehen können.

II. Anspruch auf Zeugniserteilung

Nach § 630 BGB hat der AN einen Anspruch auf Zeugniserteilung. *364*

Fälligkeit schon mit Kündigung

Dieser wird entgegen dem Wortlaut der Norm schon mit Zugang der Kündigung fällig, schließlich benötigt der AN das Zeugnis zur Suche einer neuen Arbeitsstelle.

Einfaches – Qualifiziertes Zeugnis

Das Arbeitsverhältnis kann als einfaches Zeugnis nur Art und Dauer des Dienstverhältnisses bezeugen, oder sich als qualifiziertes Zeugnis auch auf Leistung und Führung des AN im Dienst erstrecken. In jedem Fall ist es wohlwollend zu formulieren, darf aber keine unwahren Angaben enthalten. Der AG muss also einen Kompromiss finden zwischen seiner Pflicht, dem scheidenden Mitarbeiter keine Steine für sein weiteres Fortkommen in den Weg zu legen, und dem Interesse potentieller neuer Arbeitgeber, vollständig und richtig informiert zu werden.

Schadensersatz

Kommt der AG seinen Pflichten nicht bzw. nur unvollständig/unrichtig nach, so können sich neben einem Berichtigungsanspruch des AN auch Schadensersatzansprüche des neuen AG[265] ergeben.

III. Problematik von Ausgleichsquittungen

Verzichtserklärung, oft verbunden mit Zahlung einer Abfindung

In der Praxis ist es üblich, dass der AG dem ausscheidenden AN eine Verzichtserklärung unterschreiben lässt, mit der dieser bestätigt, keinerlei Ansprüche gegen seinen AG mehr zu haben. Oft wird ihm diese Erklärung mit der Zahlung einer Abfindung versüßt. Noch öfter schluckt der AN damit aber eine bittere Pille: U.U. gibt er damit weit wertvollere Positionen aus der Hand.   *365*

Zwei wechselseitig voneinander abhängende Fragen stellen sich: Zunächst ist die Rechtsnatur der Ausgleichsquittung zu untersuchen. Dann ist fraglich, welche Ansprüche vom Ausschluss konkret erfasst werden.

1. Rechtsnatur

Vergleich, Erlassvertrag oder negatives Schuldanerkenntnis

Für die rechtliche Einordnung einer Ausgleichsquittung sind verschiedene Möglichkeiten denkbar: Vergleich, Erlassvertrag oder ein negatives Schuldanerkenntnis. Was gewollt ist, ist anhand sämtlicher Umstände des Einzelfalls zu ermitteln. Da die Erklärung zumeist einseitig durch den AN abgegeben wird, ist dann im Regelfall von einem negativen Schuldanerkenntnis gemäß § 397 II BGB auszugehen.   *366*

2. Umfang des Anspruchsausschlusses

Die wichtigste Frage ist aber die, welche Rechte oder Ansprüche von der Verzichtserklärung erfasst werden.   *367*

§§ 133, 157 BGB, restriktive Auslegung

Die Reichweite der Erklärung ist also auf ihren objektiven Sinngehalt hin zu untersuchen. Auszugehen ist von den gewöhnlichen Auslegungsmethoden, vorrangig also der Wortlaut der Erklärung zu prüfen. Entscheidend muss aber das wirklich gewollte sein, §§ 133, 157 BGB. Dabei hat man aber die besondere Abhängigkeitssituation des AN zu berücksichtigen, d.h. wie schon obiges Beispiel erkennen lässt, ist der AN in der Situation in der er den Verzicht erklärt oft nicht gänzlich privatautonom, und schon deswegen besonders zu schützen.

---

[265] Neben §§ 826, 831 BGB werden als Anspruchsgrundlagen eine Vertrauenshaftung analog den Grundsätzen der c.i.c. (§§ 280 I, 241 II, 311 II BGB) und eine Verletzung eines Vertrages mit Schutzwirkung zugunsten Dritter diskutiert.

Auch die Zwecksetzung vieler arbeitsrechtlicher Ansprüche und Schutznormen gebietet eine restriktive Auslegung hinsichtlich einer Verzichtserklärung.

Dispositivität

Nachdem man so ermittelt hat, welche Rechte durch die Erklärung ausgeschlossen sein sollten, stellt sich die Frage, ob dies überhaupt möglich ist. Es geht also um die Dispositivität der betroffenen Rechtsgüter. Teilweise wird die Frage durch das Gesetz ausdrücklich beantwortet (z.B. § 4 IV TVG hinsichtlich tarifvertraglicher Rechte oder § 13 BUrlG betreffs des gesetzlichen Mindesturlaubs). **368**

Regelungszweck

Schweigt das Gesetz, muss diese Frage anhand des Regelungszwecks beantwortet werden. Hier ist eine Einzelfallprüfung hinsichtlich jedes einzelnen Anspruchs nötig.[266]

So ist ein Verzicht auf tarifvertraglich begründete Rechtspositionen nach § 4 IV TVG ausgeschlossen. Das Recht des gesetzlichen Urlaubs ist gem. § 13 I BUrlG nicht disponibel. Gleiches gilt i.R.d. § 12 EFZG für die Vorschriften des EFZG.

Der Kündigungsschutz kann zwar nach allgemeiner nicht schon im Voraus ausgeschlossen werden. Nach Ansicht des BAG und der h.L. kann der Arbeitnehmer auf die Erhebung oder Durchführung der Kündigungsschutzklage **nach** erklärter Kündigung verzichten.[267] Die Zulässigkeit eines solchen Verzichts ergibt sich bereits daraus, dass das KSchG im Gegensatz zu anderen Gesetzen, die einen Verzicht auf bestimmte Rechte für unzulässig erklären (vgl. § 4 IV TVG, § 13 I BUrlG, § 12 EFZG), keine Regelung getroffen hat, die den Verzicht auf den Kündigungsschutz untersagt. **369**

Ohne eine Kompensation für den Verzicht auf den eigentlich bestehenden gesetzlichen Kündigungsschutz benachteiligt der Klageverzicht den Arbeitnehmer aber regelmäßig unangemessen i.S.v. § 307 I S. 1 BGB. Der reine Klageverzicht ohne jede arbeitgeberseitige Kompensation (etwa in Bezug auf den Beendigungszeitpunkt, die Beendigungsart, Zahlung einer Entlassungsentschädigung, Verzicht auf eigene Ersatzansprüche, etc.) ist unangemessen.

---

[266] Näher hierzu Hemmer/Wüst, Arbeitsrecht, Rn. 641.
[267] BAG, NJW 1979, 2267 f. = **juris**byhemmer.

§ 8 ZULÄSSIGKEIT DER GEGENANTRÄGE DES AG

Klage des AG gegen den AN

hemmer-Methode: Bisher wurden nur Anträge des AN gegen den AG behandelt. Doch ist es selbstverständlich denkbar, dass auch letzterer Ansprüche seinen Angestellten gegenüber geltend macht. Die typischen Konstellationen sollen im folgenden Überblick behandelt werden.
Geht es um die prozessuale Durchsetzung, ist zumeist[268] vor dem Einstieg in die Begründetheit die Zulässigkeit der Anträge zu prüfen.

Allgemeine Zulässigkeitsvoraussetzungen

Grundsätzlich kann hier auf die oben gemachten Ausführungen zur Zulässigkeit der Arbeitnehmerklage verwiesen werden. Das gilt sowohl für dieses Skript, als auch für Ihre konkrete Klausurbearbeitung. M.a.W.: Auch Klagen seitens des AG unterliegen selbstverständlich allen allgemeinen Zulässigkeitsvoraussetzungen des arbeitsgerichtlichen Verfahrens; allzu breite Ausführungen verbieten sich freilich aus zwei Gründen: Im Regelfall wird die Klausurbearbeitung an dieser Stelle zeitlich bereits weit fortgeschritten sein, sodass Sie die praktische Notwendigkeit zwingt, sich so kurz wie möglich zu fassen. V.a. aber hatte der Korrektor nun schon Gelegenheit, Ihre prozessualen Kenntnisse kennenzulernen, ihm - nur um ihn geht es - müssen Sie jetzt nichts mehr beweisen.

370

Rechtsweg zu den Arbeitsgerichten

Achten Sie aber darauf, dass auch für die Anträge des AG der Rechtsweg zu den Arbeitsgerichten gegeben sein muss! Checken Sie also kurz den Katalog des § 2 ArbGG.

Besonderheit: Widerklage, § 33 ZPO

Eine häufig auftauchende Besonderheit soll nicht unerwähnt bleiben: Die Widerklage, § 46 II S. 1 ArbGG i.V.m. § 33 I ZPO. Der AG macht hier seine Ansprüche nicht mit einer selbstständigen Klage, sondern im Rahmen eines schon rechtshängigen, vom AN angestrengten Prozesses geltend.

371

Der Streit um die Rechtsnatur von § 33 I ZPO ist zwar auch heute noch nicht ausgefochten, wird aber im Arbeitsrecht kaum jemals zu problematisieren sein, da bei gegenseitigen Ansprüchen aus dem Arbeitsverhältnis die geforderte Konnexität immer bejaht werden kann. Daher ist von einem zusätzlichen Gerichtsstand auszugehen. Dann ist Gerichtsstand eben auch der Ort, an dem der AN seine Klage eingereicht hat.

---

[268] Eine andere Reihenfolge ist z.B. bei „Anwaltsklausuren" geboten: Hier sind die Erfolgsaussichten einer arbeitsrechtlichen Klage aus anwaltlicher Sicht zu beurteilen. Der Anwalt macht sich (sollte sich machen) zuerst Gedanken über die materielle Rechtslage, und untersucht anschließend die Möglichkeit der für den Mandanten effektivsten Durchsetzung.

§ 9 BEGRÜNDETHEIT DER GEGENANTRÄGE DES AG

Begründetheit (+)

Macht der AG Leistungsanträge geltend, ist die Klage dann (in vollem Umfang) begründet, wenn die Ansprüche gegen den AN bestehen und durchsetzbar sind.

372

A) Ansprüche auf Schadensersatz

Die häufigsten und wichtigsten Ansprüche richten sich auf Schadensersatz.

I. Haftungsbegründung

1. Allgemeine Anspruchsgrundlagen

Unmöglichkeit, Verzug, § 280 I BGB wegen Pflichtverletzung, §§ 823 ff. BGB

Die Haftung des AN gegenüber seinem AG ergibt sich prinzipiell aus den gleichen Normen die auch sonst Schadensersatzansprüche begründen können. Neben Unmöglichkeit und Verzugsansprüchen, ist insbesondere an § 280 I BGB zu denken. Auch die deliktische Haftung weist in der Anspruchsbegründung keine arbeitsrechtlichen Spezifika auf.

373

§ 628 II BGB

Wurde dem AN außerordentlich (§ 626 BGB) gekündigt, und beruht die Kündigung auf einem Umstand, den der AN zu vertreten hat, kann sich ein Schadensersatzanspruch auch aus § 628 II BGB ergeben.[269]

2. Mankohaftung

„Manko" ist ein Schaden, den der AG dadurch erleidet, dass ein seinem Arbeitnehmer anvertrauter Waren- oder Kassenbestand einen Fehlbetrag erfährt.

374

Hier kann nach es nach der Rspr. des BAG unter bestimmten Umständen zu einer Haftung kommen, die besonderen Regeln hinsichtlich Verschulden und Beweislastverteilung unterliegt. Es sind verschiedene Alternativen denkbar:

a) Echte Mankoabrede

AG und AN können sich auf eine echte Mankoabrede verständigen, d.h. ähnlich einem Garantievertrag verspricht der AN, schuldunabhängig für Fehlbeträge einzustehen. Ob eine solche Vereinbarung wirksam ist, hängt von zweierlei ab:

---

[269] Diese Norm wurde schon oben, Rn. 333, im Rahmen von Schadensersatzansprüchen des AN gegen AG behandelt. Die dort dargestellten Grundsätze gelten hier ebenso.

*Restriktive Ausle-
gung (§§ 133, 157
BGB) der Parteive-
reinbarung und Bil-
ligkeitskontrolle
gem. § 307 BGB*

Zum ersten muss sich der diesbezügliche Geschäftswille beider Parteien zweifelsfrei im Wege der Auslegung, §§ 133, 157 BGB, feststellen lassen. Vor allem muss die Mankoabrede aber der Angemessenheitskontrolle nach § 307 BGB standhalten. Hiernach ist eine verschuldensunabhängige Mankoabrede nur dann zulässig wenn der AN zusätzlich zu seinem Gehalt eine besondere Risikoprämie, ein sog. Mankogeld erhält.

Die Haftungshöchstsumme darf das für einen bestimmten Zeitraum gewährte Mankogeld nicht überschreiten. Letztendlich wird so aus dem Mankogeld eine Chance für eine Zusatzvergütung des AN.

b) § 280 I BGB

*Ansonsten § 280 I
BGB*

Liegen diese besonderen, sehr eng zu handhabenden Voraussetzungen nicht vor, kann eine Haftung aus § 280 I BGB wegen Pflichtverletzung des Arbeitsvertrages bestehen. Allgemeine Voraussetzung ist dann, dass der AN die Pflichtverletzung zu vertreten hat.

§ 619a BGB

Beim Vertretenmüssen ist an § 619a BGB zu denken. Danach findet die Vermutung des § 280 I S. 2 BGB keine Anwendung. Der AG hat also sowohl die Pflichtverletzung als auch das Vertretenmüssen des AG nachzuweisen.

Selbst wenn AG das Vertretenmüssen des AN nachweisen kann, erfolgt eine weitere Modifizierung durch die nachfolgend dargestellten Grundsätze des innerbetrieblichen Schadensausgleichs.

II. Grundsätze des innerbetrieblichen Schadensausgleichs

Rechtsfolge

Die Haftungsbegründung arbeitsrechtlicher Schadensersatzansprüche weiste keine echten Schwierigkeiten auf. Auf der Rechtsfolgeseite ist die Thematik leider nicht so unproblematisch. Hier gelten die durch die Rechtsprechung entwickelten Grundsätze des innerbetrieblichen Schadensausgleichs, die dazu führen, dass der AN nicht stets und nicht immer umfassend für sein Fehlverhalten einzustehen hat. 375

1. Allgemeines

*Immense Haftungs-
risiken des AN*

Bei der Erfüllung seiner Vertragspflichten kommt der AN ständig mit Rechtsgütern des AG von z.T. beträchtlichem Wert in Kontakt: Ihm ist die Bedienung von Maschinen anvertraut, er hält Arbeitsmaterial in den Händen, evtl. nimmt er treuhandähnliche Aufgaben wahr, etc. 376

Nun bringt es die menschliche Natur mit sich, dass auch dem Sorgfältigsten hier und da kleine Unachtsamkeiten unterlaufen, die nach allgemeinen Grundsätzen (Haftung auch für leichte Fahrlässigkeit, Prinzip der Totalreparation) zu einer immensen, für den AN ruinösen Haftung führen müssten.

Dabei organisiert der AG den Betrieb, d.h. er beherrscht abstrakt das Schadensrisiko und meist hat auch nur er die Möglichkeit, das Risiko zu versichern.

Diesen als unbillig empfundenen Risiken des AN begegnete die Rspr. schon früh mit dem Institut der beschränkten Arbeitnehmerhaftung.

Ältere Rspr.: Haftungsbeschränkung bei gefahrgeneigter Arbeit

Nach der bis Mitte der achtziger Jahre auch vom BAG vertretenen Rspr. konnte der AG keinen oder jedenfalls keinen vollen Schadensersatz verlangen, wenn die konkrete, das schädigende Ereignis verursachende Tätigkeit so risikoreich war, dass früher oder später ein dem AN unterlaufender Fehler, der für sich allein betrachtet zwar vermeidbar war, mit dem aber angesichts der menschlichen Unzulänglichkeit und der Art der Arbeitsleistung erfahrungsgemäß zu rechnen ist, einen solchen Schaden hervorrufen musste. **377**

Rspr. heute: Allgemein geltende Haftungsbeschränkung des AN für betriebliche Schäden

Zunächst blieb die Haftungsbeschränkung aber auf gefahrgeneigte Tätigkeiten beschränkt, also Arbeitsleistungen, die besonders hohe Schadensrisiken bergen. Abgrenzungsschwierigkeiten die der konturlose Begriff „gefahrgeneigte Tätigkeiten" immer wieder hervorbrachte, v.a. aber das Bedürfnis aller Arbeitnehmer nach Schutz vor untragbaren Haftungsrisiken führten dazu, dass sich die Rspr. von dem Kriterium der Gefahrgeneigtheit löste und die allgemeinen Grundsätze des innerbetrieblichen Schadensausgleichs entwickelte, wofür die betriebliche Veranlassung der Tätigkeit ausreicht. **378**

2. Voraussetzungen

Bestand eines Arbeitsverhältnisses

Anspruchsteller und -gegner müssen in einem Arbeitsverhältnis zueinander stehen; ein fehlerhaftes Arbeitsverhältnis genügt allerdings auch. Selbst im Vorfeld eines Arbeitsverhältnisses kann die Haftungsprivilegierung dem Bewerber schon zugute kommen. **379**

Schadensverursachung bei betrieblicher Tätigkeit

Maßgeblich ist, dass die Schadensursache bei der Verfolgung betrieblicher Zwecke gesetzt wurde. Betrieblich veranlasst sind Tätigkeiten, die dem AN ausdrücklich oder konkludent übertragen sind, oder im Interesse des Betriebs ausgeführt werden. Hat der AN hingegen lediglich private Interessen verfolgt, haftet er normal.

Für die Annahme einer betrieblichen Veranlassung ist jedoch nicht ausreichend, dass ein zeitlicher und örtlicher Zusammenhang zum Arbeitsverhältnis besteht.[270] Anders formuliert: Auch während der Arbeitszeit kann man am Arbeitsplatz privat veranlasst agieren.

3. Wirkung zwischen AN und AG

Anrechnung der Betriebsgefahr, § 254 BGB analog

Sind diese Voraussetzungen gegeben, so muss sich der Arbeitgeber analog[271] § 254 BGB die Betriebsgefahr seines Unternehmens zurechnen lassen; der entstandene Schaden wird zwischen AN und AG geteilt.   *380*

Die Schadensteilung erfolgt unter Abwägung sämtlicher Umstände des Einzelfalls.   *381*

Wichtigstes Kriterium ist der dem AN zur Last fallende Verschuldensgrad. Daneben sind weitere Gesichtspunkte in die Abwägung einzustellen, von denen die wichtigsten wohl die Wahrscheinlichkeit des Schadenseintritts[272], die Schadenshöhe, der Verdienst des AN, insbesondere etwaige Risikoprämien, und allgemein die Stellung des AN im Betrieb, sind. Hätte der AG das realisierte Risiko versichern können, und hätte dies ein sorgfältiger AG getan, so wird die Haftung des AN grundsätzlich auf den Selbstbehalt gekürzt. Dies lässt sich mit der Schadensminderungsobliegenheit, § 254 II S. 1 Alt. 2 BGB des Geschädigten begründen.

Regelmäßig ergibt die Einzelfallabwägung folgende Differenzierung: *382*

⮂ Hat der AN den Schaden vorsätzlich oder grob fahrlässig verursacht, so haftet er grundsätzlich auf die volle Schadenshöhe.

⮂ Trifft ihn nur ein leichtes Verschulden, haftet er gar nicht.

⮂ Bei mittlerer Fahrlässigkeit wird der Schaden zwischen AG und AN quotal verteilt (ausnahmsweise auch bei grober Fahrlässigkeit, wenn die volle Inanspruchnahme für den AN zu wirtschaftlich untragbaren Verhältnissen führen würde).

Verschulden muss sich auch auf den Schadenseintritt beziehen

Nach der arbeitsrechtlichen h.L. und der Rechtsprechung[273] muss sich das **Verschulden** des Arbeitnehmers - anders als bei § 280 I BGB - **auf den Schadenseintritt** als solchen **beziehen**.

---

[270] **BAG, Life&Law 2003, 172 ff.**

[271] § 254 BGB kommt direkt zur Anwendung, wenn den AG ein echtes Mitverschulden trifft.

[272] Wie Sie sehen, hat die Gefahrneigung einer Tätigkeit auch heute noch Bedeutung; es geht heute nur nicht mehr um das „Ob" der Haftungsbeschränkung, sondern um die konkrete Verteilung der Haftung.

[273] **BAG in Life&Law 2003, 172 ff.** = NZA 2003, 37 [40].

Verletzt der AN eine Pflicht aus dem Arbeitsvertrag z.B. grob fahrlässig, hätte er andernfalls für einen Schaden einzustehen, der ihm nicht einmal erkennbar war. Dann wäre die Ausübung der arbeitsvertraglich geschuldeten Tätigkeit wiederum mit unkalkulierbaren Risiken verbunden. Das ist dem AN nicht zumutbar.

hemmer-Methode: Diese Rechtsprechung und h.L. rechtfertigt sich daraus, dass der Arbeitgeber andernfalls durch einen umfassenden Pflichtenkatalog zur Vermeidung abstrakter Gefahren die Haftung des Arbeitnehmers verschärfen könnte. Die bezweckte Entlastung des Arbeitnehmers wird also nicht erreicht, wenn sich Vorsatz bzw. grobe Fahrlässigkeit nur auf die Pflichtverletzung beziehen müssen.

4. Außenwirkung?

Schädigung eines Dritten durch den AN

Fraglich ist, ob die Grundsätze der beschränkten Arbeitnehmerhaftung auch dann Anwendung finden, wenn der AN bei der betrieblichen Tätigkeit nicht seinen AG sondern einen Dritten schädigt. — 383

§§ 823 ff. BGB

Als Anspruchsgrundlage des Dritten werden regelmäßig nur deliktische Ansprüche in Betracht kommen, da kaum jemals ein Vertragsverhältnis zwischen ihm und dem AN existieren dürfte.

a) Grundsatz

Keine Außenwirkung

Grundlage der beschränkten Arbeitnehmerhaftung ist die Zurechnung der Betriebsgefahr zu Lasten des AG. Dies rechtfertigt sich durch dessen Organisationsgewalt. Es ist jedoch kein Grund ersichtlich, wieso betriebsfremde Dritte den spezifischen Risiken, die der Betrieb eines Unternehmens mit sich bringt, näher stünden als der den Schaden verursachende AN. Deshalb muss die Haftung des AN gegenüber Dritten aus unerlaubter Handlung unbeschränkt sein.[274] — 384

Etwas anderes gilt u.U. dann, wenn der AG mit dem Dritten in vertraglichen Beziehungen steht und in diesem Rahmen einen auch dem AN zu Gute kommenden Haftungsausschluss vereinbart hat.[275]

b) Freistellungsanspruch des AN gegen den AG

AN aber auch hier schutzwürdig

Dennoch darf nicht verkannt werden, dass der AN natürlich auch dann schutzwürdig ist, wenn der von ihm verursachte Schaden nicht seinen AG, sondern einen Dritten trifft. — 385

---

[274] Der BGH nennt als weiteres gewichtiges Argument, dass schon nach allgemeinen schuldrechtlichen Grundsätzen der Schuldner (AN) gegenüber dem Gläubiger (Dritten) mit Einwendungen aus einem Rechtsverhältnis zu einem Dritten (AG) nicht gehört wird. Die unbestrittene Schutzbedürftigkeit des AN kann nicht zu Lasten eines unbeteiligten Dritten gehen.

[275] Siehe hemmer-Methode unter Rn. 382.

§ 670 BGB analog

Die Rspr. hilft ihm, mit dem schon oben erwähnten Anspruch nach § 670 BGB analog: Hat der AN den Schaden dem Dritten bei einer im Interesse des Arbeitgebers wahrgenommenen Aufgabe zugefügt, besteht entsprechend § 257 BGB ein Freistellungsanspruch des AN gegen den AG hinsichtlich der Ansprüche des Dritten.

Es ist demnach zu fragen, ob dem AN die Grundsätze der beschränkten Arbeitnehmerhaftung zugute kämen, wenn nicht ein Dritter, sondern sein AG Inhaber des geschädigten Rechtsguts wäre.

hemmer-Methode: Denken Sie auch hier wieder an die Möglichkeit der Notendifferenzierung, die sich dem Klausurersteller bietet, wenn er den Fall mit der gestörten Gesamtschuld streckt. Eine denkbare Konstellation ist z.B., dass AN und ein Dritter gemeinsam einen Schaden des AG verursachen. Nach überwiegender Auffassung muss sich der AG dann auch gegenüber dem Anspruch des Dritten (der ja grundsätzlich auf den ganzen Schaden, § 421 BGB gerichtet ist) den Anteil abziehen lassen, den er selbst seinem AN gegenüber i.R.d. beschränkten Arbeitnehmerhaftung zu tragen hätte.[276]

B) Rückzahlung von Arbeitgeberleistungen

Spiegelbild von Verfallklauseln

Wenn Sie dieses Skript bisher aufmerksam durchgearbeitet haben, so ist Ihnen die vorliegende Problematik sicher bekannt vorgekommen. Genau genommen handelt es sich um das exakte Spiegelbild von Verfallklauseln bei Sonderleistungen des AG.[277]   387

Während bei einer Verfallklausel der AN vor dem Fälligkeitszeitpunkt der begehrten Gratifikation aus dem Arbeitsverhältnis ausscheidet (Bsp.: Das Weihnachtsgeld wird immer am 01.12. jeden Jahres gezahlt, dem AN wird zum 31.08. gekündigt), erhält er die Leistung im hier zu untersuchenden Fall, doch verlangt der AG nach Ende des Arbeitsverhältnisses die Rückzahlung.

hemmer-Methode: Erkennen Sie Zusammenhänge! Vermeiden Sie Schubladendenken und lernen Sie intelligent und arbeitsökonomisch! Das ist es, was wir Ihnen hier in unserer Skriptenreihe und - noch verstärkt - in unserem Hauptkurs vermitteln möchten. Achten Sie bei den folgenden Ausführungen darauf, strikt zwischen der Gratifikation und den Ausbildungskosten zu unterscheiden!!!

---

[276] Arbeiten Sie unbedingt die examensrelevante Problematik der gestörten Gesamtschuld in Hemmer/Wüst, Schadensersatzrecht III, Rn. 267 ff. nach! Zu den arbeitsrechtlichen Besonderheiten vgl. Hemmer/Wüst, Arbeitsrecht, Rn. 642 m.w.N.

[277] Vgl. oben, Rn. 246 ff.

I. Anspruchsgrundlage für Rückzahlung

§§ 812 ff. BGB regelmäßig nicht

Eine Rückzahlungspflicht des scheidenden AN hinsichtlich der Gratifikation kann bestehen, wenn er alsbald nach Empfang der Sonderzahlung aus dem Betrieb ausscheidet und deshalb der Zweck der Zuwendung gerade nicht erreicht wird. Anspruchsgrundlagen könnten sich theoretisch aus §§ 812 ff. BGB ergeben.

388

Dabei ist aber zu beachten, dass mangels anders lautender Parteivereinbarung eine Leistung des AG zugunsten des AN ihren Rechtsgrund wohl immer im Arbeitsverhältnis selbst findet. Die Leistung erfolgt also gerade nicht ohne rechtlichen Grund.[278]

Ausdrückliche Vereinbarung nötig

Erste Voraussetzungen eines Rückzahlungsanspruchs seitens des AG ist deshalb, dass ein eindeutiger und ausdrücklicher Rückzahlungsvorbehalt vereinbart wurde.

II. Wirksamkeit der Rückzahlungsklausel

Darüber hinaus existieren aber weitere Schranken, denen eine Rückzahlungsklausel genügen muss, um einen durchsetzbaren Anspruch des AG zu begründen.

389

Entscheidend: Rechtsnatur der AG-Leistung

Hierbei kommt es wieder[279] auf die genaue rechtliche Qualifikation der vom AG erbrachten Leistung an:

1. Sonderzahlung mit reinem Entgeltcharakter

Ausgeschlossen bei Sonderzahlung mit reinem Entgeltcharakter

Bei einer Sonderzahlung mit reinem Entgeltcharakter ist eine Rückzahlungspflicht von vorneherein ausgeschlossen. Der AN hat diese nämlich durch seine Arbeitsleistung bereits verdient.

2. Echte Gratifikationen

Grundsätzlich möglich bei echten Gratifikationen

Bei echten Gratifikationen[280] kann eine Rückzahlungspflicht vereinbart sein für den Fall, dass der Arbeitnehmer nach dem Erhalt der Prämie aus dem Betrieb ausscheidet, da hier der Zweck der Zuwendung gerade nicht erreicht wird.

Allerdings muss diese Klausel bestimmten Anforderungen genügen, die die Arbeitsgerichte im Rahmen von § 307 BGB überprüfen.

---

[278] Insofern stellt sich hier eine ähnliche Problematik wie bei den sog. unbenannten Zuwendungen im Rahmen von Lebenspartnerschaften.

[279] Siehe dazu Rn. 246 ff.

[280] Zur Qualifikation als echte Gratifikation siehe oben Rn. 248.

*Bindungszeitraum
eindeutig bestimmt*

Zunächst muss die Klausel den Zeitraum der Bindung des Arbeitnehmers hinreichend klar und eindeutig bestimmen. Fehlen entsprechende Kriterien, so kommt auch eine geltungserhaltende
Reduktion grundsätzlich nicht in Betracht.

390

Art. 12 GG

Eine weitere Grenze setzt hier die Berufsfreiheit, Art. 12 GG, des
AN. Die Rückzahlungsklausel darf nämlich nicht dazu führen,
dass der AN faktisch übermäßig lange an den Betrieb gebunden
wird.

391

Diese Grundsätze hat die Rspr. wie folgt konkretisiert:

392

⮞ Bei Kleingratifikationen ist eine Rückzahlungsvereinbarung
unwirksam; als Obergrenze gilt etwa ein Wert von 125,- €.

⮞ Liegt die Gratifikation im Bereich zwischen 125,- € und der
Höhe eines Monatsgehalts, und hat sie die Funktion einer
Jahresprämie, so kann der AG die Rückzahlung verlangen,
wenn der AN im ersten Quartal eines Kalenderjahres aus
dem Arbeitsverhältnis scheidet. Kündigt der AN also zum
31.03. oder zu einem späteren Termin, darf er die Gratifikation behalten.

⮞ Übersteigt der Wert einer Zuwendung ein Monatsgehalt, so
ist eine Rückzahlungsverpflichtung nur dann wirksam, wenn
die Bindung des AN an den Betrieb vor dem 31.03. des Kalenderjahres gelöst wird.

⮞ Bei höheren Zuwendungen sind auch längere Betriebsbin-
dungen zulässig. Ob die vereinbarte Dauer angemessen ist,
muss dann i.R.e. Einzelfallabwägung entschieden werden.

Das 13. Monatsgehalt stellt regelmäßig einen normalen
Lohnbestandteil dar, dessen einzige Besonderheit darin besteht, dass der Fälligkeitszeitpunkt hinausgeschoben ist. Deshalb kann der AN diesbezüglich einen anteiligen Anspruch[281]
geltend machen, der der Zeit entspricht, in welcher er für den
AG tätig war.

Hinsichtlich der Ausbildungskosten ist darauf abzustellen,
in wessen Interesse diese erfolgte. Grundsätzlich hat der AG
nämlich die Kosten für notwendige Schulungen und Zu-
satzqualifikationen, die er seinen Angestellten abverlangt, zu
tragen. Anders kann es aber dann sein, wenn die Ausbildung
dem AN auch unabhängig von seinem konkreten Arbeitsverhältnis zugute kommt, weil er durch die Zusatzqualifikation
beispielsweise bei einem anderen AG ein höheres Gehalt er-
zielen kann.[282]

---

[281] Vgl. zur Parallelproblematik bei Verfallklauseln Rn. 247.
[282] Zur Möglichkeit der Rückforderung von Fortbildungskosten durch AGB vgl. **BAG, Life&Law 2007, 98 ff.**

C) Anspruch auf Herausgabe des aus der Arbeitsleistung Erlangten analog § 667 BGB

§ 667 BGB gilt analog ⇨ Gegenstück zu § 670 BGB

§ 667 BGB ist auf Arbeitsverhältnisse analog anzuwenden, obwohl Arbeitnehmer nicht im Sinne von § 662 BGB unentgeltlich tätig werden.

393

hemmer-Methode: Lesen Sie dazu die äußerst examensrelevante „Zahngoldentscheidung" des BAG in Life&Law 03/2015, 169 ff.

Vergleichbare Interessenlage

Die auftragsrechtlichen Bestimmungen enthalten allgemeine Grundsätze, die auch für Arbeitsverhältnisse gelten. Wer im Interesse eines anderen Aufwendungen macht, kann Ersatz der Aufwendungen von demjenigen verlangen, für den er tätig geworden ist. Dieselben Grundsätze gelten für die Herausgabepflicht nach § 667 BGB. Diese Interessenlage gilt auch im Arbeitsrecht. Auch der Arbeitnehmer soll durch die Arbeitsleistung neben der vereinbarten Arbeitsvergütung keine weiteren materiellen Vorteile ziehen. Die Interessenlage ist damit vergleichbar.

Planwidrigkeit der Regelungslücke

Die Analogie setzt zuletzt voraus, dass das Fehlen einer passenden Rechtsnorm vom Gesetzgeber bei der Regelung eines Komplexes schlicht übersehen wurde (**Planwidrigkeit** der Regelungslücke).

Aus der Sicht des betroffenen Arbeitgebers darf es nicht vom Zufall abhängen, ob eine einschlägige Norm vorhanden ist oder nicht.

Es ist daher danach zu fragen, ob es vom Gesetzgeber widersprüchlich war, diesen Fall der Herausgabepflicht im Arbeitsrecht nicht geregelt zu haben. Gemessen an diesen Grundsätzen ist die Planwidrigkeit der Lücke im vorliegenden Fall zu bejahen. Wenn schon der unentgeltlich tätig werdende Auftragnehmer alles, was er aus der Geschäftsbesorgung erlangt, dem Auftraggeber herausgeben muss, so gilt dies **erst recht** („a maiore ad minus") für den Arbeitnehmer, der für seine Tätigkeit eine Vergütung erhält.

Bestünde für den Arbeitnehmer keine Herausgabepflicht, so wäre dies gegenüber dem Auftragsrecht eine willkürliche, durch nichts gerechtfertigte Ungleichbehandlung.

hemmer-Methode: Sie haben es geschafft! Der Einstieg in das Arbeitsrecht ist nicht leicht, lässt sich aber mit soliden Kenntnissen im Schuldrecht bewältigen. Auch Arbeitsrecht ist Schuldrecht, wobei die Privatautonomie jedoch in manchen Bereichen zu Gunsten des sozial schwächeren Arbeitnehmers eingeschränkt wird. Halten Sie sich diesen Grundsatz vor Augen, werden die auf den ersten Blick unverständlichen Besonderheiten im Arbeitsrecht erfassbar.

Zu § 4: Verbindung der Klageanträge des AN

Zu § 5: Begründetheit der Klageanträge des AN, Einführung und Übersicht

Zu § 8: Zulässigkeit der Gegenanträge

Zu § 9: Begründetheit der Gegenanträge

Die Zahlen beziehen sich auf die Randnummern